CRISTÃO

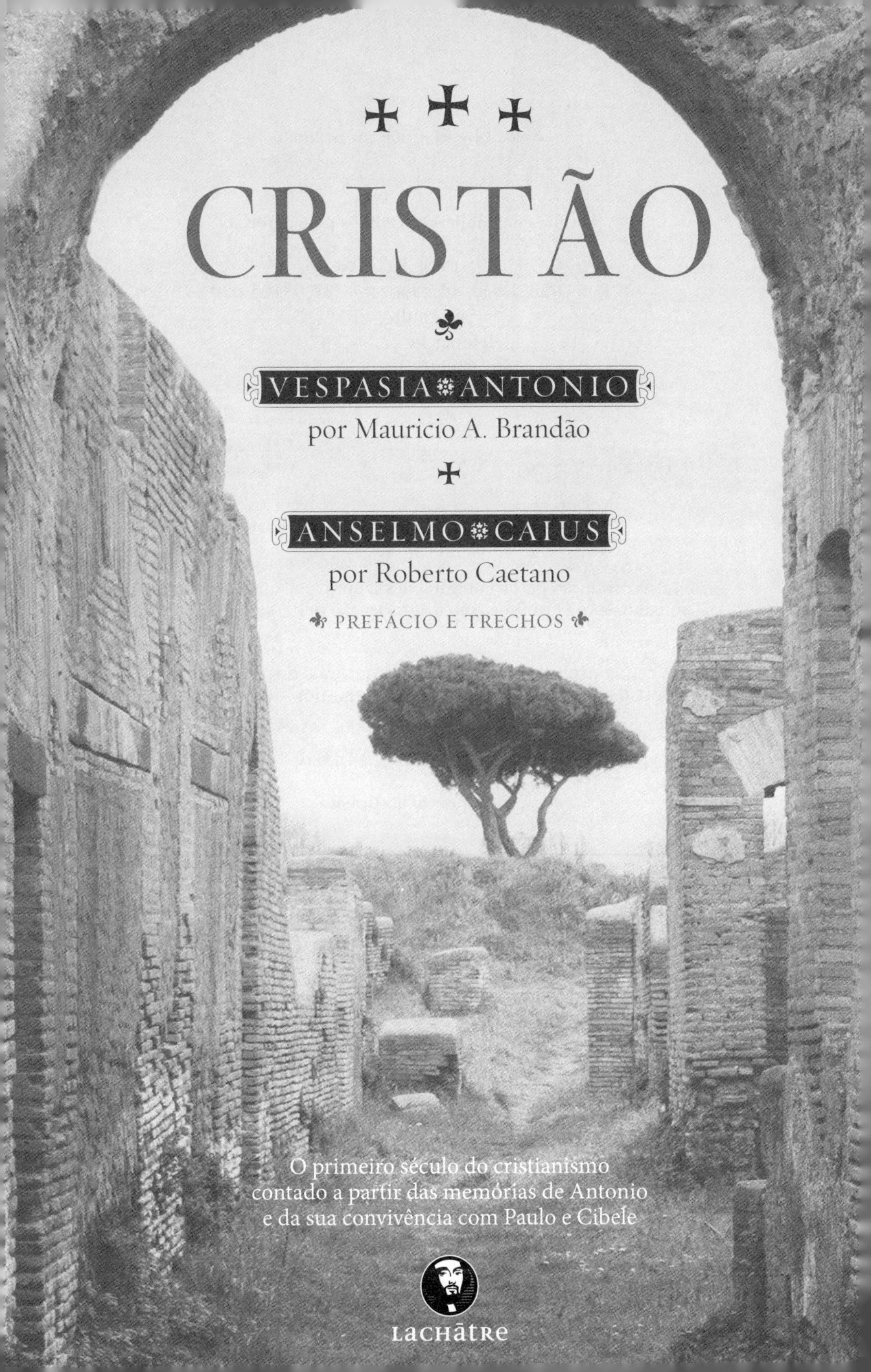

CRISTÃO

VESPASIA ❖ ANTONIO

por Mauricio A. Brandão

ANSELMO ❖ CAIUS

por Roberto Caetano

PREFÁCIO E TRECHOS

O primeiro século do cristianismo contado a partir das memórias de Antonio e da sua convivência com Paulo e Cibele

LACHÂTRE

Direitos de publicação cedidos pelo autor ao

Instituto Lachâtre
Rua Dom Bosco, 44, Mooca – CEP 03105-020
São Paulo – SP
Telefone: 11 2277-1747
Site: www.lachatre.org.br
E-mail: editora@lachatre.org.br

Capa
Fernando Campos

Revisão Gramatical parcial
Alexandre Caroli

1ª edição, 1ª reimpressão – outubro de 2021
Do 2001º ao 7000º exemplar

A renda proveniente dos direitos autorais desta publicação
será revertida para a Associação Amigo Beija-flor – www.siteamigo.com.

Impresso no Brasil

CIP-Brasil. Catalogação na fonte

Brandão, Mauricio A.

Cristão: o primeiro século do cristianismo contado a partir das memórias de Antonio e de sua convivência com Paulo e Cibele / Mauricio A. Brandão – São Paulo, SP: Instituto Lachâtre, outubro de 2021, 1ª edição, 1ª reimpressão.

224p.

ISBN: 978-65-5542-002-9

1. Romance. 2. Roma. 3. Lácio. 4. Cristianismo. I. Caetano, Roberto, prefácio. II. Título.

CDD 133.9 CDU 133.7

Sumário

Prefácio

Diz-se comumente que o passado é passado e não pode ser modificado. Todavia, pode-se e deve-se alterar pensamentos em relação ao passado, visando-se a um presente melhor e a um futuro radioso. Essa a razão pela qual, às vezes e quase sempre, faz-se necessária uma vista ao passado, a fim de que possamos alterar, o quanto possível, o que sentimos e pensamos e a fim de não termos de retroceder e parar no tempo, sempre que certos instintos e tendências nos visitem.

Toda vivência interior do espírito acontece porque o momento dela vir à tona é justamente aquele em que ela ocorre; do contrário, o espírito não teria consciência dela, logo não ocorreria a contento. Nem sempre, aliás, como ocorre em outras situações, é preciso recorrer-se ao processo de regressão a vivências anteriores na busca de nítidas recordações. O espírito do homem vive em constante regressão natural, controlada por Força Superior; a rigor, a maioria dos seres vive aprisionada no palco das lutas que criou para si mesma ou gozando de benefícios de escassas virtudes que já conseguiu cultivar em si mesma.

Nasce assim o presente trabalho, fruto de recordações de estimado amigo que, em um movimento de rara introspecção na vida geral de um espírito, trouxe-nos lembranças de uma das suas várias existências através do tempo e espaço, reencarnação essa que se dá nos primeiros passos do cristianismo nascente.

Vemos, na presente narrativa, velhos valores a caírem por terra, dando lugar à mensagem gloriosa do Cristo. Esforços verdadeiramente heroicos de almas valorosas no trabalho de elevação de seus próprios sentimentos, conjugando os valores do Cristo na superação de si mesmas.

Ao mesmo tempo, temos a luta de Antonio e sua dificuldade em deixar vir o homem novo, em se despedindo do homem velho, e por fim Cibele, espírito altamente iluminado, que mais de uma vez, já mesmo àquela época, esteve e vem colaborando através de eras com a mensagem do Cristo de Deus, ora em sucessivas reencarnações, ora no espaço, onde se cerca de espíritos de moral elevada, a fim de difundir a Luz, a Verdade e a Vida.

*

Cabe-nos acrescentar, àqueles que por ventura nos honrarem com a sua atenção a estas páginas, que nem sempre conhecer fundamentos filosóficos significa conscientização de si mesmo.

Se já tens noções superiores acerca da Vida, compete-te construir o caminho pessoal de espiritualização.

Decerto, a ninguém será pedido mais do que aquilo com o que possa contribuir; todavia não nos acomodemos com tal pensamento, pois por descuido muitos evolvem em profundo desconforto de consciência.

A angústia da melhora é impulso para nossa promoção. O remédio eficaz é a irrestrita aceitação de nós mesmos. Aceitemo-nos humildemente como somos e façamos o melhor possível para que nos tornemos aquilo que gostaríamos de ser.

Afeiçoemo-nos com devotamento ao trabalho que nos chega nas fileiras do bem, aprimorando-nos em regime de fé, coragem e paciência. O tempo concederá valor aos nossos esforços, ajustando nossos propósitos nos limites de nossas reais possibilidades.

*

Caminhemos um após o outro, confiantes na vitória final e na certeza de que o Cristo de Deus está esperando por nós.

"Irmãos, quanto a mim, não julgo que haja alcançado a perfeição, mas uma coisa faço, e é que, esquecendo-me das coisas que atrás ficam, avanço para as que se encontram diante de mim".
Paulo (Filipenses, cap. 3, vers. 13-14)

Caius
(Psicografado pelo médium Roberto Caetano, em 21 de junho de 2006)

Introdução

Há alguns anos, pediram para que eu me preparasse para narrar em livro uma parte das minhas experiências nas vidas anteriores. Nem sempre dramas em que fui personagem, muito menos de destaque, mas histórias que vivenciei como testemunha, participante encarnada ou desencarnada; sim, como sabem, os desencarnados também participam e interagem com os encarnados, pois as vidas se entrelaçam.

No momento em que olhei para o passado, logo ficou claro por onde eu deveria começar. Fui contemporânea de Paulo em Roma; minha vida tomou outro rumo depois do cristianismo. São quase vinte séculos, dois mil anos, um marco, uma ocasião a relembrar e a pedir reflexão.

Ganhou mais ênfase minha ideia de voltar ao século I quando fiz ligeira retrospectiva das minhas relações pessoais mais próximas, o que poderíamos chamar de família espiritual. Não foi surpresa descobrir que os fios que teceram a teia em que se abriga essa família começaram a ser costurados nesse período.

Não entro aqui no mérito da discussão dos inúmeros erros e tropeços; todos somos espíritos em evolução, ainda carentes de muito aprender, de muito necessitar vibrar amor, estender perdão.

Dessa perspectiva, olhei ao redor e vi alguns amigos daquele período encarnados. Indaguei-me de que viés deveria contar esta história que me embala a lembrança há tempos. A resposta que eu procurava surgiu quando lembrei do caminho que me levou ao cristianismo: a figura daquele que foi meu filho surgiu de pronto nos meus pensamentos.

Recordei-me de ocasião em que, de uma longa e relaxada conversa, refizemos nossos primeiros passos cristãos. Após consultar-me com a sabedoria de nossos amigos, eu o procurei e juntos voltamos ao século I, para a Roma de Nero.

A ideia não era escrever uma biografia detalhada ou recriar, com ânsias de minúcias, o ambiente do período. Procuramos, neste texto, escrever uma memória emocional, a história de vários homens através da história da conversão de um deles. As dúvidas e angústias que passam por todos nós até os dias de hoje, ainda vítimas que somos de nossos sentimentos contraditórios, transparecem na incerteza e na atração dúbia que Antonio, então meu filho, sentiu.

O que enriquece o fundo da história desse homem é a contemporaneidade com o cristianismo nascente, a convivência com o Apóstolo Paulo e com Cibele, espírito angelical que ficou desconhecido na história da Igreja Cristã, conforme moldada pelos homens.

Foi esse o ponto escolhido para que reconstruíssemos nossas vidas no primeiro século cristão: narraria nossos contatos iniciais com o cristianismo com base nas memórias de meu filho.

Da construção do livro

Como o livro seria construído e transmitido ao médium indicado? Indagávamo-nos sobre tal questão até que Antonio se lembrou de que, naquela encarnação, quando mais velho, costumava refletir sobre a sua juventude e seu tempo em Roma. Ora, concluímos, podíamos iniciar o livro da mesma forma: as memórias seriam remontadas em torno da própria reflexão que ele fizera.

Escolhido esse caminho, decidimos que o texto seria escrito em primeira pessoa, como a descrever Antonio a recordar e a vivenciar seu passado. Nesse sentido, deverão perceber que, no começo de alguns capítulos da primeira e da segunda partes, apresentamos Antonio a recordar a partir de uma situação que será descrita na terceira parte do livro.

Poderíamos ter abdicado de relatar esse procedimento neste singelo preâmbulo, no entanto consideramos de bom grado esclarecer tal opção de nossa parte.

Ainda nos cabe esclarecer que decidimos utilizar uma linguagem a mais próxima possível da atualidade. Afinal, ponderamos, tanto os desencarnados quanto os leitores vivem no terceiro milênio, tanto nós a escrever quanto o médium; a leitura e a escrita será facilitada ao adotarmos a linguagem atual.

No mesmo sentido, afirmamos novamente que não pretendemos escrever um livro de história. Nossa intenção foi recriar uma memória emocional, a história de uma conversão ao cristianismo, permeada pelo fundo magnífico das presenças de Paulo e Cibele.

Sobre a citação de trechos do *Evangelho*, esclarecemos que suas referências fazem parte de versões atuais, editadas no século XX. Quanto ao período que vivenciamos, o cristianismo nascente conviveu com várias versões do que viria a ser montado como o Novo Testamento. Paulo, Cibele e os que os acompanhavam tiveram em mãos rolos de pergaminho com trechos de pessoas que conviveram com Jesus e do que viria a ser o *Evangelho*, o qual foi intensamente copiado. Os textos que circulavam em forma de pergaminho – os quais formariam os Evangelhos de Mateus, de Lucas e de Marcos –, apresentavam diferenças com o que foi consolidado, principalmente de organização e edição, e foram a base do que foi utilizado para as citações.

*

Ao finalizar, devemos agradecer ao imenso trabalho que Anselmo, espírito amigo, teve para organizar e tornar possível este texto. Da mesma forma, agradeço ao fundamental trabalho conjunto realizado pelo médium amigo que muito nos auxiliou, Roberto Caetano, o qual colaborou principalmente ao transmitir as pregações de Paulo.

Vespasia
(Psicografado pelo médium Mauricio A. Brandão)

Primeira Parte

Refúgio

A tempestade cruel do reinado de Nero já era passado. Vespasiano restabelecera a ordem em Roma e iniciara uma nova dinastia, mas eu já não vivia na cidade imperial.

Distanciara-me de vez da sociedade romana, das cidades e vilas. Andava com um rígido cajado como companheiro e uma gruta era meu abrigo.

Conhecera esse pequeno recanto na região do Lácio, ao sul de Roma. Encantara-me. Quando me desencantei de vez com a sociedade romana e com as legiões que eu amava, antes que a guerra civil tomasse conta da cidade e do mundo romano, refugiei-me aqui. Trouxera alguns instrumentos de trabalho que meus braços fortes podiam carregar, uma cabra e a intenção de me isolar do império que me desapontara.

Acostumar-me com a solidão foi o mais fácil. Árvores, arbustos, céu e toda uma série de objetos inanimados tornaram-se meus companheiros e ouvintes habituais. Falava tudo o que contivera em mim durante anos. Rancores, ameaças quixotescas, filosofias vãs, relembrar os gregos, falar, falava sem parar do que vira e do que ouvira e sentira. Adaptar-me ao modo de vida ermitão foi o mais difícil. Não fora criado para isso.

Desde criança preparara-me para ser um soldado. Quando as legiões de Augusto desfilavam triunfantes, meu pai levava-me para aplaudir e saudar. Com doze ou treze anos já treinava com armas em casa. Assim que tive idade, fui encaminhado ao Campo de Marte.[1] Meu sonho era lutar nas legiões.

Contava-lhes da minha dificuldade de adaptação. Dormir ao ar livre, a terra bruta, o contato com a natureza, a falta de maior conforto,

---

1 Campo de Marte (em italiano: *Campo Marzio*) era o nome de uma área pública da Roma Antiga com aproximadamente 2km^2 de área. "Os jovens eram educados para serem fortes para a guerra. No Campo de Marte, perto de Roma, aprendiam a manejar a espada, a lançar o disco e as lanças, a correr, saltar, nadar e cavalgar. Aprendiam a obedecer para depois saberem mandar".

nada disso era problema, nem algo novo. Os vários anos como legionário acostumaram-me a isso. A dificuldade estava na alimentação.

Quando entrara no exército, filho de soldado que tivera certa fama, com alguns recursos e indicações, eu tive algumas facilidades iniciais. Durante anos, de Cláudio a Nero, servi e orgulhei-me do "Grande Império Romano". Quanto à comida, sempre fora servido. A terra, nunca soube trabalhar. Aprendera a fazer queijo, mas não pão. Claro que sabia caçar, mas as minhas pernas e o meu ânimo não eram mais o mesmo, passara a depender principalmente de armadilhas. Nos primeiros meses de inverno, passei fome.

Pouco tempo depois que cheguei à região a cabra morreu. Foi o tempo suficiente para que aprendesse a viver de colher frutos e folhas da região. Vencendo a minha sisudez, conheci um menino da região, logo sua família e mais outra e outra. Pequenos proprietários que semeavam nas terras mais inóspitas das montanhas. Recebia pão, fornecia frutos e contava com a gentileza que reencontrava fora de Roma e me sossegava o espírito. O menino logo se tornou um amigo.

Mais alguns anos se passaram. Estava a se iniciar a década de 70 do primeiro século da era cristã, eu me aproximava dos cinquenta anos e já me acostumara com a vida nas montanhas. O menino crescera e entrara na adolescência dos doze ou treze anos. Claudio era seu nome, ele tornara-se minha sombra. Para seus pais, eu era *seu avô*. Demorara a entender a admiração que eles demonstravam com a minha cultura, chamavam-me de sábio, eram quase reverentes comigo.

Eu nunca dera valor para o que sabia. Aprendera tudo tão naturalmente. Aprender para mim sempre fora como respirar. O conhecimento do pensamento greco-romano que adquirira alimentara meu cérebro, apesar de não mudar a dureza do meu olhar de soldado embrutecido com a violência que encontrei a vida inteira. Onde olhei só vi espadas, sangue, traições e orgulho. Enchera-me de conhecimento, mas jamais deixei que esse descesse ao coração, transformando-se em sabedoria.

Foi só quando em 61 d.C. ouvi um homem em Roma e, principalmente, quando isolado nas montanhas, em meio ao silêncio das pedras, arbustos e flores, é que comecei a compreender.

Claudio, de minha sombra tornara-se meu ouvinte, depois meu interlocutor. Perguntava-me "por que?". Perguntava muitas vezes "Por que?". Isso não era o pior; pior, sim, era quando questionava por que eu havia feito tal ou tal coisa. Algumas vezes ainda não conseguia responder, só abria os braços e os olhos enrugados marejavam.

Confessar quem fora eu

O Império Romano aproximava-se de completar cem anos desde que Otaviano tornara-se o primeiro imperador. Era uma época de grandes glórias e um enorme orgulho de ser romano. Muito poucos se lembravam da República que se fora.

Como retratar esse ambiente brioso ao jovem Claudio, criado nas montanhas, espírito livre e bom, como? Quando algum animal pequeno, ainda filhote, era pego nas minhas armadilhas e o encontrávamos ainda vivo, ferido, muitas vezes pediu para que eu o soltasse. Se eu a princípio neguei, duro e seco, desconhecedor dessa piedade, com o tempo fui aprendendo e bastava ver seus olhos para que libertasse o animal; algumas vezes cheguei a libertar alguns, mesmo sem ele por perto.

Como então lhe explicar a glória, o orgulho que senti ao segurar a espada de meu pai pela primeira vez? Recordo-me que ainda não completara oito anos quando, aproveitando a ausência de meu pai, apresentei-me a minha mãe como "o legionário defensor da casa". Todos riram, mas poucos anos depois já aprendia as lides militares. Eu treinava com a espada, marchava horas e horas para provar ao meu pai minha força, dizia que estava pronto a lutar.

Falávamos dos deuses que defendiam o Império Romano, de Júpiter, de César. Sim, principalmente de César.[2] Cresci ouvindo histórias dele, era meu herói; melhor dizendo, de toda uma geração, de todo o Império.

---

2 Caio Júlio César, conhecido como Júlio César, foi um líder romano importante no processo de transição do modelo republicano para o Império. O general se proclamava como filho de Vênus e Enéas (este, filho de Marte, o deus da guerra, e de Vênus, a deusa do amor). César conquistou sua reputação militar nas Guerras Gálicas, expandindo os domínios romanos, além de respeito e amor por parte da população em geral. O exército que comandou também passou a idolatrá-lo e ter orgulho de servi-lo. Em 49 a.C., César assumiu o comando em Roma como um ditador absoluto. Sua morte precipitou uma nova guerra civil pelos espólios do poder e o governo republicano nunca foi totalmente restaurado. O seu sobrinho-neto, Caio Otaviano, foi seu herdeiro. Em 27 a.C., o jovem passaria para a história como "Augusto", o primeiro imperador romano, adotando o título de César e reivindicando para si o seu legado político.

Os relatos de suas conquistas misturavam fatos com mitos. Sua esperteza, sagacidade, era o exemplo a ser seguido por todos os romanos. Logo, suas conquistas, que não foram poucas, aumentavam, cresciam – as crianças o imaginavam quase sozinho combatendo exércitos inimigos. Especulava-se: até onde teria chegado se não fosse traído?

César definira o mito do soldado romano, "o que nunca retrocede, jamais foge". Herança da República, a força e o mito do exército romano expandira-se no Império. As legiões romanas republicanas eram formadas pelo soldado-cidadão, o agricultor e o artesão que pegavam em armas quando a cidade era ameaçada. No Império Romano, a devoção ao exército romano tornara-se uma ideologia, uma fascinação e um modo de vida. O exército tornara-se profissional. Eram mantidas tropas fixas nas principais províncias, legionários recebiam o soldo e parte do espólio de guerra, generais ambicionavam a glória, centuriões e tribunos sonhavam com cargos e terras. O Império crescia, a cidade enriquecia e sustentava seus cidadãos e seus soldados.

Enaltecia-se a severidade, a austeridade e o heroísmo do soldado romano. Deveria ter orgulho de ser legionário, de ser romano. No exército romano não havia piedade; quando estabelecia tratados com governantes locais, não cedia, concedia.

A vida dura não era um sacrifício, mas um traço básico do corpo do exército romano. Como soldado, estive em vários lugares por Roma – no Reno, na Trácia e nas montanhas da Macedônia, principalmente, além de pequena passagem pela Hispania e pela Gália. Já um pouco mais velho, fui transferido para Roma por Afrânio Burrus, poucos anos depois de que o célebre general para lá voltara após o casamento de Agripina com o imperador Claudio, tornando-me centurião da Guarda Pretoriana.[3]

---

3 A ***Guarda Pretoriana*** (*praetoria cohors*) – originalmente era o grupo de legionários experientes encarregados da proteção do pretório (*praetorium*), parte central do acampamento de uma legião romana, onde ficavam instalados os oficiais. Com o império, transformou-se na guarda pessoal do imperador. Chegaram a desfrutar de uma grande influência política, a ponto de nomear e depor soberanos. Em 23 d.C., com Tibério, os pretorianos passaram a usar como símbolo distintivo o escorpião, signo zodiacal do imperador. Após alguns anos de serviço, um legionário poderia tentar conseguir uma vaga na guarda pretoriana, que proporcionava melhores salários, benefícios e menor tempo de serviço. Os pretorianos geralmente chegavam à Guarda Pretoriana através de seus serviços nas legiões. Eles tinham que ser muito bem recomendados, passar em alguns exames, conhecimentos e testes físicos exaustivos. O poder político adquirido por essa tropa devia-se, principalmente, ao poder de ser a única tropa permanente com permissão de circular na cidade de Roma e em seus arredores. Além disso, há

A sociedade romana, tanto civil quanto cultural, jamais chegara a me entusiasmar. Sentia-me bem mesmo era com meu elmo e minha espada. Depois de muita insistência do meu pai, consenti que me providenciassem uma esposa. Após o casamento, eu tive muitas dificuldades de desenvolver uma vida social nos padrões da aristocracia romana, tanto que, anos mais tarde, dada a frieza que houve entre nós, ela foi embora; era algo legal nos costumes e nas leis romanas.

O menino Claudio perguntava cada vez mais sobre a minha vida. Inicialmente eu apenas lhe respondera com frases curtas, monossilábicas. Possuía todas as imagens perfeitamente claras na minha mente, mas eram como cartas embaralhadas; para organizá-las, eu precisava compreendê-las.

Passara a minha vida agindo como respostas automáticas, sentia e agia. Jamais tentei alcançar meu passado através de um olhar mais abrangente.

Questionar sim. Sempre soubera o que não gostava da sociedade romana, mas amava o exército. Respirava seus valores, seu orgulho corria em meu sangue, minha vida era ser legionário. Questionar? Roma sim, jamais suas legiões. Não compreendia então a segunda como braço da primeira e reflexo dela.

Claudio forçava-me a organizar meu passado de uma forma mais compreensível, forçava-me a interpretá-lo, precisaria primeiro confessar a mim mesmo quem fora eu.

---

também o fato da proximidade que esses soldados desfrutavam de seus imperadores, o conhecimento que tinham sobre eles e os privilégios recebidos.

Flavio

Disciplina. As legiões romanas ficaram famosas por sua estratégia de guerra. As fileiras de soldados dependiam uma da outra, tanto no ataque quanto para se defenderem das tribos germânicas. Os soldados formavam um bloco sólido. Disciplina e autocontrole eram fundamentais.

A minha diferença em relação à maioria dos outros legionários é que procurava manter o que julgava a postura correta de um soldado romano, mesmo na vida civil e particular. Jamais aprendera a relaxar. Claro que houve situações em que, estacionado com minha legião, em longos períodos sem combate, acabei por relaxar, mas isso não era habitual.

Meu pai, quando voltara ferido da guerra, foi obrigado a dar baixa mais cedo do que gostaria. Homenageado e quase rico, interessou-se por preparar, passo a passo, a minha carreira. Quando cheguei aos dezessete anos, ele conseguiu, com um parente nosso, conhecido apenas pelo nosso nome de família, Sevulus, que eu o acompanhasse durante seis meses na cavalaria. Meu pai sabia que eu montava muito bem, mas ele queria testar minhas habilidades.

Como o braço direito de meu pai não o obedecia mais em razão dos ferimentos, antigo auxiliar seu, Flavio, passara a testar mais explicitamente o quanto eu aprendera das artes militares. Com o tempo, ele se afeiçoou a mim. Seu único filho estava longe, na Gália, e ele nunca fora de muita intimidade com mulheres e parentes. Vivia mais na casa de três antigos amigos de armas, um deles era meu pai, do que na sua. Ao contrário de vários outros soldados, ele estudara, passara muito tempo na Grécia, lera Cícero e toda a filosofia política da época, comparando-a com Aristóteles e seus tratados sobre política. Chegara a servir na Judéia (Palestina), embora por pouco tempo. Foi o primeiro a me falar dos judeus-cristãos – era essa a maneira que alguns denominavam os judeus que seguiam a nova seita dos "Homens do Caminho".[4]

---

4 "Homens do Caminho" – inicialmente os seguidores de Jesus foram chamados como os *homens do caminho*, porque trabalhavam na Casa do Caminho (casa criada para acolher os órfãos, doentes, idosos).

Eu aprendera a ler, gostava, lia muito para os padrões da época, mas certo rumo para minhas leituras, uma coesão das ideias apresentadas nos textos que me ajudasse a entendê-los melhor, só consegui com sua ajuda. Herdeiro do pragmatismo romano, simpatizante do estoicismo, falava das campanhas contra Cartago, das guerras civis, de Mario e Sila, das leis romanas; às vezes, notava nele simpatia pela ideia de república, mas consciente do período em que vivia, jamais falava isso abertamente, nem mesmo a mim.

Sobre religião e os deuses, ensinou-me pouco. Eu aprendera desde cedo a seguir os rituais domésticos, a respeitar o "altar" que meu pai construíra, mas nunca compreendera mais a fundo tais questões, nem mesmo discussões um pouco mais aprofundadas sobre tal tema eu presenciara. Ao morrer, encontraríamos os deuses para os quais prestamos homenagens e que deveriam glorificar-se com a grandeza de Roma.

Flavio foi muito importante para mim, despertou-me o olhar para novas questões. Apresentou-me ao povo romano, explicou-me muito do modo de pensar e de agir da plebe, falou-me das festas cívicas e populares, dos magistrados e do Senado. Como disse, abriu meus olhos para o mundo ao meu redor.

Confesso que, se por um lado, isso me ajudou depois a me relacionar com os soldados, durante o tempo em que estive no exército, por outro, não gostei do que conheci sobre a realidade da sociedade e nem sobre a dureza e a degeneração dos costumes romanos. Mesmo não sendo essa a sua intenção, acabou por estimular-me mais a ingressar nas legiões, que meu pai amava, e a afastar-me de Roma.

Nosso relacionamento próximo durou quase dois anos, até meu pai colocar-me junto a Sevulus. Fui para a Gália, onde ele chefiava cerca de quinhentos homens. Não se passaram três meses para que eu estivesse totalmente integrado ao modo de vida da tropa.

No quarto mês, passei pela experiência que meu pai queria. Mesmo que um pequeno confronto, sabia que ele queria mesmo era saber como eu me comportaria ao ver sangue. Escondido, ouvira-o falar a Flavio que, apesar da minha habilidade com as armas e o cavalo, não percebia a crueldade necessária a um soldado; reclamava que eu era muito sóbrio com os escravos. Flavio lhe respondeu que, por dever, achava que eu combateria brilhantemente.

Dever. Esse era o "norte" a guiar os passos de um cidadão romano, orgulhar-se e preservar a sua honra na defesa do Império e dos seus costumes. Essa era a regra clássica que devia nortear os rumos de todo legionário, de todo aquele que possuía a cidadania romana. Disso falavam meu pai e muitos outros, Flavio realçava.

Durante esses dois anos em que foi a minha companhia mais constante, ele teceu inúmeros comentários sobre dever, servindo esse tema como porta de entrada para me apresentar a outros, como a virtude, a honra e a disciplina, tudo contextualizado na sociedade romana de então. Encontrávamo-nos principalmente na *villa*[5] da minha família, situada a algumas horas de distância da nossa casa em Roma.

Homem ainda muito forte, Flavio pertencera a inúmeras centúrias durante sua vida de soldado, estivera inclusive na Britania, ao tempo de Cláudio. Inicialmente, passamos vários meses apenas treinando exercícios militares e, o que me agradou muito, caminhando por toda a região ao redor da *villa*; no início, andamos e treinamos nas vinhas da propriedade e logo andávamos e cavalgávamos por toda a região. Acredito que só depois que passou a me conhecer melhor, talvez possa mesmo dizer, que só depois que passou a gostar de mim como filho, é que começou a falar mais.

Principiou falando das batalhas, procurava me passar toda a sua experiência, preocupava-se comigo. Ao iniciarmos o costume das longas caminhadas, ao descobrir o quanto me agradava andar ao seu lado e ouvi-lo, passou a falar de sua vida, das suas viagens e das suas leituras. E mais e mais passou a falar sobre Roma, sua política e seus costumes.

Uma cabeça mais alto que eu e bem mais encorpado, abraçava-me e contava vivamente sobre a Grécia, Aristóteles; seus olhos brilhavam, conversava em grego, forçando-me a lembrar das lições que tivera da língua grega. Falava da Acrópole e das escolas de filosofia, dos epicuristas,[6] que rejeitara, e dos estoicos,[7] pelos quais se interessara. Chegou a trazer rolos de textos em grego para que eu conhecesse pelo

---

5 Vila (em latim: *villa*; pl. *villae*), na Roma Antiga, era originalmente uma moradia rural (casa de campo) cujas edificações formavam o centro de uma propriedade agrícola. Era uma residência de campo de um patrício, ou de um plebeu de grandes posses, ou ainda de uma família campestre romana, onde normalmente se centravam as explorações agrárias de maior vulto.

6 O epicurismo é o sistema filosófico que prega a procura dos prazeres moderados para atingir um estado de tranquilidade e de libertação do medo, com a ausência de sofrimento corporal pelo conhecimento do funcionamento do mundo e da limitação dos desejos, ensinado por Epicuro de Samos, filósofo ateniense, e seguido, depois, por outros filósofos, chamados epicuristas.

7 Estoicismo é um movimento filosófico que preza a fidelidade ao conhecimento, desprezando os sentimentos externos, como a paixão, a luxúria e demais emoções – para o ser humano alcançar a verdadeira felicidade, deveria depender apenas de suas

menos um pouco do que aprendera. Eu o adorava pela atenção e pelo seu carinho, algo que nunca obtive de meu pai, mas na minha ingenuidade e no meu afã juvenil de ser um soldado, um legionário, não compreendia nem terça parte do que ele tentava me transmitir.

Quando seus comentários se voltavam para a nossa cidade, o nosso império, ao passar pelas transformações que os tempos de Tibério e de Calígula haviam provocado, tornava-se mais melancólico, parecia que ia arrancar o pouco de cabelo que ainda lhe restava, todos já brancos; no entanto, sempre media bem as palavras, ensinando-me o cuidado que se deve ter ao falar. Lembro-me muito bem de uma vez em que conversamos no jardim:

– A dificuldade, meu caro Antonio – o meu nome era Marco Antonio Sevulus, mas sempre fui conhecido apenas como Antonio –, é quando o dever de obediência e a necessidade de preservar a honra chocam-se; a pessoa encontra-se no meio entre as razões do Império e as pessoas que vivem nesse Império.

– Como assim? O desejo e o dever de todos não é a glória do Império?

Sorrindo e compadecido de mim, Flavio acariciou meu cabelo, abraçou-me e caminhou assim comigo em direção ao jardim interno, quieto. Andamos vários passos sem que respondesse, parecia que olhava para dentro de si. Ultimamente, andava mais quieto mesmo, mais dado a entreter-se com longas falas de poucos diálogos.

– Na vida – continuou, após os longos minutos de silêncio –, há passos enormes separando o que é do que deveria ser. O caminho de cada um perfaz, muitas vezes, o trajeto do desejo da glória pessoal, da riqueza, do destacar-se, muito mais do que destacar o todo que nos rodeia. Se o engrandecimento de um nobre passar pelo engrandecimento do Império, muito bem, caminhos paralelos; mas, para muitos, não são necessariamente caminhos trilhados juntos.

Os passos não pararam, continuamos a andar lentamente ao redor da fonte que centrava o jardim, mas o silêncio voltou a reinar durante o longo tempo em que ele novamente voltava a si mesmo e eu procurava brechas de entendimento no que ele me dizia.

– Apesar de pertencer a um império glorioso, cada um de nós é um ser, todos nós somos criação dos deuses, para todos há um destino, há um rumo, mas nem sempre há concordância, há a aceitação desse rumo traçado pelos deuses para cada um. Veja, para essas plan-

"virtudes". Os estoicos acreditavam que o conhecimento pode ser atingido por meio do uso da razão.

tas que nos rodeiam, esses vinhedos, essas frutas, também há um destino; isso também vale para os que se tornaram nossos escravos, ou nossos clientes, ou nobres, mas é comum não aceitarmos o caminho que nos é apresentado. Rebelamo-nos, procuramos atalhos, criamos impérios de forças dos mais variados matizes. Os deuses olham por todos nós, mas muitas vezes queremos ser deuses e lhes determinar nossos caminhos, tragédias surgem de muitos desses passos.

Meu olhar intrigado fixou o rosto de Flavio, nada falei, mas meus olhos procuravam explicação, compreensão do que dizia, por que dizia aquilo. Ao fixar seu rosto, no entanto, não o encontrei; seus olhos procuravam o horizonte no céu. Pareceu-me que ele mesmo procurava, naquele céu azul, alguma explicação para suas indagações. Não tive coragem de interrompê-lo, havíamos parado, quietos. Flavio continuava com a mão em meu ombro direito enquanto me abraçava pela esquerda.

– Espero que a vida seja pródiga com você, em bênçãos e... – parou um instante para logo continuar – e em respostas.

Por muitos e muitos anos guardei essa cena. Não foi a última vez em que o ouvi mais profundamente, mas foi das mais marcantes.

Como que acordado de um sono profundo, Flavio voltou a olhar para mim, afastou-se um metro, perguntou-me como ia meu treinamento com a espada curta. Como se fosse outra pessoa, começou a discorrer sobre a necessidade de eu aprender a dominá-la totalmente; "muitas vezes ela poderá salvar sua vida", dizia e repetia.

Sorri orgulhoso, tolo orgulho de um rapaz de quinze anos, dando espaço para mil conjecturas sobre o seu próprio futuro. Lembrei-me de uma frase que ouvira de meu pai em conversa com um senador que nos visitara recentemente:

– Roma, a cidade, pode estar a envergonhar os deuses ao abandonar os seus costumes, os costumes que a levaram a ser gloriosa, mas seu exército, suas legiões, sempre defenderão a honra desse império que construímos. Nos estandartes de nossas tropas, nossos antepassados serão honrados eternamente.

Olhando-me, complacente, Flavio movimentou-se rapidamente, procurou golpear-me fazendo seu braço o papel da espada inimiga, reagi ligeiro. Após nos divertirmos um pouco mais com treinamentos de guerra, retiramo-nos para o interior da casa.

– Jovem Antonio, que seu amor pelas legiões continue por toda a sua vida – disse-me ele, enquanto saboreávamos frutas no atrium.[8]

8 *Atrium* ou átrio em, língua portuguesa – na Roma Antiga, o átrio era comumente utilizado como sala de estar e lazer, assim como para cozinhar e muitas vezes dormitório. Normalmente ficava na entrada da casa.

Escravos se aproximaram, meu pai logo se aproximou, a conversa daquela tarde foi encerrada. Só mais tarde, quando me deitei e não consegui dormir, comecei a perceber como aquelas frases de Flavio mexeram comigo.

*

Muitos anos depois, eu já a estava a atingir quase 50 anos, sentado em um montículo de terra no alto do morro em que vivia, o sol se aproximando do horizonte, o poente chegando, lembrava-me de Flavio, lembrava-me de como me chamara no dia anterior à partida para encontrar meu tio Sevulus e me falara do dever de um soldado:

– Antes de qualquer outra coisa, o dever de todo soldado romano passa pela virtude de todo cidadão romano. Ao lutar, ao guerrear, ao matar, não deverá jamais ser tu a fazer isso, deverá ser sempre um virtuoso romano a defender Roma, a defender o império. Ao aplicar a mais rígida disciplina, primeiro e principalmente em si mesmo, e depois na sua tropa, nos homens que comandará, saiba sempre o que está fazendo, saiba sempre o quanto isso é importante em um combate. Quando golpear o inimigo, lembre-se de que não é você quem estará a fazer, mas sim estarás a lutar por Roma. Seja sempre combativo e disciplinado, mas seja sempre, também, virtuoso e piedoso.

Não se importando com a surpresa e mesmo certo temor que suas palavras mostravam em meu rosto, continuou:

– Lembre-se de que você estará defendendo a honra da sua família, o nome Sevulus, que muito orgulho já proporcionou. Quando entrar em qualquer confronto, esteja preparado para morrer, mas morrer com a honra de um soldado romano.

Consciente do efeito das suas palavras, ele se calou. Uma careta amedrontada se estampara em mim; era o que ele queria, calar fundo tais palavras de forma a que eu nunca as esquecesse. Acho que ele nunca imaginou o quanto aquilo me atingiu, formando um molde mental que me acompanhou pelo resto da vida.

*

Meu primeiro combate foi um choque. Não na hora do combate, e sim mais tarde, sozinho. A lembrança do homem que feri manteve-se como uma vela acesa na minha mente. Fiz isso muitas outras vezes, ferir em combate, mas a lembrança da primeira vez sempre me acompanhou.

– Por quê?

Era o pequeno Cláudio me perguntando.

– Não sei.

Eu ainda lhe respondi muitos não sei.

Quando Claudio me fez essa pergunta, ele pareceu acreditar. Não tenham a doce ingenuidade dele. Minha mente esteve turva, embaçada, mas cego nunca fui, principalmente depois que comecei a ouvir os "homens do caminho".

Cresci amante do orgulho da Roma Imperial, sonhara em fazer parte das legiões, em cumprir meu dever de soldado e cidadão romano. Sempre me considerei um soldado, lutava por obrigação político-militar, não por crueldade, sadismo ou rapina. Quando, mais velho, liderei minhas tropas, sempre as obriguei a rigidamente vencer um adversário, nada além disso.

Um soldado, quando luta em um campo de batalha, não vê uma pessoa, um rosto, são adversários, tropas inimigas. O único rosto, melhor, a única cena que sempre me acompanhou, foi essa primeira; explico, não digo rosto, porque o elmo recobria a cabeça enquanto espadas e cavalos se movimentavam formando um cenário trágico, mas todo o ritual das tropas, os gritos agressivos e os de dor, e o prazer que muitos transpareciam com tudo aquilo.

A volta de um soldado

Ao voltar a Roma, já fui recebido como um romano, um soldado. Minha irmã e meu irmão menor orgulharam-se de mim. Meu pai levou-me a uma série de festas cívicas e religiosas. Ouvia constantemente: todo romano deve ter orgulho de si e todo soldado, orgulho de seus feitos.

Não suportava isso. Logo ansiava voltar à *villa* da família e andar e cavalgar. Cavalgar pelas estradas e morros da região e, sim, meu fraco, beber vinho.

Diferenciava-me dos outros porque bebia em meio a parreiras ou pelo costume de andar muito depois de uma jarra de vinho ou, precisando melhor, acompanhado de uma jarra de vinho. Foi dessa maneira que fui ampliando o meu conhecimento de toda a região em volta da *villa*; algumas vezes chegava a ir, a cavalo, então, até o litoral. Minhas preferências, porém, eram as montanhas. Em períodos de folga, acompanhado de um escravo, por insistência de meu pai, ou mesmo sozinho, passava dias fora, dormia ao relento, comia nas pequenas comunidades camponesas que encontrava. Isso era o meu maior prazer.

Os prostíbulos não me interessavam. Minha esposa, arranjada alguns anos depois, ajudou-me a conhecer o mundo dos afetos. É difícil descrever e traçar paralelos com uma vida social vinte séculos depois, ainda mais para alguém avesso ao social como eu. Minha família não era da aristocracia senatorial, meu pai enriquecera no exército; não só ele, com as conquistas e a profissionalização e expansão do Exército Imperial, muitos tiveram oportunidades de ganhos bem substanciais. Quando saiu do exército, meu pai iniciou-se no comércio, trabalhava com os navios de grãos que abarrotavam o porto de Óstia.

Em termos de estrutura social romana, minha família era da ordem equestre.[9] Com o dinheiro que obteve, meu pai logo comprou

9 A ordem equestre romana (*ordo equester*) formava a mais baixa das duas classes aristocráticas da Roma Antiga, abaixo da ordem senatorial (*ordo senatorius*). Um membro dessa ordem era conhecido como um equestre (*eques*; plural: *equites*), que em latim significa qualquer pessoa a cavalo (*equus*), mas neste contexto tem o significado específico de "cavaleiro". Eram obrigados a três anos de serviços milita-

essa bela *villa* que passei a adorar e na qual me refugiava. Mesmo em Roma, transferiu-se para uma casa maior, comprou mais escravos, cercou-se de clientes, lentamente passou até a frequentar algumas reuniões políticas. Para nossa sorte, nessa época de violência política acentuada, pegara gosto pelo trabalho de importação, era melhor que enriquecesse mais e se afastasse da política da corte. Com o tempo, comprou mais terras ao derredor e ampliou o vinhedo. Era um homem ordinariamente afeito aos costumes sociais tradicionais de Roma, mas que, pelos anos de exército, mantivera-se com gostos simples. Quando não estava na cidade a trabalho, preferia ficar a cuidar do seu cultivo, a apreciar sua própria boa mesa e a participar ativamente das festas agrárias que aconteciam regularmente. Nós jamais chegamos a ter grande intimidade, ele sempre se satisfez, enquanto achou que eu cumpria o meu dever.

Em Roma, sempre que podia, refugiava-me no Campo de Marte. Poucos meses depois que voltei da experiência na cavalaria, incorporei-me definitivamente a uma legião fixada na Trácia, para onde me dirigi e onde fiquei alguns anos, apesar de certos intervalos, quando ia tanto para Roma, de folga, quanto militarmente para outras regiões.

---

res, desempenhando funções de liderança em unidades auxiliares ou ainda tornando-se tribunos numa legião de uma corte romana.

Com Caius no exército

Foi na primeira vez em que cheguei à Trácia, para incorporar-me à legião a que fora designado, que reencontrei aquele que veio a ser meu melhor amigo. Seu nome era Caius, pouco mais jovem que eu, também um pouco mais baixo, embora mais forte; seus braços musculosos sempre lhe foram motivo de orgulho. Lembro-me de surpreender-me ao ver que usava os cabelos ainda mais curtos do que era o costume, seus olhos claros atraíam mais do que seu parco cabelo loiro; quando nossa amizade cresceu ainda mais e estreitou-se, brincamos muito a esse respeito.

Caius! Respiro fundo ao lembrar-me dele, nossa amizade foi a mais intensa que podia haver entre dois amigos; tornamo-nos um a sombra do outro. Depois de Flavio, foi a segunda pessoa a exercer influência sobre mim, sobre minha personalidade e minhas ideias. Ele, porém, era bem diferente de Flavio, o que tanto a idade quanto o histórico familiar poderiam explicar.

De uma família de origem grega, mas que se estabelecera em Roma há muito tempo, chegou a viver com outros parentes mais ao sul da Itália, incorporando uma série de costumes locais. Quando éramos crianças, em Roma, meu pai conheceu o dele, estiveram em algumas festividades juntos; pela proximidade das nossas casas acabamos por nos conhecer, chegamos a brincar algumas vezes. Como eu era mais velho, iniciei os treinamentos militares mais cedo, mas ainda o encontrei muitas vezes, principalmente nas festas cívicas da cidade, que atraíam a toda a população.

De espírito ao mesmo tempo mais guerreiro e mais brincalhão do que eu, sempre atraía muitos olhares por onde passávamos. Espalhafatoso nos gestos, falava alto e sempre gostou de espalhar suas opiniões sobre tudo.

Quantas e quantas vezes, ao bebermos juntos, e mesmo em meio à tropa, sempre realçava e alardeava a importância da presença das legiões nessas regiões estrangeiras. Deixava clara a origem grega da sua cidadania romana ao encarar a todos como bárbaros:

– Levamos nossas leis a esses povos que só sabem organizar-se em volta de um rei, não têm um Senado, não têm uma organização e uma política como a nossa. Deviam dar vivas ao nosso Cesar.

– Devíamos nós é receber mais por nossos serviços!!!

– É!

– É isso mesmo – ecoavam de todos os lados.

Como sempre foi, as tropas queriam mesmo era uma parte maior das conquistas.

É, recordo, quantas vezes vi Caius se arvorar a defender a política de Roma, talhado para político, diziam muitos.

– Quantos de vocês teriam a oportunidade de aqui estar se não fosse por nossa política, nossos generais, quantos? Onde estariam agora? Ora, isso é fácil de responder.

Engrandecia e continuava:

– Estariam todos vocês a viver como mendigos na cidade ou como clientes de senadores a desconsiderá-los ou, ainda mais, a viver carregando pedras nos campos, porque não haveria escravos para ajudá-los. Seriam vocês o instrumento a cavoucar a terra, ninguém mais que vocês. Ao invés disso, onde estão agora? Agora são soldados do maior exército de que a história já ouviu falar, nenhum maior que esse.

Ainda alguns insistiam:

– Os tesouros acabam é nas mãos dos generais.

– É mesmo? Eu digo que não, não é! Qual general esqueceu-se das suas tropas e ainda continuou em seu posto? Nenhum. Desde sempre as tropas – desde Augusto, principalmente –, as legiões sempre foram tratadas com respeito e deferência.

Enumerava as muitas vezes em que os príncipes e os generais distribuíam prêmios a suas tropas, as muitas vezes em que boa parte das conquistas ficava nas mãos dos soldados. Orgulhoso, enumerava a honra que todos deviam sentir ao poderem lutar por Roma, a honra que deviam sentir ao poderem se mostrar superiores a todos os povos que rodeavam o império. Quantas brigas ele arrumou com muitos centuriões – ah, sim –, porque com os soldados muitas vezes se impacientava e os detinha.

Espírito orgulhoso e alegre, em outros momentos, quando só comigo e com as canecas de vinho, segurava em meu braço e lembrava-se das cenas e ria, ria muito alto das discussões, das falas e interjeições jogadas em muitas contendas verbais em que se metia. Ele sempre teve esse costume, com sua mão direita segurava em meu braço quase na altura no ombro e falava alto, perto do meu ouvido; era sua mania. Eu o ouvia quieto nessas situações.

De minha parte gostava de conversar com ele quando estávamos mais tranquilos, em longas marchas, ou em poucos, nas barracas em que dormíamos; então, conversávamos até o sono nos vencer. De tudo falávamos e um pouco de cada coisa. De glórias a soldados e a mulheres, dinheiro e Roma; queria poder voltar a Roma como centurião da Guarda Pretoriana. Era isso que ele queria.

Como soldado, costumeiramente me falava da importância da disciplina da tropa; por mais tranquila que fosse a área onde acampássemos em nossas marchas, sempre reiterava que, em serviço, todo o rigor é pouco. Insistia que cercássemos o acampamento com os fossos defensivos constantemente, nem que fossemos passar apenas um dia em determinado lugar. De outro lado, conseguia criar certa camaradagem em sua centúria que eu mesmo jamais consegui. Apesar de, em algumas situações, exigir dispêndios menores de energia dos meus comandados, nunca superei amigavelmente a distância social que havia entre um centurião e seus homens. Quase ritualisticamente, sempre segui as regras disciplinares do exército rigidamente, as quais eram extremamente violentas aos olhos de hoje. Algumas vezes precisei aplicar medidas punitivas muito severas, o que era relativamente comum, mas pesarosa a lembrança. Para o código de conduta da época, fuga de combate por medo, dormir ao serviço ou embebedar-se de plantão, desleixo nas medidas necessárias à defesa dos companheiros eram, todas, atitudes a merecer punições extremamente severas, indo até à expulsão e à morte.

As legiões romanas lutavam através de táticas que implicavam um trabalho conjunto de todos os homens de uma e de várias centúrias, sendo isso o que a diferenciava do combate louco e desguarnecido das tropas bárbaras, que se apresentavam como milhares de homens correndo loucamente contra nós. Os legionários deveriam sempre esperar os adversários postados necessariamente onde seus centuriões determinavam. Corpos de fileiras e agrupamentos de tropas diferenciadas pela experiência e por categorias se sucediam sempre organizadamente. Nessa situação, todo soldado estava amparado pelos soldados posicionados em volta, cada centúria era um corpo sólido que se apresentava. Isto posto, um soldado que fraquejasse ou que procurasse fugir por medo ou qualquer outra razão que fosse, sem esperar por ordens, era severamente punido, já que comprometia todo o corpo de defesa ao deixar um flanco desguarnecido.

Lembro-me de uma oportunidade em que precisamos ordenar que reprimissem algumas fugas e desordens nas tropas auxiliares, alguns homens foram mortos e outros passaram por punições deveras severas. Houve um soldado, que se lamuriando, pedia que o perdoássemos. Caius chegou a ficar tentado a tanto, mas o exemplo disso na tropa e a rigidez que então eu assumia perante os regulamentos e a honra da legião me levou a impedi-lo. Posteriormente, nossos superiores nos elogiaram enfaticamente a atitude, mas muitos anos depois, nas montanhas, ao lado do pequeno Claudio, era um peso que carregava.

*

Em 54, Nero tornou-se imperador. Amigos influentes de meu pai tornaram-se mais poderosos através de uma teia de relações de amizade e de clientela política que chegavam até Agripina, a mãe do imperador, e a Sêneca, nosso filósofo e político que todos tanto admirávamos. Quando jovem, meu pai servira com o general Afrânio Burrus, e quando este foi chamado para Roma, para a prefeitura do Pretório, alcançou pessoas que o instaram a lembrar-se de mim. Conhecera-me ainda quando criança, depois estivera rapidamente no comando da legião em que eu servia; chegou a trocar algumas poucas palavras comigo, perguntou por meu pai.

Meu pai enriquecera ainda mais nos últimos anos do governo Cláudio – contribuições financeiras a políticos e a generais influentes era algo corriqueiro desde antes dessa época. Vivendo nesses caminhos tortuosos, acabei "convidado" a ir para Roma em alto posto na Guarda Pretoriana e ainda consegui levar Caius comigo. Corria o ano de 55 quando voltei definitivamente a Roma, instalando-me na magnífica casa que meu pai comprara. Tinha, então, 30 anos.

De volta a Roma

Anos depois me lembrava, ao lado do pequeno Claudio, do impacto emocional que essa volta a Roma provocou em mim.

Claudio trouxera-me um cozido, pães e um pouco de vinho que seu pai me enviara. Não passara nem dois meses que eu conhecera seus pais, mas parecia que já nos conhecíamos de muitos anos, tal a familiaridade e a intimidade que surgiu entre nós. O frio do final de outono já congelava os ossos de manhã cedo, mas com o sol a subir, resolvemos partir em uma caminhada para cortar madeira para o fogo da noite. Não éramos duas pessoas falantes, nunca fomos; ele tinha o costume de, em meio ao silêncio, retomar a fala relembrando uma conversa iniciada dias e dias atrás. Nesse sentido, bruscamente, enquanto arfávamos morro acima, virou-se e perguntou-me:

– Como foi quando chegou a Roma? O que aconteceu? Meu pai conta que Nero dava grandes festas ao povo.

Convivi muitos anos sob o jugo de Nero sobre Roma, tempos turbulentos e festivos, sem dúvida. Em seus primeiros anos de governo, ainda se mostrou acanhado. Não mais que um adolescente, o espaço de poder foi ocupado por sua mãe, Agripina, e por Sêneca. Logo, seu espírito inquieto irrompeu e começou a demonstrar o que seriam esses "anos de Nero".

Festivo, sim, esta é uma palavra que casa muito bem com a sua personalidade, sempre procurou imaginar as mais mirabolantes variações para as festas. Inicialmente incentivou e ampliou as festas cívicas e populares tradicionais de Roma, tornou-as mais atraentes para o povo, costumeiramente distribuía presentes a todos que o agradavam. Logo também transpareceu a outra marca de seus anos de império, a irritabilidade excessiva, a total não aceitação de qualquer um que ousasse contrariá-lo.

Contrariedade, realcemos que era uma característica sua, devemos entender isto em um sentido amplo. Contrariedade não era se posicionar contra ele de forma clara ou ao menos ponderar algo que poderia ser feito de forma diferente e melhor; para irritá-lo, bastava não se trajar condignamente, não dar atenção a seus discursos infundados, não aplaudir suficientemente a suas burlescas apresentações teatrais. Muitas pessoas morreram por muito pouco ou por nada em seus anos de governo.

Onde eu estava nesses anos de desmandos? Bem, estava em péssimo lugar para a minha memória, comandava uma das centúrias da Guarda Pretoriana, inúmeras vezes fui obrigado a violentamente manter a ordem em tempestuosas festas populares; mais ainda, quantas vezes recebi ordens de prender desafetos do imperador, independentemente do que pudessem ter feito.

*

– Não tenha dúvida, Claudio, eu cumpria as ordens. Ainda mais, considerava meu dever agir dessa forma, considerava-me um soldado romano que cumpria rigorosamente suas funções, abstendo-me de julgar politicamente ou moralmente a quem quer fosse.

– Mas por que o imperador prendia quem não tinha feito nada?

O que podia fazer ante uma pergunta dessa? Sorri da ingenuidade do meu pequeno amigo.

Após longa pausa, procurando as palavras, continuei:

– Os homens, principalmente os que têm grande poder, tem o hábito de querer que as pessoas lhes sirvam, obedeçam-lhes, e ainda gostam de fantasiar que as pessoas fazem isso porque querem.

Ele olhava pra mim tão distante. "O que era aquilo que eu estava a lhe falar, como assim".

Nessa hora, lembrei-me de Flavio e seu pupilo improvisado que fui e sorri ao perceber que Claudio transformara-se, por sua vez, em meu pupilo improvisado.

*

Flavio. Quando voltei a Roma, imediatamente fui procurá-lo. Encontrei-o já envelhecido e um pouco doente. Afastara-se de vez da cidade, andava com dificuldade, algumas vezes precisava da ajuda de um escravo; morava na casa de uma tia que enviuvara e ficara com ela e sua filha. Localizada a cerca de uns trinta quilômetros de Roma, em um pequeno e tranquilo vilarejo, era o local ideal para que ele vivesse seus últimos anos, pacientemente esperando a hora de partir.

Ao passar a surpresa pela forma que o encontrei, desandei a falar sobre meus últimos anos no exército, onde andei, o que fiz e o que deixei de fazer, combates, armas. De tudo o que lembrava, eu falava e voltava a falar, acho que fiquei pra lá de duas horas falando sem parar, ao passo em que ele apenas sorria, enquanto olhava para mim e me escutava.

Depois que parei de falar, pediu-me que o ajudasse a levantar e, apoiando-se em mim, fomos até o canto da casa em que podíamos vislumbrar um vasto horizonte. A casa estava em um sopé, pouco mais alto que o terreno da vizinhança; da janela, abria-se um panorama belíssimo, à direita algumas casas do vilarejo, à esquerda a planície a perder de vista apresentava o sol a baixar.

– Veja, lá na direita, seguindo essa estrada, depois dessas casas, está Roma. Veja agora, lá na esquerda, o que há?

– O horizonte.

– O horizonte, sim. O que é esse horizonte, o que representa?

Surpreso, percebendo que ele estava querendo me ensinar algo, mas não entendendo claramente onde estava querendo chegar, coloquei-me na defensiva.

– Ora, o horizonte, bem, o horizonte é o infinito, sabe melhor que eu.

Sorriu, contente, apoiou suas mãos em meus ombros e continuou a olhar-me e a sorrir.

– Deixaste-me contente contigo, descobri que já caminhas. Algo eu lhe ensinei, embora a vida também ainda tenha muito a lhe ensinar.

Mais surpreso ainda, eu me calei, arqueando as sobrancelhas e gesticulando de forma a mostrar-lhe que ainda não estava entendendo bem onde estava querendo chegar.

– Falou-me durante duas horas sobre Roma e o império. É sua vida, isso é importante, mas olhe para onde vou e para onde todos nós iremos. Agora, diga-me, o que é o poder de Roma frente à vastidão do infinito?

Parei, pego de surpresa na surpresa que já esperava; percebia que a resposta me levaria a diminuir Roma de tal forma que quase negaria seu império.

– Mas... – abri os braços, olhava-o pedindo ajuda, dei alguns passos em volta, dois para o lado, dois pra trás, dei meia volta sobre onde estava e me aproximei dele novamente –, mas em tal comparação, o poder de Roma não seria quase nada!

Apesar do tom afirmativo do final da frase, o volume em que esta foi pronunciada foi muito baixo; as prisões estavam cheias de homens que falaram menos que isso.

Flavio continuava apenas a olhar-me, um leve sorriso preenchia--lhe o rosto, as sobrancelhas arqueadas e a mão aberta em minha direção denotavam que esperava que eu continuasse.

– Mas o imperador não é nosso Augusto, não tem lugar entre os deuses, não representa nossa força e nossa honra perante eles?

Não me enganava, minha voz soava insegura, procurava certezas onde não tinha.

– Veja novamente, veja a vastidão do mundo, dos céus. Onde estará nossa força entre os impérios que dominam tal universo?

Dessa vez era ele que gesticulava; embora sem se levantar, abria os braços e apontava para o céu, para o fim da estrada que passava em frente a casa. Apontava para a vastidão que nos rodeava e me provocava.

– Somos um pedaço do mundo – respondi, meio irritado.

– Sim, Antonio. Veja a imensidão do mundo, a força dos deuses; perceba que somos, como disse agora, um pedaço do mundo. Lembre--se de que sempre estará apenas em um pedaço do mundo; que Roma, por maior e mais forte que seja, será sempre apenas um pedaço, uma parte dessa imensidão que os deuses criaram. Foi maravilhoso ouvi--lo falar desses anos em que serviu nas legiões e honrou seu nome de família, mas nunca esqueça que a vida é muito mais que isso, muito mais que Roma, muito mais que as maiores festas de Nero. Sempre procure o mais além, isso poderá vir das mais diversas formas até você. Antonio – completou, com a mão em meu rosto –, nunca se esqueça disso.

Ainda vim visitá-lo mais uma vez, um ou dois meses depois, até que faleceu.

*

Com a morte de Flavio e meu pai com seus afazeres, durante algum tempo minha família tornou-se Caius. Em Roma, tornamo-nos ainda mais um a sombra do outro, até que, por pressões familiares e sociais, aceitei que me conseguissem uma esposa.

Caius, um pouco mais moço que eu, ainda também não se casara. Três meses depois que eu voltei a Roma, consegui trazê-lo como meu auxiliar direto. Para tarefas maiores, saíamos juntos com mais de cem soldados; já para pequenos trabalhos, revezávamo-nos, cada um liderando pequeno agrupamento de soldados.

Foi na cidade imperial que a parte mais festiva de seu caráter realçou-se mais. Não só nas festas populares organizadas pelo imperador, como também em quase todas as festas aristocráticas a que éramos convidados e que ele insistia em que fossemos. Logo percebi que o clima político social fizera com que muitos poderosos senadores e outros homens ricos procurassem adular os principais da Guarda Pretoriana. Afinal, por algum dinheiro ou por arranjos outros, ordens poderiam demorar a ser cumpridas ou até ignoradas, se possível. Dois a três anos depois que voltei a Roma, já éramos conhecidos quase que por toda a cidade, dos mais altos dignitários imperiais ao mais simples escravo. Isto posto, tornamo-nos figuras constantemente requisitadas socialmente, das casas de senadores aos cantos mais simples comparecíamos, sendo sempre prontamente recebidos. Nesse esplendor social que jamais experimentara antes, Caius retrucava sempre que alguém lhe perguntava:

– Casar, mas para quê? Vivemos tão bem assim.

De minha parte, o destaque da minha família tornara imprescindível que eu também fizesse a minha parte, casar-me com alguém de uma família de renome para fortalecer o nome da família Sevulus ao uni-lo com outra importante família romana.

Casei-me

Não me entendam de forma errada, mas as relações sexuais e afetivas nessa época, em Roma, eram muito diferentes do que se compreende atualmente. Os banhos públicos é a melhor mostra de como a forma dessa liberalidade moral era diversa da atual, embora também tivesse seus tabus e rituais a serem observados.

Foram nesses anos de Nero que abandonei parcialmente meu costume de, em todas as licenças de serviço, sair da cidade em direção à *villa* da família. Além das insistências de Caius para que o acompanhasse nas mais variadas atividades sociais, as obrigações para com a Guarda Pretoriana muitas vezes me obrigavam a permanecer na cidade, mesmo quando não estava a serviço. Quando sozinho, momentaneamente sem a companhia de Caius, dirigia-me muito ao Campo de Marte, dialogava preferencialmente com outros militares, distanciava-me dos atrativos festivos da cidade. De outra forma, acompanhado de alguns soldados, rotineiramente batia a cidade de um lado a outro, andava das ruas aristocráticas aos apinhados bairros populares. Nessa época, Roma era a maior cidade do mundo, centenas de milhares de pessoas dirigiam-se para lá. Nas horas de sol, as ruas mais concorridas eram de tal forma lotadas de gente que era impossível andar em linha reta, mais desviávamo-nos de outros do que caminhávamos. Em pouco tempo, conheci quase todos os mais obscuros cantos da cidade.

Já havia dois anos que voltara a Roma, quando meus pais passaram a pressionar-me no sentido de aceitar uma esposa – era importante para a família, diziam. Minha mãe, Vespasia, insistia que isso era fundamental para qualquer família romana, mesmo que eu não almejasse um cargo público em alguma magistratura.

Minha mãe era uma senhora altiva, uma típica matrona romana, plenamente consciente de todas as obrigações de uma família de respeito que procurasse honrar seu nome – poderia apontá-la sem erro como uma defensora das tradições sociais romanas originadas desde o começo da república. Desde que meu pai enriquecera, principalmente quando estava na cidade imperial, permanecia sempre rodeada de inúmeros escravos, mantinha relações sociais sólidas, entremeadas de visitas às principais casas aristocráticas. Sempre justa nas suas relações com o quadro de servidores da casa e com os clientes que constantemente assediavam meu pai, gozava de certo prestígio social e impunha, pela simples presença, respeito a qualquer ambiente ou reunião a que comparecesse.

Como eu próprio, minha mãe nunca foi uma pessoa de longas falas, sempre contida em seus gestos e na sua oratória. Casara-se muito jovem com meu pai, nem um ano após o casamento eu já nascia, sem a presença de meu pai, que se retirara para longos anos no exército; isso explica a grande diferença de idade que havia entre meus irmãos menores e eu, os quase nove anos em que meus pais praticamente não se viram.

Na minha infância, através do carinho do olhar e do gestual delicado, ela selou uma intimidade entre nós que permaneceu para sempre. Desde a maneira de tratar os subalternos até a obediência solícita, mostrava saber cumprir seu dever, o que procurava me ensinar. Estimulou-me a estudar, porém, logo que cheguei aos treze, catorze e quinze anos e passei a explicitar alguns dos meus costumes não tão habituais a um jovem romano da minha idade e categoria social, foi a primeira a compreender e a defender-me perante meu pai. Quando meu pai resmungava da minha mania das longas caminhadas nas montanhas ao redor da *villa* e mesmo em Roma, quando eu, acompanhado de alguns escravos, andava por todo o bairro em que habitávamos, quieto, a olhar, ela reiterava a ele a necessidade de compreendermos que a cada um compraz uma maneira de ser, citava os deuses com suas diferentes personalidades e meu pai logo desistia de discutir.

Vespasia, minha mãe, também era uma entusiasta das longas temporadas de verão na *villa*, retirando-se do frenesi de Roma. Era um tempo de paz e tranquilidade em que a família brincava e comia à vontade – ela sempre soube criar esse pequeno paraíso familiar, o atrativo que me fazia correr para a *villa* sempre que podia.

Apesar de favorável a que conseguissem uma esposa para mim, era da opinião de que isso deveria ser costurado com muita cautela. Importante seria considerar que tal pessoa, além de ser de boa família, também deveria ser de perfil que combinasse com o meu, que se ajustasse ao meu caráter, que me trouxesse tranquilidade e paz.

– Não deveremos procurar alguém para ele só pelo critério da boa família, a honra conquistada pode perder-se rapidamente com o repúdio e o adultério, algo que tem se tornado corriqueiro nas famílias romanas nesta época, de forma jamais pensada antes.

– Ora, ora, Vespasia, Antonio é um centurião romano, não um afeminado aristocrata das festas imperiais, saberá impor-se – retrucava meu pai.

Com variações desse tom, eles discutiram essa questão por muitos meses.

Mesmo nunca tendo se candidato a um cargo político, meu pai tinha um nome a zelar, tradições a manter e a enaltecer, além do que, à sua maneira, procurava o que considerava ser o melhor para mim. É importante lembrar que os costumes e as leis romanas mantinham o poder pátrio sobre os filhos por muito tempo, mesmo quando estes já tinham maioridade legal, sendo considerado correto que os filhos obedecessem a seu pai, algo que na prática só acontecia enquanto ainda precisavam da proteção paterna, política ou financeiramente. Dessa forma, após autorizar que clientes e amigos iniciassem conversações sociais nesse sentido, foi relativamente fácil que soubessem logo das disponibilidades existentes nas melhores famílias romanas.

Lembro-me de uma "tarde seca, de muito calor, havia acabado de entrar pela casa, ainda encontrava-me no peristilo,[10] quando fui logo alcançado por meu pai.

– Antonio, já foi encontrada a pessoa certa para ser sua esposa. Família de renome e tradição de séculos em nossa sociedade. Com certeza, este casamento lhe dará mais destaque, sendo motivo de honra para sua família.

Reclamar, reiterar argumentos já esboçados, o que adiantava? Cabia obedecer.

– Assim que eu voltar de pequena viagem que farei nos próximos dias, nós iniciaremos os próximos passos no sentido de conseguir esse enlace.

Surpreso, ainda parado no meio do pátio, senti-me atingido por um raio, abri os braços balbuciando interrogações acerca da pessoa, mas ele logo prosseguiu.

– Não deveremos demorar, porque soube por informantes, por um cliente e pela minha irmã, que há outra família interessada em

---

10 O peristilo é a galeria de colunas que rodeia um edifício ou parte dele; ou um recinto rodeado de colunas ("como os átrios"). No Império Romano, as casas (*domus*) dos cidadãos abastados possuíam um peristilo. Ao redor do peristilo, dispunham-se as dependências mais importantes da residência: a êxedra (a sala de estar), o triclínio (a sala de comer) e o tablino (o escritório). As visitas de maior nível social ou amizade do dono da casa eram recebidas no peristilo, ao passo que os clientes de menor importância eram atendidos nas zonas mais externas da casa, ou mesmo às portas da casa (ianua, ostium).

propor uma união com esta mulher. Não devemos, portanto, tardar a agir.

– Ah, trata-se da família Proculus, você conhece, é claro, deverá ficar muito honrado se conseguirmos realizar tal casamento. A família, além da tradição, ainda permanece muito rica. A filha mais velha da viúva, Claudia, já se encontra em idade disponível para casamento.

– Mas não é ela que...

– Sei, é ela, sim, é ela que, dizem, ser muito bonita, embora tenha um gênio extremamente inquieto, mas nada que o pulso de um soldado romano não possa domar.

Assim que terminou a frase, despediu-se rapidamente, pretextando afazeres, e saiu tranquilamente, deixando-me aturdido e ressabiado, um tanto quanto temeroso de realizar o que planejavam para mim.

Imediatamente fui procurar minha mãe. Assim que a vi, seu rosto transtornado explicitava claramente o quanto estava descontente.

– Meu pai falou comigo há pouco, a senhora está a par, imagino.

Ela não me respondeu, levantou-se, juntou as mãos na altura da cintura e, fechando os olhos, abaixou a cabeça, meneando-a para confirmar.

– Antonio, meu filho – começou a falar em um tom tão sentido e profundo que jamais me lembrava de ter ouvido antes –, desculpe-me pela incapacidade dos meus esforços no sentido de convencer seu pai a procurar outra esposa para você.

Eu já estava assustado quando entrei na sala, mais ainda fiquei ao ouvir a frase.

– Talvez você não saiba, mas conheço muito bem essa família, e muito bem essa moça e sua mãe. Pelos caminhos da convivência social, nestes anos em que esteve isolado na vida militar, viemos a conhecer melhor muitas outras famílias romanas. Pelos menos em três oportunidades nós jantamos em casa dessa família. Essa jovem, Claudia, a vi várias vezes, a observei crescendo e dialogando com sua mãe e com outros convivas, também em outras festas em que a encontramos. Sim, sua beleza é impar, porém, claramente meus olhos viram sua altivez, a maneira que brincava com outros homens e, principalmente, como comentava entre as mulheres sobre a riqueza de um, o cargo de outro, a beleza de um terceiro, as honras militares que esse já obtivera ou poderia vir a obter.

Por alguns momentos ela parou para respirar, caminhou até onde eu estava e colocou minha mão esquerda entre as suas.

– Desculpe-me, mas nos últimos dias inúmeras vezes tentei convencer seu pai no sentido de que procurássemos outra esposa para você. Repetidamente lhe disse que essa mulher, apesar do nome da família e da sua beleza, é alguém mais afeito a festas, a destaques e à honra de ser um romano. Tentei fazer com que seu pai visse melhor quem é seu filho, um soldado, sim, sei que um homem plenamente consciente dos seus deveres de honra e virtude romana, mas jamais um homem dos estardalhaços sociais que nosso jovem imperador vem impondo à sociedade. Apesar de vários diálogos e rogativas nesse sentido, não pude vencer sua vontade; finalmente, já sem paciência, seu pai explicitou claramente que era uma decisão dele e que seriam rapidamente iniciadas as conversações com a família de Claudia.

– Ora, minha mãe, só me cabe obedecer, então. Espero que os deuses me orientem como melhor agir – lembro-me bem que falei baixo, esforçando-me para aparentar aceitação condigna.

Um legítimo romano, ainda mais alguém afeito aos textos estoicos que pregavam a aceitação do sentido, geralmente mantinha a sua altivez nas situações mais difíceis, justamente por isso surpreendi-me muito ao ver minha mãe derramar uma lágrima, mesmo que tenha sido apenas uma – claramente conteve as outras.

Ora, passaram-se dias, muitos dias, só com Caius conversara sobre a questão, nem meu pai e nem minha mãe voltaram a tocar no assunto comigo. Caius havia me dito que um escravo seu tinha parentesco com uma escrava da família Proculus, ao mesmo tempo, outro legionário lhe contara que um cliente de um magistrado romano lhe dissera que a família deste também estava a tratar sobre assuntos de casamento com a família Proculus. Pela primeira vez na vida eu torci para perder em uma disputa.

Ao passarem esses dias e mais dias, minha mãe enviou-me um recado para que estivesse em casa no dia seguinte, haveria novidades até lá. Na mesma noite, Caius procurou-me no quartel dos pretorianos para me informar que soubera que a jovem Claudia Proculus recusara-se por todos os meios a casar-se com certo magistrado, o qual era a preferência da sua mãe, fortuna equivalente à de meu pai, mas com cargo de maior destaque. Apesar de mal me conhecer e não nutrir qualquer simpatia por virtudes minhas, pelo menos que eu soubesse, eu seria a outra opção que então ela seria obrigada a aceitar.

Ao chegar à casa na noite seguinte, os rostos expressivos dos escravos que me receberam, a brincadeira sorrateira que meu irmão fez, uma enorme mesa que estava preparada, com muitos pães e várias jarras de vinho, prenunciavam que algo estava para acontecer. Quando as horas da noite prenunciaram seu momento, eu fui chamado. Soube por meu pai que o representante da família Proculus acabara de se retirar de nossa casa e confirmara oficialmente o acordo de casamento. Alguns parentes nossos foram convidados por meu pai para que festejassem conosco, essa ceia seria o início dos preparativos do casamento, que se estenderiam ainda por mais três meses.

Ora, ora, o que lhes dizer? Tive que aceitar e participar de toda a encenação social. Colocar que estava de todo descontente seria uma grande mentira. Realmente, Claudia era bonita, vou ser sincero, melhor dizendo, ela era muito bonita. Longos cabelos pretos, normalmente presos em penteados elegantes através de trabalho que ocupava diariamente um bom tempo de suas duas escravas pessoais. Seu nariz pequeno harmonizava de tal maneira com seus olhos fundos e negros e as sobrancelhas grossas, que davam ao rosto uma forma muito agradável de ser apreciada. Era baixa e tinha o corpo mirrado para padrões da época, mas era na voz, no tom da voz, que mostrava todo o seu temperamento impetuoso e aristocrático. Exigia pelo modo de falar, não pela fala em si. Alguns anos mais moça do que eu, os gestos rápidos das mãos davam o tom a combinar com o discurso, sempre rápida e disposta a arriscar e a obter as honras que pretendia.

Desculpem-me, mas pularei todos os trâmites prévios e ritualísticos da festa de casamento; foram enfadonhos, embora corretos. Meus pais convidaram enorme quantidade de pessoas a comparecerem; minha mãe, apesar de descontente, já que tinha de ser realizado, o fez da melhor maneira, entendeu-se, nesse sentido, perfeitamente com a mãe de Claudia e com meu pai. Festas prévias sucessivas foram organizadas, várias famílias da aristocracia foram convidadas, inclusive alguns senadores e generais.[11]

No ano de 59, entrávamos na casa que meu pai comprou. Apenas algumas ruas longe da deles.

---

11 A forma arcaica de casamento *cum manum*, pelo qual a mulher era sujeita à autoridade do marido, caiu em desuso durante o período imperial. Uma mulher romana que casasse continuava a ser proprietária dos bens que levava para o casamento. Esse princípio demonstra o relativo grau de independência das mulheres romanas em comparação com outras culturas da antiguidade e até à Idade Moderna. A mulher romana era livre para gerir a vida cotidiana e o marido não tinha poder jurídico sobre ela – embora fosse motivo de orgulho social ter casado apenas uma vez, o estigma social em relação ao divórcio ou ao segundo casamento era praticamente inexistente.

Retomando a vida

Retomar a minha vida de militar da mesma forma nunca mais foi possível. Claudia passou a me exigir comparecimentos constantes ao lar e uma vida social mais ativa; minha mãe e a dela também passaram a nos convidar regularmente para jantares e pequenas viagens, principalmente à *villa*. Caius parece que se animou com a situação e, quando não estava conosco em minha casa, insistia para que o acompanhássemos aos mais variados lugares.

A situação político-social em Roma já não era mais a mesma. Nero exercia o poder com muito ímpeto, gigantescas festas populares e degradantes festas aristocráticas tornaram-se rotina no cotidiano da cidade. A mãe do imperador acabara de morrer e os boatos corriam, especulavam que a mandara matar. Alguns senadores que, descontentes, procuraram iniciar conversas no sentido de encontrar alternativa a essa situação, foram denunciados e, acusados de traição, executados. Por duas vezes tive que chefiar a tropa que foi prender alguns deles, além de acompanhar a prisão de alguns outros no quartel dos pretorianos. Apesar de ver homens de brio passar por essa situação com dignidade e honra típicas da tradição romana, muitas vezes também vi homens implorarem, atirando-se aos pés dos soldados a pedir salvação; choravam a suplicar ajuda aos centuriões encarregados de cumprir a ordem – atitude compreensível, porém inútil, todas as ordens eram cumpridas.

Para Claudia, porém, a vida estava iniciando, aonde nos convidassem reiterava para que aceitássemos. Quando ficávamos alguns dias na *villa* da minha família, logo reclamava da pasmaceira do local, jamais compartilhou da satisfação que eu sentia em estar lá. Com o tempo, minha mãe tornou-se minha companhia predileta nos passeios curtos ao redor da casa ou entre os vinhedos. Tornamo-nos mais íntimos, conversávamos mais, ela constantemente pedia-me compreensão, quando me irritava com as exigências sociais de minha esposa. Algumas vezes bastava que me segurasse a mão, puxava-me para uma caminhada de mãos dadas, sorria discretamente e procurava meus olhos, isso bastava para que já adivinhasse suas palavras.

– Antonio, cabe a ti, mais velho do que ela, mais culto, mostrar que aprendeu algo com as muitas leituras filosóficas que Flavio lhe passou. Cabe a ti compreender que Claudia, como filha da família Proculus, recebeu um determinado tipo de educação, por sinal muito comum nas famílias aristocráticas destes tempos, em que o destaque de um nome, a honra de aparecer mais perto do imperador e ser constantemente convidada para as mais requintadas festas, estas são virtudes valorizadas. Pode ser que tenha que lhe mostrar outro entendimento de virtude, a virtude como serenidade, a virtude como aceitação honrosa, a piedade enquanto práticas dignas de um cidadão romano.

Ao ouvi-la falar, eu apertava mais ainda sua mão, abaixava a cabeça e respirava, ofegante, procurando forças que não tinha. Em pouco tempo de casado, aquele espírito inquieto que tomara como esposa já se exaltara algumas vezes comigo, durante duas vezes cheguei a berrar com ela, ordenando que parasse de falar. Matreira, nesses momentos ela se calava e, poucas horas depois, procurava-me discretamente para sondar-me o íntimo e conseguir o que queria, acabando por me arrastar à casa de alguém ou a algum outro lugar. Diversas vezes tive que lhe comprar mais e mais escravos, mais joias e tecidos variados, principalmente para que se entretivesse quando eu estava fora, em trabalho militar. O que mais me intrigava era ver como ela se deliciava ao sentir-se centro de uma centena de olhares ao entrar nos banquetes e casas alheias. Da mesma forma, surpreendia-me ao ver como se irritava ao sentir-se desprezada, relegada à falta de atenção, isso quando ficava dias em casa; chegava, nessas situações, a, de alguma forma, procurar incitar ciúmes meus ou de outras mulheres. Exasperava-me com ela ao descobrir essas suas formas de prazer. Por várias vezes, estendi-lhe textos de Sêneca, Cícero e outros, inutilmente.

Lembro-me bem, também, de quando veio, rindo, contar-me que descobrira que uma de suas escravas pertencia à chamada seita dos judeus-cristãos. Foi a partir daí que comecei a ouvir cada vez mais falar deles.

Segunda Parte

Judeus-cristãos

A tempestuosa década de 60 desse primeiro século da chamada era cristã ficou historicamente conhecida pelas revoltas políticas, pelas guerras civis, pelos vários imperadores que ascenderam à cena para dela logo sumirem e pelo fim da dinastia julio-claudiana, acontecimentos que ditaram muito dos rumos posteriores da história.

O ano de 61 já ia longe. Com alguma dificuldade, descia lentamente o caminho íngreme em direção à casa dos pais do pequeno Claudio Julius. Céu bonito, poucas nuvens, frio matinal de outono que me obrigara a jogar a capa grossa que ainda possuía sobre a veste puída. Já os visitara inúmeras vezes, tornara-me amigo dos seus animais, seus cachorros abanavam o rabo ao me verem.

Ao me aproximar da casa não vi ninguém, mais perto das paredes da casa simples de camponês das montanhas ouvi algumas vozes, pela abertura da janela percebi a sombra de três pessoas. Ao observar melhor, descobri que o nobre casal, Leonardo e Virgília, recebiam a visita de uma pessoa desconhecida para mim. Não contive a curiosidade, parei e lá mesmo escutei parte da conversa.

A pessoa, que logo vim a conhecer, era parente distante que vinha de Roma, há muito não se viam. Contava-lhes como se escondera no sul da península itálica, durante os anos finais de Nero e a guerra civil posterior, e como muitos parentes morreram. Contou-lhes também como pouco depois da ascensão do Imperador Vespasiano, a vida se acalmara, retornara à cidade imperial e reencontrara alguns amigos que lhe apresentaram a outros amigos, conhecidos estes como judeu-cristãos. Estava na região apenas para rever a avó.

Eu o vi estender-lhes pequeno texto, estava contente que aprendera a ler, dizia, ao que logo ouvi de Virgília que eles, por sua vez, não sabiam ler. Contardo Marcio, o visitante, explicou que se tratava de uma oração e da cópia de duas cartas de um homem reverenciado entre seus novos amigos, conhecido como Paulo de Tarso. Ao ouvir o nome, um arrepio percorreu-me o corpo, o coração acelerou e, não sei como, fiz algum barulho que chamou a atenção dos que estavam dentro da casa.

Tentei conter a ansiedade e a efusão que me tomavam e apresentei-me logo, procurei aparentar que acabara de chegar. Após as apresentações, vi que Contardo Marcio estranhou minha aparência, tão em desacordo com a oratória que testemunhava minha origem de romano instruído. Eu vinha de uma sociedade que honrava e valorizava a aparência, distinguiam-se dos chamados bárbaros pelo cabelo curto e pela barba rala, bem como pela roupa asseada, mas quando passei a viver nessas montanhas, afastei-me dos costumes romanos também nesse aspecto, além do que as condições em que vivia não me permitiriam manter tal asseio.

Após alguns instantes, peguei de suas mãos o rolo que estendera aos donos da casa e lhes disse que ouvira parte da conversa deles; contei-lhes, por fim, que conhecera essa pessoa que Contardo Marcio apontava como autor desses textos. Abri o rolo e pedi que todos sentassem ao redor do fogo acesso; ao pequeno Claudio, que chegara, ordenaram que trouxesse pão. Vagarosamente fui lendo o texto de Paulo, explicava-lhes o que podia e introduzi parte da minha história de vida pregressa.

O ano de 61 iniciara-se há pouco tempo. Cabe aqui afirmar o que é claro para muitos: o calendário romano era diferente do atual. A contagem anual se fazia a partir da fundação de Roma (século VIII a.C.) e os meses e os dias também se repartiam de outra maneira. Para facilitar o relato, utilizamos o calendário atual, sem qualquer perda para a história sobre a qual discorremos.

Ainda não completara dois anos do meu matrimônio com Claudia, mas nosso antagonismo crescera. Refugiava-me mais e mais na amizade com Caius e na vida militar, embora esta também estivesse a passar por momentos turbulentos. Vezes sem conta propositalmente esticava de um dia a outro o serviço e a estada no Quartel dos Pretorianos; constantemente procurava serviços que me afastasse de casa.

Nossos primeiros meses de matrimônio foram possíveis por esforço próprio de ambas as partes em conter seus gostos e personalidades. Eu a acompanhava em jantares constantes e ela seguia-me nos retiros para a *villa* de nossa família e para a pequena casa que Caius comprara no litoral. A descoberta e o aprofundamento das carícias íntimas pôde nos satisfazer durante algum tempo. Com o desdobrar dos meses e a tensão que a situação política do império colocava sobre a atuação dos pretorianos e dos seus principais centuriões, tornei-me mais irritadiço e mais esquivo a suas petições sociais. Ao perceber que, de sua parte, reagia de forma a tentar provocar-me ciúmes, afastei-me ainda mais.

Ora, um radicalismo leva a outro: quanto mais me afastava dela, mais ela se afastava de mim. No entanto, a união das nossas famílias fora muito falada nos mais altos meios sociais, isso agradou muito a meu pai e à própria Claudia, nada a ser largado facilmente; ainda mais que, com a destituição de alguns centuriões da Guarda Pretoriana, passei a ter posição de maior destaque, sempre a trazer Caius comigo.

Nesse ano que se iniciara, as perseguições políticas cresceram, senadores eram denunciados, mortos ou enviados a missões em terras distantes. Espiões a mando do imperador utilizavam-se de vários meios para prender tanto a desafetos políticos e pessoais, quanto a populares e estrangeiros que pudessem ser enviados das prisões, para as minas ou para o circo.

O divertimento das massas populares era preocupação constante de Nero, junto a sua pretensão artística e a sua fanfarronice. Isso o levou a realizar dezenas de festas populares, tanto apresentações artísticas quanto gigantescas exibições no circo, com centenas de animais, gladiadores e acusados de crimes os mais diversos, todos expostos à fúria dos espectadores, ansiosos por violência e sangue. Esse ritual político-cultural fez com que ele fosse adorado pelo povo que apinhava a cidade em busca de diversão, segundo os costumes da época.

A constância com que essas festas passaram a ocorrer tornou-se um fardo inesperado para mim. Para a segurança do imperador, a Guarda Pretoriana havia sido reformulada pelo General Burrus. Eu fora designado como responsável pela segurança geral nessas festas gigantescas. Inúmeras vezes eu saía seguido de até trezentos homens, principalmente quando a massa popular se exaltava demais e precisávamos intervir, muitas vezes com bastante violência.

Foi nesse momento, por ordem do imperador, embora instigado por alguns outros de interesses escusos, que começaram a crescer as prisões dos judeus-cristãos. Quando Nero, ao dar vazão a seus sonhos, passou a realçar o caráter divino da sua pessoa, a sua divindade, os problemas dos judeus-cristãos tornaram-se mais sérios. Por diversão ou por outros sentimentos mesquinhos, vinham dos grupos populares as denúncias a eles, acusavam-nos de não aceitar o caráter divino do imperador e de não lhe prestar juramento. Arguindo argumentos tortuosos, grupos religiosos outros, por exemplo, passaram a instigar as autoridades romanas a prendê-los sob a acusação de traição, ou até mesmo de não respeitarem algumas leis – armavam situações que os levassem às prisões ou até mesmo ao circo.

Como militar, já recebera ordens de prender a alguns grupos, o que fizera com o zelo que me era costumeiro. Foram cercados e levados na mais perfeita ordem, sem nenhuma violência física por parte de meus soldados, entregues como os encontrei às prisões, a partir do que saíam da minha autoridade. Na Guarda Pretoriana, muitos não concordavam com essas ações; insatisfações e murmúrios cresciam, mas eram militares disciplinados e obedientes, além do que sabiam que muito pouco era necessário para que também fossem presos. Caius mesmo, apesar de considerá-los um grupo de fanáticos, os via como uma turba ordeira, que não causava qualquer problema de segurança pública.

Certa tarde de verão, eu voltei para casa quase bêbado, enchera-me de vinho. Ao lado de Caius vira, naquela manhã, uma longa fila de quase uma centena de pessoas simples, incluindo muitos velhos, ladeados por dezenas de soldados, passarem por nós em direção à prisão. Cabisbaixos, quietos, alguns com as mãos amarradas, seguiam obedientes, não se ouviam murmúrios. Nada poderíamos fazer, soubera da ordem de prendê-los, mas realmente nem de longe se afiguravam como possíveis inimigos do imperador.

Antevendo o fim desses nos jogos próximos já anunciados, indignara-me. Virei-me para Caius e falei o que sentia:

– Como é possível? Como é possível que seja essa a política adotada pelo imperador romano dentro da sua maior cidade? Não passam de pessoas simples, fracas, pobres, quase doentes. Como isso pode ser considerado questão de segurança e afronta? Como?

– São os tempos que não compreendemos. Esses cristãos são loucos, mas também os considero inofensivos. Não se torture por isso, Antonio, embora se lembre de falar baixo, muitos estão sendo presos, muitos em posição ainda mais alta que a sua. Vamos beber, vejo que precisa.

Compreendendo-lhe a preocupação pela nossa segurança, embora vendo que não ligara para o que eu sentira, eu o segui.

Horas mais tarde, entrei em casa com os olhos bem vermelhos, embora estivesse um pouco menos tenso por efeito da bebida, ainda estava irritado. Ao entrar, encontrei Claudia acompanhada de uma amiga que eu mal conhecia, comiam uvas, conversavam e riam; ao seu lado estavam as suas duas escravas pessoais. Eu as olhei, franzi a testa e parei. Nervoso, procurava conter os impulsos de minha personalidade.

– Ora, ora, meu marido volta a sua casa, depois de dias nos dá o prazer de sua companhia. Pena que não viesse com seu amigo Caius, minha amiga adoraria conhecê-lo.

Eu a olhei enfurecido, pronto a atacá-la. Fechei os punhos, o que a atiçou ainda mais; Claudia se irritava muito mais quando eu a ignorava do que quando a enfrentava.

– Não se irrite, Antonio. Vejo que já bebeu, venha cá e beba um pouco mais conosco. Ah, as uvas estão uma delícia.

Ela se levantou e aproximou-se de forma provocativa, procurou-me induzir a que chegasse até onde elas estavam. Quando tocou em meu braço, reagi bruscamente e retirei sua mão.

– O que foi, Antonio? Seus amigos do quartel não estavam a lhe agradar hoje? Sua esposa não pode convidá-lo a comer uva com ela? Diga-me, Antonio?

Claudia iniciara a falar irritada, para logo, segundos depois, teatralizar e carregar sua voz de sensualidade. Ela sabia que, se conseguisse, a sua própria personalidade podia contornar-me pela feminilidade. Delicadamente, dessa vez, levou-me até as uvas, ofereceu-me algumas e esperou que eu falasse. Aquietaram-se.

Após mais alguns minutos, lentamente contei-lhes o que vira de manhã, os cristãos presos, a minha reação, repeti o que falara a Caius sobre eles. Lembrei que essas prisões vinham acontecendo cada vez com mais frequência, realcei, enfim, a minha incompreensão em virtude da aparente inocência deles. A reação de Claudia foi inesperada, riu alto, despudoradamente, repetidamente, induzindo sua amiga a acompanhá-la.

– Antooonio, você está com pena desses cristãos. Ah, Antonio, tu só me faz rir. Não passam de nada, de uns loucos que não reconhecem o nosso imperador.

A tensão imperava. Olhava para ela, quieto, músculos prontos a reagir. Eu me contive, ainda as olhei por mais um minuto e me retirei. Ao sair, as ouvi rir mais e mais, ironizando-me, ironizando um marido que não era capaz de reagir a uma esposa.

*

Mais dias e dias se passaram; a vida política agitava a cidade, as festas eram carregadas de rumores, denúncias de lá e cá, suspeitos de quase nada presos aos magotes. Quanto aos cristãos, nas últimas semanas, a perseguição decrescera um pouco. Passaram a se encontrar nas catacumbas ou nos lugares mais ermos da cidade, sempre à noite, pois sabiam que precisavam se esconder para sobreviver.

Passei a sair mais com Caius para beber, mesmo sozinho algumas vezes; algo me incomodava e não sabia precisamente o que. Combinara com meu amigo de irmos ao litoral, passar alguns dias na sua bela casa em cima de rochedos com vista para o mar; combinávamos e combinávamos de novo, em vão, pois era impossível nos ausentarmos da cidade naquele momento. Ao perceber minha perturbação, Caius passou a ser mais solícito, esforçava-se para conseguir tempo para que pudéssemos estar mais próximos, procurava divertir-me, sondava-me o íntimo.

– Como vai Claudia? – perguntou-me um dia.

– Hum, Claudia... – apenas lhe respondi com murmúrios e olhares zombeteiros.

– Antonio, ela é ainda sua esposa. Faça valer isso ou tome suas providências.

– Providências?! Agir a desconstruir o que não devia ter sido construído. Lembre-se de meu pai, mesmo minha mãe não gostaria.

– Ora Antonio, é um belo romano, extremamente bem-apanhado, quase rico, dos mais altos centuriões da cidade, responsável por centenas de homens e de vidas, não haveria dificuldade para que conseguisse outra esposa. Acredito que as ofertas seriam várias, ainda mais com tantos senadores mortos, tantas viúvas sem recursos, tantas filhas em posição difícil. Antonio, pense nisso, faça algo. Não fique assim. A sua presença agrada muito a todos aqui no quartel, mas aqui não é a sua casa. Onde está o homem que vi, eu vi, a organizar centúrias nas batalhas, irredutível na defesa da posição em que fora colocado? Onde está esse homem?

Não consegui lhe responder, gesticulei pra cá e pra lá. Nada. Um peso consumia-me por dentro.

Duas noites depois, estava em casa a comer, quieto, deliciava-me com variados pães e queijos; o silêncio da madrugada reinava enquanto todos dormiam, e só conseguia respirar melhor nessas horas. Inesperadamente, um pequeno grito, não de socorro, mas de surpresa, uma interjeição. Reconheci a voz de Claudia, logo uma risada estonteante, algumas trocas de palavras, frases que ouvia, mas cujo significado não distinguia. Coloquei-me de alerta, mas não me dispus a ir averiguar o que estava a acontecer. Poucos segundos depois e ouço choro, baixinho, vozes, alguém caminhando às escondidas, procurando não ser visto. Era Antônia, a jovem escrava de Claudia. Quando a encarei, surpreendeu-se também, não esperava encontrar-me, as lágrimas escorriam por seu rosto, o medo estampado na face.

– O que houve Antônia, o que aconteceu?

Eu a conhecia desde menina, ela era filha de antiga escrava de minha mãe, servia a Claudia em minha casa desde que casamos, cuidava de pentear-lhe os cabelos e outros tratos femininos. Sempre a tive em boa conta.

– Senhor... senhor... Eu, a senhora... perdão.

Não conseguia falar, balbuciava, apontava para onde Claudia devia estar. Meu primeiro pensamento foi que tivesse sido surpreendida roubando algo, acusação corriqueira nas relações entre senhores e escravos, ou mesmo que a irritação de Claudia a tivesse escolhido por alvo, opção a que dei mais peso.

– Vamos, diga-me, o que houve? Não há o que temer.

Mal havia terminado a frase quando Claudia surgiu furiosamente, interrompendo-nos de imediato.

– Ah, vocês – falava e ria de forma irritada. – Antonio, meu marido, saberá você que essa escrava, já desconfiava há algum tempo, estava a observá-la, hoje eu a surpreendi, ela é um desses cristãos, é um desses loucos ensandecidos, desses... – terminara a frase de forma incompleta, apenas apontando para Antônia que, acanhada, encolhia-se em um canto da parede.

Eu também me surpreendi com a revelação, não imaginava haver cristãos na minha casa.

Virei-me para Antônia, pedi que confirmasse a acusação.

– É verdade isso que ela diz, Antônia?

– Sim.

Falou baixo e abaixou a cabeça. Sua atitude humilde me tocou de alguma forma, o que me levou a uma inesperada reação de proteção e defesa.

Voltei-me novamente a Claudia, afirmei que tomaria conta da questão. Mantinha-me inesperadamente tranquilo, senti-me firme como quando estava com meus soldados.

– Claudia, eu resolverei a questão, voltem as duas para o sono.

Ela não aceitaria aquilo facilmente.

– Como?! Não vai fazer nada, o que vai fazer? Não quero essa... não quero essa louca perto de mim, compraremos outra escrava melhor. Mande-a para sua mãe ou mande-a para a prisão.

Ao ver que a ouvíamos impassíveis, sua voz cresceu, terminou a frase a gritar. Seguro, eu me mantive quieto, contido. Ordenei que Antônia se retirasse e, crescendo de forma impositiva em direção a Claudia, reafirmei o que dissera:

– Volte a seu quarto, dessa questão cuidarei eu. Esta decisão está tomada. Agora!

Quando da palavra final, cheguei a berrar e a colocar a mão em meu punhal, gesto simbólico a denotar força. Extremamente nervosa e contrariada, mas assustada com a minha reação, ela se retirou intempestivamente da minha vista.

No dia seguinte, contei a Caius o ocorrido. Não me surpreendi com seu desprezo pelos cristãos, no entanto, revi toda a emotividade violenta que eu conhecera nele desde que combatíamos juntos. Ficou de pé ao final, rosto vermelho, e esbravejou:

– Jamais, jamais mulher minha faria algo assim. Eu a repudiaria no dia seguinte, isso caso eu não a esbofeteasse. Diga-me, Antonio, diga-me que foi a primeira vez que ela lhe falou dessa maneira.

– Você a conhece o suficiente para saber que essa é a maneira normal dela proceder, é o temperamento dela. De tempos para cá vem se mostrando ainda mais intempestiva. Sente-se reclusa em casa, não percebe que sou um militar em época turbulenta; quem muito quis aparecer recentemente foi quem mais cedo desapareceu.

– Eu ainda não acredito que você, conhecido na Roma inteira, com uma força de muitos homens prontos a lhe obedecer, deixa que sua mulher o humilhe.

– Isso só serve a ela, vítima da sua vaidade.

Talvez não tenha compreendido, não sei, mas Caius ignorou esta última frase, contrariado, e continuou.

– E o que você pretende fazer com a escrava? Levá-la às prisões, vendê-la, açoitá-la ou o quê?

– Ah, lembrou-me que deixei as duas em casa, não sei o que Claudia pode ter feito com ela. Mas, ou a venderei ou a devolverei a minha mãe. É, creio que farei isso.

Fomos interrompidos, aproveitei e encerrei a conversa que não ditava bons rumos para mim. A questão do destino de Antônia continuou em minha cabeça por muitas horas, até que decidi ir à minha casa vê-la, embora ainda não tivesse resolvido qual decisão tomar.

Assim que entrei, perguntei ao intendente da casa, Marco, sobre Antônia; sublinhei precisamente que não gostaria que ele omitisse algo que fosse em sua resposta. Soube que as outras escravas a haviam recolhido a um canto da casa onde todos sabiam que Claudia dificilmente ia, ela estava à minha espera. Compreendi e lhe asseverei que agira bem, pedi que me indicasse o lugar.

Ao entrar sozinho no pequeno corredor escuro, a encontrei de costas para onde eu vinha e surpreendi-me com o que vi. Antônia, de joelhos, com pequeno pedaço de madeira entre as mãos, murmurava repetidamente e ritmicamente palavras que eu não conhecia. Estava com os olhos fechados, não chorava mais, sua voz estava firme, denotava confiança. Parei e esperei, fiquei alguns minutos quieto a contemplar a cena.

Quando, pouco depois, algo fez que parasse de falar e virou para onde eu estava, surpreendi-me mais; algo acontecera comigo, senti-me meio constrangido, emocionara-me, ainda mais quando quis falar e determinada sensibilidade surgiu em minha voz, transformando-a. Quando dei por mim, de minha boca dizia a Antônia que estava livre, poderia ir aos seus.

Só acordei desse rápido e inédito estado quando vi maravilhoso sorriso brilhar em seu rosto. Levantou-se e, atirando-se aos meus pés, quis beijá-los, o que de pronto impedi.

– Antônia, vá logo, vá, mas não apareça mais nesta casa, compreendeu?

Eu a levantei e a empurrei para fora, queria que sumisse da casa o mais rapidamente possível.

*

Dias e dias se passaram, apenas cruzei rapidamente com Claudia duas vezes, sempre de relance, sem palavras. Da última vez, o olhar furioso que me endereçou revelou que soubera o fim que dera ao caso de Antônia. Quando, ao contar detalhes a Caius sobre o momento em que a encontrara de joelhos, este me disse que, da última vez em que prendera um pequeno grupo desses cristãos, também os surpreendera daquele jeito.

– Disseram-me que rezavam ao seu Deus. Soube depois que não oferecem sacrifícios; não pode ser outra a razão de serem tão fracos, de não reagirem, seu Deus deve ser muito fraco. Ah, eu também soube, por alguns dos nossos soldados, que o pedaço de madeira que já vi com vários deles é uma representação de um bandido judeu morto na cruz, na Palestina, a quem eles consideram seu rei. Um Deus fraco e um rei morto na cruz; desse jeito, acabarão todos na arena, ainda mais se depender do apetite de sangue de nosso imperador.

Ele falou com tal frieza e quase com deboche, mas as informações que me dava sobre o homem que morrera na cruz, o pedaço de madeira e suas rezas me atiçaram a curiosidade.

– E esse homem que morreu na Palestina, quem era ele?

– Ora, não sei, parece-me apenas que um vagabundo ou um bandido qualquer que outros judeus condenaram. Ele foi acusado pelos seus próprios, nenhum romano tomou parte disso, parece.

– Mas tu não sabes o nome deste que morreu?

– Não... Mas está muito interessado nesses judeus, o que há contigo? Foi Claudia de novo ou algo que Antônia teria feito? Já lhe disse várias vezes o que fazer com Claudia.

– Estou apenas a perguntar. Como soldado, eu devo saber o que acontece com todos os que habitam o Império Romano. Além do que ainda os considero simples crentes inofensivos. A cada um a sua crença, este foi o ensinamento que Augusto legou aos romanos.

– Ainda estou estranhando você – completou Caius, ao que se levantou e retirou-se para seus afazeres, contrafeito.

Naquele mesmo dia, ao saber que nas celas do próprio Quartel dos Pretorianos havia dois ou três prisioneiros cristãos ou judeus-cristãos (estava confuso com essa diferença), quando anoiteceu, dirigi-me para onde estavam. Em uma das celas estavam dois homens e uma mulher em outra; o responsável pela guarda não soube me informar porque haviam sido levados para ali, e não para a prisão geral.

Entrei lentamente no corredor das celas. Quase madrugada, os prisioneiros dormiam, apenas na cela dos dois cristãos um deles permanecia acordado. Sem alardear minha presença, permaneci parado a observá-lo, de longe. Mãos postas e cabeça levantada, ele murmurava palavras inaudíveis. Sua barba era grande, mas as vestes e o rosto deixavam claro que era um romano itálico, não um judeu. "Por que teria se transformado em cristão?", perguntava-me. Sem maiores conclusões, fiz menção de retirar-me, entretanto acabei por ficar, cheguei mais perto das grades até que ele percebeu a minha presença e levantou-se, respeitosamente. Deixou claro que me conhecia; pela minha posição e atividades sabia, que muitos me conheciam.

Ficamos a olhar um para o outro durante alguns minutos; pequeno sorriso surgira em seu rosto enquanto continuava a olhar-me, sempre humildemente, sem qualquer nódoa de desafio.

– Como é o nome do judeu morto na Palestina, seu rei que morreu na cruz?

– Jesus.

Ouvi a resposta ao que era, então, apenas uma curiosidade minha a saciar e retirei-me. Soube depois que esses prisioneiros estavam separados porque algum cidadão romano, com forte influência política, intercedera por eles.

*

Avançávamos para o segundo semestre do ano de 61. Contara a minha mãe sobre Antônia, a qual conhecia desde criança. Seu sorriso, ao final do meu relato, foi a aprovação que esperava.

– Fez bem. Não conheço o que pensam esses judeus, só vi alguns deles de longe, mas como me diz que não fazem mal a ninguém, não vejo razão para acusá-los ou culpá-los de algo. Quanto a Claudia, meu filho, continue a se esforçar por compreendê-la, tenho que não passa de uma moça que gosta de festas e sente enorme ciúme de ti.

Saí satisfeito. Ao retornar a minha casa, voltei a falar com Claudia. Eu a levei a duas festas e, certo dia, até aos jogos. As conversas eram mínimas, procurava manter uma relação social, sem nem saber bem o porquê.

*

Ao patrulhar alguns bairros populares, apenas acompanhado de alguns homens, sem objetivo específico, deparei na rua, vindo em sentido contrário ao meu, com o itálo-cristão que me dissera o nome de Jesus quando estava preso no quartel. Andava rápido, parecia mesmo com muita pressa, mas intriguei-me, havia certo brilho em seu olhar, estava muito contente. Viu-me e surpreendeu-se, flagrado no olhar; parou e respeitosamente cumprimentou-me. Aproximei-me dele de tal forma que pudesse lhe falar sem que outros ouvissem. Perguntei-lhe onde morava.

Ele me informou tanto onde morava quanto onde trabalhava. Ainda lhe perguntei se era cliente de algum senhor e descobri que era cliente de renomado senador. De estalo, ainda lhe disse:

– Vá até minha casa, daqui a dois dias, de manhã.

Aguardei, ansioso. Lembrava-me da véspera da minha primeira batalha. Como não havia com quem eu conversasse sobre o assunto, pois Caius não compreenderia a minha atitude, irritei-me na espera, nervoso, impacientava-me pelo momento que eu mesmo marcara. Dispensara Marco, o meu intendente, com Claudia, para alguma atividade externa, em que demorassem horas.

Quando o cristão chegou, foi levado ao mesmo canto onde encontrara Antônia rezando. Fui logo lhe perguntando, melhor, interroguei-o. Sua família era originária de perto de Roma, de pequeno vilarejo. Conhecia judeus desde criança, seu pai negociava com alguns. Explicou-me que, apesar da crença generalizada em Roma, nem todos os cristãos eram judeus; ao contrário até, muitos judeus que se tornaram cristãos foram hostilizados por outros judeus – contou-me, surpreendendo-me.

– Mas e seu rei, era judeu ou cristão?

Começou a me falar de Jesus, foi a primeira vez que me falaram dele.

– Era judeu, mas foi morto pelos judeus.

– Mas ele não era o rei dos judeus?

– Não, senhor, ele não era rei de ninguém. Jesus é o Salvador, enviado por Deus.

– Como?! – levantei-me de onde estava e lhe disse, bruscamente. – Explique-se melhor!!

– Jesus, senhor – ele continuou, embora temeroso da minha reação –, é aquele que veio salvar a todos dos males da terra, preparar a vinda de Deus ou, como aprendi aqui em Roma, preparar a todos nós para o momento em que iremos encontrar Deus. É o salvador.

– Salvador? Salvador de quem, dos judeus? Dos cristãos? Pretendia ele liderar os judeus contra as tropas de César na Palestina? O que ele pretendia salvar? Vamos, explique-se – novamente me fiz rude, minha ânsia de querer entender o que ele dizia dava voz a minha impaciência.

– Veio salvar os homens, salvar as almas dos homens dos seus pecados. Pelo que eu aprendi, senhor, Jesus era filho de Deus, ofereceu-se para nascer entre os homens para a remissão dos pecados.

– Filho de Deus?! Ora, não me venha com essa. Digamos que eu o considere um profeta; Flavio, meu antigo mestre, contou-me dos profetas judeus, seriam como os filósofos gregos.

Novamente, envergonho-me de lembrar do quanto falei zombando, ironizando o pobre homem. Quieto, cabeça baixa, ele esperou que eu lhe perguntasse mais ou o dispensasse.

– Mas quem é esse Deus a que vocês se referem? Seria Zeus, algum deus do oriente? Que Deus é esse?

– Apenas Deus, senhor. Os judeus e os cristãos acreditam que há um só Deus, um só Deus que criou a tudo e a todos, senhor.

Irritado, curioso, os sentimentos conflitantes enervavam-me. Não queria que fosse embora, queria que ele conseguisse me fazer compreender quem eram esses cristãos.

Breve momento de calma na tempestade que me agitava o ser bastou para que me lembrasse do que Flavio explicara: os judeus somente prestam homenagens a um Deus.

– Qual é o nome desse Deus?

– Nós, cristãos, o chamamos apenas de Deus.

– Afinal, o que os judeus e os cristãos são? Ainda não me explicaste quem são os cristãos. Disseste que Jesus era judeu, mas seu povo o matou. E os cristãos, então, quem são?

– Os judeus, segundo seus livros sagrados, sempre esperaram um redentor, um salvador. Quando Jesus apareceu, alguns acreditaram que fosse ele, passaram a segui-lo. Multidões o acompanhavam por onde andava na Palestina; outros judeus, enraivecidos disso, acusaram-no de traidor e o fizeram crucificar na páscoa. Esses judeus passaram, então, a perseguir aos outros judeus que acreditavam que Jesus seria esse salvador. Os judeus-cristãos, por sua vez, passaram a falar dele para todos, passaram a profetizar em seu nome. Vários outros judeus, crentes em Cristo, foram mortos, e mesmo assim continuaram a falar de Jesus por toda a Ásia, logo na Macedônia e na Grécia, até em Roma. Os judeus-cristãos começaram a falar de Jesus até para quem não era judeu. Alguns homens desses vieram até Roma, falaram, profetizaram em nome de Jesus, muitos têm acreditado na palavra do Filho de Deus.

Ele falava com uma humildade que me encantava, minha curiosidade só aumentava; minha irritação, porém, ainda não cessara.

– Ora, Filho de Deus, pois sim, logo me dirás que esse Jesus era Deus, também. Não me venha com essa, eu o considerarei um profeta, que muito já faço.

Respeitosamente, mais uma vez abaixou a cabeça e esperou.

– Se esse profeta tinha poder, por que não se levantou da cruz? Por que se deixou crucificar?

– Ensinaram-me que ele pregava pelo exemplo. Dizia que aos homens cuidava as coisas deste mundo, a ele cuidava dizer como se preparassem para o mundo que virá.

Acabrunhei-me, apoiei as mãos nas minhas pernas e fiquei pensativo. Recordei novamente de Flavio a me dizer do tamanho do mundo comparado a Roma, dos deuses e de seus mundos. A pensar nesses mundos, a Legião que eu amava não era nada, refletia. Algo naquele momento fez com que eu me sentisse pequeno, uma pequena semente em um campo de trigo.

Eu o dispensei, sufocava-me.

– Irei procurá-lo. Vá, agora.

*

Passei a próxima lunação quieto, ficava a pensar, pedia pão e vinho e consumia horas. Queria saber mais, mas como ir atrás desses judeus, cristãos, o que fosse; eu, cidadão romano, crente das tradições da cidade e do império. Hesitava em falar com Caius. Em minha casa, Claudia sentia-se ignorada, desprezava-me, torturava-se ao perceber que a ela, eu nem atenção dava.

Sempre quieta e disponível a servir-me, a escrava que fora recentemente comprada, Cíntia, era minha companhia. Ajudava-me quando bebia demais, ajudava-me no banho, servia-me os alimentos, em pouco tempo acostumei-me com a sua presença. Por outro lado, conversar sobre cristãos, eu logo percebi a impossibilidade; seus breves comentários denotavam sua repulsa em relação a eles.

Não conseguia decidir o que fazer. "Caius era meu amigo, como não podia falar com ele?" – pensava continuamente. A intuição dizia-me que me calasse, mas eu não aceitava – espírito milenarmente orgulhoso, sempre relutante em aceitar as intuições enviadas.

Na cidade de Roma, mais algumas prisões haviam sido feitas, nem tanto de cristãos e populares, era a crise política que se agigantava, a tensão crescia. Sobre os cristãos, algumas denúncias contavam que alguns pregadores vindos da Palestina haviam chegado e estavam a falar ao povo, tanto nas catacumbas quanto atrás dos morros dos bairros populares e nos cemitérios mais distantes.

Taciturno, andava pelas ruas a olhar desconfiado para quem encontrava. "Seriam cristãos?" – indagava-me

Nessa ocasião, eu estive fora de Roma alguns dias, acompanhando o imperador, Caius foi comigo. Certa noite, acampado, trabalho do dia concluído, bebíamos e comíamos quietos, não havia ninguém por perto a nos importunar.

– Anda muito quieto – disse-me Caius.

Sorri e retruquei:

– E tu anda muito nervoso, o que tramas?

Já há algum tempo percebera a insatisfação de Caius com os rumos do império.

Ele ficou incomodado com a minha pergunta:

– Não é o local para falarmos disso, tu sabes, mas há muitos insatisfeitos, não aceitam os costumes novos que a corte vem adotando, dizendo por menos, tu sabes a que me refiro.

– Sim, mas tomas cuidado.

– E tua quietude, a que se refere?

Foi a minha vez de me atrapalhar na resposta:

– Não, nada, nada a que te preocupes, curiosidades.

– Claudia outra vez?

– Não, com ela continua tudo igual. Ah, até por agora há uma escrava de Claudia que tem se mostrado muito prestativa quando estou em casa. Ora, realmente ela é muito bonita.

– Oh, isso é muito bom. Já tive e já deitei com várias escravas.

– Não há intenção minha nesse sentido, apenas venho a estranhar, embora me agrade, sua constante solicitude.

– Mas seria isso a lhe deixar quieto por esses dias?

– Sabe, Caius, que o tenho como irmão, e sei que tu me tens na mesma conta. Já faz algum tempo estava curioso por saber mais desses tais judeus-cristãos, pois mais soube recentemente.

Contei-lhe, então, da minha conversa com o cristão itálico, disse-lhe que a conversa ainda me deixara mais pensativo, queria ainda mais saber. Sua reação não se fez por esperar e surpreendeu-me.

– Ora, Antonio, tu és meu irmão, tenho-te na mais alta conta, mas – levantou-se e alterou a voz –, espero não lhe ver com a mente tomada com essas ideias orientais que negam a divindade de nossos deuses. Esse caminho que está a trilhar é muito perigoso, acredito que deva voltar a prestar homenagens em nossos altares.

Sentou-se e ficamos a nos olhar, quietos, canecas e canecas de vinho. Sentia-me sozinho.

*

Logo depois que voltei a Roma, encontrei novamente o ítalo-cristão na rua, estava acompanhado por mais duas pessoas, não me viu de pronto. Como estava somente com dois soldados, e ainda havia muita gente nas ruas naquele fim de tarde, virei e o segui a certa distância. Isso durou três quadras, até que chegou a uma pequena casa, onde alguns homens e mulheres já o esperavam na frente, eu os vi conversando um pouco e logo entraram. Esperei algo como um quarto de hora e o segui.

Posicionei meus soldados a aproximadamente cinquenta metros da entrada e me dirigi o mais discretamente possível para frente da casa – a discrição nesse caso era tarefa inglória, armado e com roupa de centurião, só não chamava mais atenção porque na rua passavam muitas pessoas constantemente. A porta não estava trancada, não havia ninguém a resguardá-la, eu a empurrei e entrei. Lentamente subi as escadas, espreitando todos os cantos, o silêncio imperava. Já subia as escadas do segundo andar quando os ouvi; falavam baixo, parecia até que murmuravam, lembrei-me então das orações e pensei que deveriam estar rezando. Subi um pouco mais, ouvia um pouco melhor, mas aquilo não me dizia nada. Continuei a subir até que um deles me viu.

Sua reação foi, é claro, apavorante, não sabia se corria, se me cumprimentava, se avisava aos outros, paralisou-se. Acabei de subir a escada e apareci a todos, por volta de onze pessoas, mas rápido olhar me surpreendeu, o cristão-itálico não estava entre eles. Nada falei. Ficaram quietos, alguns encostados na parede a me observar humildemente. Olhei o rosto de cada um, não expressei nada, nem crítica nem benevolência, embora percebesse o medo de que estavam tomados.

Poucos minutos depois, virei-me e voltei; alguns daqueles rostos ainda voltaria a ver.

Três dias depois, o ítalo-cristão foi me procurar logo cedo, em minha casa. Devia estar a me espreitar, sabia que eu estava lá naquele momento. Trouxe-me uma cesta de uvas, muito bonita, e me disse:

– Obrigado, com a graça de Deus, nosso Senhor!

– O que vocês escondem? O que fazem lá?

– Apenas rezamos a Deus, senhor, fazemos orações.

– Tome cuidado, poderão ser presos.

– Nós sabemos, devemos confiar no Pai, que sabe melhor o que cabe a cada um de nós.

– Vá. Voltaremos a nos falar.

Ao se preparar para sair, chamei-o novamente:

– Vocês não têm escravos?

– Não, senhor, nós nos ajudamos uns aos outros, além do que há vários escravos que se tornaram cristãos também.

– Quem eram aquelas mulheres?

– Minha mulher, minha filha, algumas outras são parentes e pessoas da comunidade.

– Vá, voltaremos a nos ver. E tome cuidado, pessoas estão sendo perseguidas e ordens são dadas constantemente, as quais têm que ser obedecidas.

Ainda voltei a vê-lo mais algumas vezes.

*

Anos depois, nas montanhas, em casa de Leonardo e Virgília, junto com estes, seu filho e o visitante Contardo Marcio, comíamos lentamente pão enquanto tomávamos o vinho da região. Após ter lido e comentado o pequeno texto de Paulo de Tarso que Contardo Marcio lhes trouxera, encostado na parede da pequena e modesta casa, eu me lembrava desses meus primeiros contatos com o cristianismo.

Laços que se foram e novos laços

O período compreendido entre os meses finais de 61 e os primeiros meses de 63 foi de muitas surpresas. Alguns laços humanos se foram e alguns novos se formaram. Voltemos, agora, aos últimos meses de 61, a focar os laços que se foram.

*

Eu andava tenso, pois todos os lugares ao meu redor estavam tensos. Na cidade de Roma, na qual eu era um dos principais responsáveis pela segurança, um ambiente de festas e mortes, disputas e traições tornava a minha posição extremamente requisitada por todos. Caius, atarefado e com seus pendores, distanciara-se um pouco de mim. Claudia andava mais quieta, embora também cada vez mais distante, acreditava que talvez já estivesse quase a desistir de nosso casamento. A companhia que me restara era da sua solícita escrava, Cíntia, sempre interessada em me agradar.

O primeiro e profundo impacto que sofri nesse período foi a morte de minha mãe, Vespasia. Minha mãe tinha apenas cinquenta e poucos anos, há vários dias não nos falávamos, ela estava na *villa* de nossa família. Conversara um pouco com ela sobre os judeus-cristãos, era a única que me compreendera. Em relação a Claudia, constantemente pedia-me paciência, ainda me lembro dela a perguntar-me:

– O que é melhor, Antonio, ficar com alguém que você já conhece, apesar de certos desgostos que lhe dá, ou trocar por alguma desconhecida que poderá lhe acarretar desgostos maiores?

Eu não respondi, nem ela esperava resposta, como era de seu hábito, apenas colocava questões para que pensasse a respeito.

O último trimestre de 61 já se iniciara quando recebi a notícia. Estava no quartel quando um mensageiro de meu pai me alcançou. O choque foi brutal.

Fiquei quieto por longos minutos, dispensei-o com a mão e continuei em silêncio; não havia ninguém em volta, mas me sentia como se houvesse uma multidão a minha volta esperando que eu dissesse algo, mas nada saia. Um cidadão romano, um soldado romano, não chora, quanto mais um centurião dentro do quartel. Enxuguei rapidamente a única gota que ousou escorrer pelo meu rosto.

Quando levantei estava transtornado, gesticulava com a mão direita para todos os lados, conversava com o invisível, ameaçava balbuciar, mexia no cabelo; pensei em beber, desisti. Procurar Caius? Ele não estava. Andei pelo quartel por meia hora ou até pouco mais, ia para um canto, para outro; voltei a sentar em obscuro lugar e lá me deixei ficar. Acredito que se passaram horas, a noite já chegara quando um de meus homens veio oferecer seus préstimos. Pedi que fosse até a minha casa, avisasse Claudia e de lá até meu pai – eu oferecia, desta vez, meus préstimos a ele.

Aquela noite por lá fiquei. Os dias seguintes correram rápidos, o enterro com seus rituais, todos seguidos perfeitamente. Eu logo pude retomar minha vida regular, mas não era o mesmo, de pouco falante que era, tornei-me mais quieto. Durante os dias seguintes, parecia que chuvas torrenciais caiam apenas sobre a minha cabeça. Tornei-me também mais severo, meus soldados e os romanos sofreram um pouco mais com a minha acidez.

Quanto a Claudia, minha impaciência com ela cresceu. Em minha casa, contentava-me com a companhia de Cíntia. Era uma mulher muito bonita, de fala doce, insinuante, cabelos compridos que sempre estavam a se misturar com os meus, quando me ajudava a me vestir. Nesses dias, após a morte de minha mãe, foi a única a confortar-me – logo se oferecia a pretexto de que me faria bem relaxar.

Ainda muito perturbado com a morte de minha mãe, nas semanas seguintes envolvi-me ainda em outro episódio.

No estado de nervos em que estava, passei a ficar mais em casa. Após o enterro, durante alguns dias estive a comer e a beber, muitas vezes sozinho. Lembrava demais de Vespasia e interrogava-me: "Para onde ela fora?". Procurava recordar o que diziam nossas tradições e nossos deuses a respeito, nada me satisfazia; lembrava-me dos cristãos, de seu rei salvador, mas não compreendia. "Teria ele salvado minha mãe? Mas salvado de quê?".

Certo dia, entre curioso e exasperado, falei alto:

– Mãe, onde estás tu? Onde estás?

Repeti duas ou três vezes. Não esperava respostas, indagava aos deuses ou a Deus, fosse a quem fosse.

Durante esses dias, Claudia apareceu algumas vezes, tentou conversar, mas sua presença me irritava e eu a dispensava. Quando propôs que saíssemos, fossemos a alguma festa, a algum banquete para que eu relaxasse, fiquei muito bravo com ela. Só pensava nisso, acusava-lhe, ao que ela redarguia que a vida era isso, além do que se considerava uma pessoa normal – como já fizera muitas outras vezes, impingia-me a pecha de, como diríamos em termos atuais, um tanto quanto esquisito, estranho. O anormal seria eu, não gostava das festas, dos banquetes, da comilança, da riqueza dos ricos, como dizia; eu só gostava da legião, dos soldados, devia ter casado com eles, inúmeras vezes ironizou-me dessa forma. No estado em que estava nessa época, logo após a morte de minha mãe, nossas brigas começaram a se repetir num ritmo crescente de intensidade, violência e acusações mútuas.

Recordo de como fiquei surpreso quando, em duas oportunidades, assim que Claudia me deixou sozinho, Cíntia apareceu. Até aquela ocasião, pelo que percebera, as duas se davam muito bem; Cíntia a penteava perfeitamente, era a responsável por perfumá-la e vesti-la da melhor maneira, conforme os costumes da época. Por várias vezes as havia visto conversando até animadamente, o que estranhei, pois Claudia insistia na distância para com os escravos e clientes.

Solícita, Cíntia aparecia a servir-me de vinho e mais vinho, pão, uvas, queijo. Pouco mais jovem que Claudia, sua beleza era realmente estonteante. Insistente, não sossegava enquanto não a deixasse massagear-me, dizia que eu me sentiria melhor. Aproveitando minha fraqueza nesses dias, habilmente intrometeu-se em meu corpo e em minhas emoções. Após alguns dias, quando dei por mim, já passara noites seguidas ao lado dela.

Lembro-me muito bem dos seus longos e volumosos cabelos, a maneira como trançava suas roupas a realçarem sua sensualidade, o sorriso malicioso, dado com a boca quase fechada, o olhar convidativo ao se insinuar junto a mim. Durante dois meses seguidos, ela foi minha companhia íntima, algo como uma escrava consorte, papel a que muitas escravas eram submetidas nas casas em que viviam, embora em geral de forma obrigatória, o que não era o caso aqui.

Nesse período, eu vivi apenas entre minha casa, o quartel e as ruas. Meus pensamentos, por sua vez, concentravam-se em minha mãe e onde estaria seu espírito, já o meu tempo em casa era ocupado por aquelas duas mulheres.

Inesperadamente algo começou a me incomodar. Foi necessário algum tempo para que conseguisse voltar a equilibrar um pouco a minha mente e começar a juntar as cenas.

A lembrança de um episódio que se passara um mês e pouco antes foi o que me provocou certas desconfianças. Estava a comer em casa quando ouvi murmúrios que, com certeza, não eram para que eu ouvisse.

– Cíntia, vá! Agora!

Era a voz de Claudia, naquele momento não entendi nada e deixei de lado, nem considerei qualquer conexão entre essa frase e o fato de logo Cíntia ter aparecido, bela e insinuante. Em outra ocasião, depois das primeiras noites em que me deitara com Cíntia, após ela ter bebido comigo durante horas, retirou-se de onde estávamos e ouvi um diálogo distante:

– Cíntia, leve-o a se deitar, quando lá estiver com ele, saia e me chame.

– Sim, senhora.

Como já havia bebido, também não entendi nada, porém, mais tarde, ao dormir com Cíntia, por duas vezes tive a sensação de que éramos espionados, sentia uma sombra a espreitar-nos.

Em uma das últimas vezes em que conversara com Cíntia, ela estivera a me falar de sua família, sua origem, seu futuro. Quanto a libertar escravos favorecidos era uma prática habitual então, muito corriqueira até. O que me deixou ressabiado é que, em certa oportunidade, também a ouvi contar a Claudia sobre sua família, conversar sobre seu futuro. A variação da conversa era o tom do diálogo. Ao passo que comigo falava de uma maneira tímida, quase envergonhada, pedindo sem pedir, com Claudia a conversa assemelhava-se a uma negociação, estranhei muito aquilo.

Logo após essas lembranças, acabei por passar três dias fora de casa, foi quando comecei a desconfiar de algo. Ao voltar para casa, estava decidido a descobrir o que estava a acontecer. Como militar que precisava sempre estar bem informado, sabia como conseguir informações de quem precisava vigiar, além do custo disso. Preparei uma pequena bolsa com algumas moedas de ouro, "nada era melhor do que isso para abrir línguas", contava um dito popular muito comentado na época e, com variações, infelizmente ainda muito falado e praticado.

Procurei meu intendente, Marco. Eu o conhecia bem para saber que ele sempre procurava estar bem informado sobre o que acontecia com os moradores da casa, além de que era da minha confiança. Fui claro e incisivo:

– Sei que algo foi tramado, que há algo entre Claudia e Cíntia. Se você sabe, fale, se você não sabe, quero que descubra entre os outros escravos. A bolsa com as moedas poderá levar, mas quero as respostas até amanhã, isso poderá valer o futuro de várias pessoas.

Passei todo o dia fora, ansioso e nervoso, procurava conter a violência que crescia em mim ao desconfiar de ter sido traído. Em meu caráter havia tal fixação por disciplina e fidelidade, que dos meus soldados exigia respeito extremo por esses dois princípios. Quase dois mil anos depois eu ainda me recordo bem da maneira como agi quando descobri um soldado de guarda dormindo em serviço. Além das sevícias corporais que fiz que passasse, também foi expulso do exército, sendo que por muito pouco não foi morto. Séculos depois, envergonho-me de uma série de atitudes que tomei nas vidas pregressas, no entanto pressinto que não superei totalmente tais traços de minha personalidade. Entre o conhecimento cristão e a vivência cristã, há uma lacuna a ser preenchida.

Na manhã seguinte, enviei a Marco aviso para que me encontrasse no quartel, eu o estaria esperando lá. Quando chegou, veio acompanhado de uma das minhas escravas mais antigas, era da família Sevulus há mais de vinte anos. Conduzidos a um lugar em que pudéssemos falar à vontade, tenso, comecei a ouvi-los, algo me exasperava.

– Eu a trouxe para que o senhor ouvisse de sua voz o relato da conversa que ela presenciou.

Estarrecido, comecei a descobrir uma trama ardilosa insuflada por Claudia, despeitada e enraivecida por não receber a atenção e a vida social que desejava, e compartilhada e ampliada por Cíntia.

Ela contou-me uma conversa que ouvira entre as duas há alguns meses.

Claudia chamara Cíntia, ordenou que sentasse, disse-lhe que era muito bonita. Ofereceu-lhe vinho e silenciou um pouco, ficou a olhá-la.

– Já deve ter ouvido pela casa, sim, porque acredito que todos os escravos comentam, isso se tais comentários não vazam as paredes desta casa, que meu marido não se interessa por mim. O interesse dele é por essa legião a que ele poderia dar a vida. As festas a que ele, pelo cargo, é constantemente convidado, regularmente desdenha. O lado bom do cargo e da vida, hum, ele ignora.

Ao que falava notava que a expressão de Cíntia mudava, de amedrontada que estava ao ser chamada, passara a expressar acentuado interesse. Claudia continuou.

– Já notei por várias vezes seu olhar para Antonio, percebi um fundo de desejo, algo muito natural. Homem bonito, rico, poderoso, poderia ajudá-la muito. Agora, a questão que coloco é difícil, já que por mim ele não nutre mais qualquer interesse, ainda mais, o máximo que percebo de desejo de prazer a soprar-lhe vida é o vinho que se apraz em beber, costumeiramente com seu amigo Caius. Cíntia, sua beleza é impar entre os escravos, conseguiria que Antonio voltasse ao mundo dos mortais e se interessasse por ti? Poderíamos trabalhar junto nessa tarefa, a recompensa pode ser significativa.

– O desejo que expressa, senhora, é o meu também.

– Muito bem, muito bem, gostei que respondeu rápido, percebo que as minhas palavras já estavam em seu pensamento. Sabe, Cíntia – continuou Claudia –, esperava muito quando de meu casamento com Antonio, tivemos mesmo várias vezes a oportunidade de nos aproximarmos do imperador. Ele poderia, com o dinheiro de seu pai, vir a ascender a classe senatorial, mas não, ele só se interessava, quando em Roma, em ficar naquele quartel, só a muito custo íamos aos banquetes a que éramos convidados. Quando de folga, Antonio pensava logo naquela horrível *villa* de sua família, lugar seco, vazio, sem ninguém, nada a fazer. Lá ele passava o maior tempo fora, a andar a cavalo pela região, até a pé, como só pobres e escravos o fazem. Ele andava pelas montanhas, pelos vilarejos, falava com os camponeses, não tinha noção de quem era.

Ela respirou e voltou a falar, denotando a raiva que a estimulava.

– Em nosso primeiro ano juntos, deixou que eu o levasse a várias casas, mostrei-o a todas as famílias que minha mãe conhecia e que têm importância em Roma, foi um sucesso. A partir do ano passado começou a me esquecer, tinha quase que implorar que aceitasse alguns dos convites que recebíamos. Começamos a brigar, começou a não me procurar mais, queria falar de filosofia, chegou a querer que eu lesse Sêneca com ele. E a vida? A vida ele esqueceu e, com ela, a mim; sente-se superior com a sua Legião e sua Guarda Pretoriana. Bem, quero sua ajuda para mostrar a ele que não é melhor que ninguém, tão gente como eu e todos os romanos.

– Espero conseguir o que a senhora quer de mim. Terei que me esforçar muito...

– Será recompensada à altura – interrompeu-a Claudia.

Ao final do relato, a raiva tomara conta de mim, sentia-me rijo, músculos retesados, o desejo de vingança prestes a explodir. Contendo-me a custo, ainda lhes perguntei o que mais sabiam. Meu intendente continuou:

– Algumas vezes as vi discutindo de forma totalmente em desacordo do que seria a relação entre uma escrava e sua senhora. Cíntia lhe cobrava, enquanto a senhora Claudia a acusava de não ter cumprido o que combinaram.

– Por mais duas vezes presenciei conversas mais alongadas entre elas – completou nossa escrava. – Em uma delas, a senhora Claudia a instruía para que, quando o senhor dormisse, Cíntia saísse da cama e desse lugar a ela, parece que pretendia pregar-lhe um susto, uma peça, algo assim. Eu a ouvi dizer: "Quero ver a cara dele ao acordar e ver que sou eu quem está ao seu lado".

– E o que mais ouviu? Qual foi a outra conversa?

– Cíntia cobrava dinheiro, dizia-lhe que ainda não recebera nada, quase nada, e que a senhora Claudia se comprometera a conseguir-lhe a liberdade.

– Quando foi isso?

– Há por volta de nove dias.

– Nove dias?! Nove dias, é o tempo aproximado em que esteve a me falar de seu futuro, de seus familiares, também de dinheiro. Ela estava a jogar com Claudia e comigo!

Insuflando-me mais, lembrei que isso se dava, principalmente, após os momentos em que os vinhos e as carícias nos levavam a deitar-nos. Tal descoberta serviu como estopim ao meu estado de espírito tomado pela violência da vingança. Em pouco tempo, seguido pelos dois e por quatro soldados da guarda, cheguei a minha casa. Coloquei dois soldados vigiando a casa de tal forma que ninguém saísse e ordenei imediatamente que me trouxessem as duas, da forma que fosse.

Claudia chegou aos gritos, acusava-me, só parou o estardalhaço ao ver como eu me encontrava, ainda ladeado por dois soldados. Cíntia, por sua vez, já chegou amarrada, uma corda prendia seus braços pelas costas. Com a roupa entreaberta e os cabelos soltos estava linda, ao vê-la cheguei a baquear em minhas intenções, seu olhar desafiador, porém, acabou por atiçar-me mais ainda.

Comecei a acusá-las, falava com tal veneno que minha boca espumava.

– Por muito menos, senhora Claudia, meus soldados morrem. Você não representa a família da qual veio, de tua classe não é nada, os deuses deveriam tê-la colocado junto aos escravos. É, como muitos, fruto desta época estranha que vivemos. Se nossas famílias fossem outras, a solução disso seria diferente.

Claudia ainda tentou retrucar apenas uma vez, ironizando-me:

– Ora, meu marido, não reclamou ao passar as noites deitado com sua escrava.

– Sim, não sou como outros de algumas famílias que se banqueteiam em bacanais traiçoeiros.

Voltei a falar rispidamente, repetindo-me continuamente. Estava a ponto de agredi-la. Claudia acabou por ficar quieta, assustada, desviava o olhar de mim. Virei-me então para Cíntia, encostada na parede; seu rosto, a essa altura, estampava medo, quase pavor, jamais me vira daquele jeito.

– Tu, réptil das sombras, a quem confiei meu sono, meu corpo e minha fraqueza, não desejarei a morte que mereces, terás o castigo que pediu pela maneira que agiu.

Imediatamente ordenei a Marco que se preparasse para que fossemos ao mercado de escravos, pois tínhamos boa mercadoria a oferecer. Foi nessa hora que Cíntia implorou. Fosse outra a situação, não estivesse eu com tanto rancor, tomado por tal desejo de vingança pela traição que descobri, minha atitude teria sido outra. Difícil conjecturar abertamente sobre o que fizemos ou deixamos de fazer nas vidas pregressas, senhores dos nossos atos, deles colhemos nosso futuro.

Ela atirou-se aos meus pés, chorava e implorava para que eu a perdoasse, que não fizesse isso, que a deixasse ir.

– Perdão, perdão, o que fiz foi por necessidade, perdão. Senhor, senhor, deixe-me ir, dai-me a liberdade, deixe-me sair desta cidade tenebrosa que só me atormentou, que só me trouxe a dor. Juro-lhe por todos os deuses, não havia em mim vontade de enganá-lo, ao passar ao seu convívio descobri outro mundo, outra pessoa no senhor e em mim, senhor, deixe-me ir.

Virou-se também para Claudia e continuou a falar para os dois, olhava ora para mim e ora para ela.

– Há muito tempo desejo viver fora de Roma, nesta cidade só sofri amarguras. Tenho parentes ao sul, no caminho de Nápoles, mesmo na pobreza, sem nada que seja. Deixem-me ir, só quero sair daqui, viver longe desta cidade, respirar um ar de pureza que nesta cidade dos demônios não existe.

Odiava-a naquele momento, fiquei surdo a tudo que implorou. Para Claudia ainda pediu, pediu e pediu incessantemente, suplicava que a ajudasse a ir, a refazer a vida. Sem mais, Claudia, sua cúmplice no ardil, que se livrava de vingança pela condição de classe, apenas virava a cara e se escondia na mudez. Sem mais, ordenei que a amarrassem bem e que rumássemos diretamente ao mercado de escravos, o que foi feito.

Tomado pela escuridão da vingança, fiquei surdo aos seus rogos. Durante o trajeto ainda mais duas vezes Cíntia suplicou. Longe de Claudia, mudou o tom das rogativas, dizia o quanto fora boa para mim nesses últimos meses, o quanto aprendera comigo, mas foi inútil. Sinceros ou não, não saberia dizer, mas não lhe dei atenção, o sentimento de ter sido traído dirigia-me os passos.

Ao chegar ao mercado de escravos o descobri lotado, foi fácil e rápido um comprador se interessar por ela. Dinheiro não me preocupava, a venderia naquela hora pela quantia que fosse. Logo um comerciante se apresentou interessado pela sua beleza. Era um homem grosseiro, mais um dos muitos que se enriqueceram com as conquistas imperiais, estava lá para comprar carregadores, homens para transporte de suas mercadorias, mas Cíntia destoava de todos os demais escravos naquele ambiente.

Aceitei a primeira quantia que ele me ofereceu e acabei no verbo a minha vingança, denegrindo-a moralmente:

– Está a fazer uma excelente compra, senhor, ainda mais que esta escrava é muito mais que uma serviçal da casa, seus dotes se prestam também à realização das tarefas da cama. O senhor e os seus estarão muito bem servidos.

Ao tempo em que o homem abriu um enorme sorriso, Cíntia começou a se desesperar. Virei-me para ir embora, mas ainda a vi sendo levada. Olhos esbugalhados, ela me fitava e berrava que ainda iria se vingar de mim. Ignorei-a e parti.

Duas semanas depois, aproveitando que eu estava calmo e sozinho em casa, Marco se aproximou de mim e contou-me o que soubera do que estava a acontecer com Cíntia.

– Senhor, soubemos que seu comprador, homem da mais baixa condição moral, rico e amante das festas e bacanais, sempre a receber convidados e convivas os mais variados, constantemente a oferece como uma espécie de presente aos seus convidados mais ilustres, sendo ela obrigada a se deitar com vários deles.

– Por que está a me dizer isso? Ela procurou isso. Ela nos traiu, não foi?

– Sim, senhor. Alguns dos nossos escravos, que a queriam bem, pediram-me que eu contasse ao senhor.

– O que foi feito, já foi feito, e pouco foi, pois sabe que, por menos, muitos escravos morrem todos os dias.

– Sim, senhor.

Confesso o quanto, naquele momento, aquilo não me abalou em nada, o rancor ainda me dominava.

Quanto a Claudia, praticamente não a via mais, nosso casamento cobrira-se de um manto de gelo. Também soubera que uma de nossas escravas lhe disse que encontrara Cíntia, a qual a acusava violentamente de nada ter feito para salvá-la, apesar da parceria no conluio. A mesma escrava que fora ao quartel contar-me a conversa que ouvira delas também a encontrou e notou que, ao falar de mim, misturava palavras de raiva, revolta e mágoa, juras de vingança, todas entremeadas por um olhar carregado de um carinho que, à época, eu jamais suspeitara. Demorei muitos anos, apenas mais velho, já nas montanhas, em outro ambiente, com outros amigos, para refletir no quanto Cíntia deve ter se apaixonado por mim e o quanto minha reação foi exagerada.

*

No último trimestre de 61, as perseguições aos cristãos haviam sido retomadas; acusações e denúncias pretextando os motivos mais mentirosos e interesseiros eram passadas aos pretorianos. Muitos populares foram presos por quase nada, o clima político e a mesquinharia dominavam a cidade e estimulavam esses comportamentos.

Ao Quartel dos Pretorianos chegavam as denúncias mais torpes e, principalmente, as ordens de prisões e buscas a serem executadas. No meio da noite, grupos de guardas saíam a vasculhar cantos escuros da cidade e das catacumbas.

Em meio a essas perseguições, estranhamente para mim, o grupo de cristãos não parava de crescer. Curioso, soube que um importante líder ou profeta dos judeus-cristãos chegara à cidade e estava em prisão domiciliar. Procurara várias vezes o ítálo-cristão para tirar informações sobre isso. Demorara a conseguir encontrá-lo; quando o vi na rua, perguntei sobre quem seria tal homem.

– Seu nome é Paulo, Paulo de Tarso. Foi acusado injustamente por outros judeus em Jerusalém, mas como é cidadão romano, recorreu a César, e foi trazido para Roma.

– É outro profeta dos cristãos?

– Nós o consideramos um apóstolo de Cristo Jesus, seu discípulo.

– Ah, o outro profeta que foi morto na cruz, aquele que eu achava que era rei dos judeus, mas me disse que não, chamou-o de salvador, não foi?

– Sim, senhor.

Silenciei-me por alguns momentos e procurei encerrar a conversa que estava a chamar atenção.

– Soube que articulam uma ordem para prender a certo grupo de cristãos, que vem se encontrando regularmente em algum ponto nas catacumbas; quando descobrirem onde, deverão prendê-los.

– Nós já imaginávamos que isso poderia acontecer, Deus nos protegerá!

Como onde estávamos não havia condições para uma conversa mais demorada, dispensei-o. De outro lado, interessei-me em saber mais de tal homem: quem seria ele? Conseguiria explicar-me melhor sobre seu Deus, sobre os homens e os espíritos destes? Tais pensamentos voltaram a ser recorrentes na minha mente.

Dias depois, consegui avisar ao ítalo-cristão que viesse a minha casa novamente. Quando ele chegou, passou por Claudia, que estranhou muito tal homem em nossa casa; nem me preocupara, dessa vez, em encontrar-me com ele quando ela não estivesse. Ela olhou para ele muito desconfiada, ainda mais que, nesse momento, Claudia estava em nosso altar doméstico, a rezar aos deuses familiares. Inquiriu-me com o olhar, mas a ignorei e entrei com ele para onde conversávamos.

Nosso encontro foi rápido. Contou-me o que sabia sobre Paulo. Disse-me que era um antigo judeu que chegara a perseguir aos cristãos em Jerusalém, mas tivera uma visão a caminho de Damasco e se convertera. Nos últimos anos, visitara muitas cidades, sempre a falar de Jesus; ao contrário do que pretendiam outros judeus-cristãos, foi dos primeiros a levar a palavra de Jesus aos que não eram judeus, criando também várias comunidades cristãs.

Fiquei surpreso pelo que ouvira, pela importância do homem. Na minha mente de soldado romano, compreendi que ele estava em Roma para converter mais romanos à fé cristã. Logo concluía que isso lhe acarretaria muitos problemas, não só com as instáveis autoridades romanas, mas também com sacerdotes das outras religiões que coexistiam na cidade.

– Os que agradam a uns, desagradam a outros. Que esse seu profeta tenha cuidado!

Pouco depois que ele se retirou, ao reencontrar Claudia novamente, fui logo questionado:

– Quem é esse homem estranho? O que vocês estavam a falar? Disseram-me que ele já veio aqui antes.

– É um cliente de um senador que conheci quando estava preso no Quartel dos Pretorianos.

– Preso?! Você, um alto centurião da Guarda Pretoriana, anda com presos, agora? O que está a acontecer que me esconde?

– Esse homem é um cristão. Contava-me um pouco sobre a sua seita.

– O que? Um cristão, aqueles loucos que se deixam imolar! Aquela gente baixa, escória da sociedade. O que fazes a andar com um homem assim, com gente que deveria estar presa, no circo?

– Como viu, estava a conversar para saber mais sobre a sua seita. Interessei-me por ela, merece alguma simpatia em alguns pontos. Flavio, pena que você não o conheceu, sempre me ensinou a ouvir o diferente, a aprender com eles.

– Você deve estar é louco de vez, Antonio, andando com essa gente. Poderá ser preso e acabar com a sua carreira, sua família, e com a minha também.

– Isso não acontecerá.

– Saiba que isso não acontecerá mesmo. Não continuarei casada com um homem que anda com cristãos. Qual é a política que pensa para sua família?

– Resolva o que acha que tem a fazer.

Cortei o diálogo, que já me irritava e acendia meus pendores violentos, virei as costas e me retirei.

Os rumores sobre o profeta cristão já haviam se espalhado, até Caius comentara comigo; disse-lhe que havia ouvido algo a respeito, mas preferi não entrar em qualquer detalhe. Era um dos últimos dias de outubro, quando o sol sumia e o frio do outono tomava conta da cidade. Quase ao fim da tarde, recebi a ordem, uma denúncia delatava que um grupo grande de cristãos estaria à noite nos arredores da cidade, onde havia uma das entradas para o complexo subterrâneo das catacumbas romanas. A ordem endereçada era clara: deveríamos prendê-los, levasse quantos soldados achasse necessário.

Apesar de ter ficado um pouco nervoso, naquela altura a minha relação com o cristianismo ainda não chegava nem a ser de real simpatia, era apenas certa curiosidade, aquela que todo fato novo desperta em nós. É verdade que procurara e conversara com o ítalo-cristão algumas vezes, mas ainda não descortinara nem a ponta do vasto mundo cristão. Em algumas horas, eu montei uma coluna com uma centúria e meia de soldados e preparamo-nos para sair no começo da noite.

Sem mais, sem menos, inesperadamente, dei vazão à ideia que me surgiu: seria melhor que eu não fosse uniformizado. Colocaria uma roupa comum, de simples romano, pois assim poderia entrar sem chamar a atenção e ver o que se passava; voltaria, depois, para buscar meus homens.

Isso feito, com a cidade toda às escuras, saí com uma fila de homens atrás de mim. Durava pouco mais de uma hora a nossa marcha quando chegamos perto do local da denúncia. Vesti a roupa que trouxera, espalhei meus homens atrás de um conjunto de colunas que existiam a aproximadamente cinquenta metros da entrada daquele conjunto de catacumbas e preparei-me para entrar sozinho. Sua entrada era pequena e escura. Em pé, do lado de fora do fosso de entrada, olhava em volta e não via ninguém além de meus homens, só a escuridão tomava conta daquele lugar. Cheguei a pensar que fora um engano a denúncia. Por onde andariam os tais cristãos?

Apenas com a roupa simples de um romano pobre, sem qualquer arma aparente, comecei a entrar pelo caminho escuro. Somente após os primeiros passos é que vi alguns archotes acessos, vários espalhados, a cada dez ou vinte metros um archote iluminava o que parecia um caminho sinalizado para que as pessoas não se perdessem na imensidão do labirinto que eram as catacumbas. Andei ainda um longo trecho até começar a ouvir rumor de vozes; as paredes estreitas, o teto baixo, isso produzia um eco que se espalhava longe.

Eu sempre fui um soldado extremamente disciplinado, rígido e frio em combate, como romano, preparado a morrer em uma batalha e, principalmente, treinado para não sentir medo; o dever deveria ser o norte dos romanos, aprendera. Mas algo estava a acontecer comigo. Inicialmente, minhas pernas começaram a me parecer pesadas, meu coração disparava, certa dormência, talvez possamos chamar de um formigamento, espalhava-se por todo meu corpo. Cada vez mais devagar, aproximei-me das vozes, os archotes acessos tornaram-se mais numerosos, o caminho que eu percorria ficava um pouco mais largo. Mais alguns passos e comecei a distinguir um grupo de silhuetas à distância, logo percebi que havia muita gente reunida, algo entre cinquenta e cem pessoas – pelo que distingui, quase todas elas eram pessoas simples, vestiam roupas bem grosseiras. Continuei aproximando-me lentamente, passei a andar quase encostado na parede húmida; de cabeça baixa, passei ao lado das primeiras três pessoas e, como elas, parei de costas para a parede. Todas prestavam atenção a um homem que me pareceu idoso, carregando um cajado, que falava a alguns metros de onde eu estava.

Nos primeiros minutos em que parei e respirei fundo, a sensação de dormência cresceu, fiquei praticamente imantado àquele ambiente. Somente muitos anos depois, nas montanhas, é que compreendi a força magnética daquele ambiente carregado das mais altas expressões da verdade e do amor; foi como se tivessem sido abertas as comportas da mais funda introspecção, comecei a me sentir desnudo perante mim mesmo.

Preso onde estava, fiquei a escutar o homem que falava. Só levemente reparei em algumas cabeças que se viraram na minha direção e pessoas que cochichavam entre si. Compreendi, naquele momento, o quanto fora tolo com a ideia do disfarce, também só anos depois eu entendi que me disfarçar fora uma intuição que recebera para que pudesse entrar, ouvi-lo e conhecê-lo. Afinal, meu rosto era muito conhecido na cidade, mesmo com o disfarce fui reconhecido. Apesar disso, ninguém se mexeu em minha direção e eu lá fiquei. Fascinado, eu ouvia.

A figura de Paulo transbordava um carisma que prendeu minha atenção de tal forma que meus olhos se fixaram nele, não conseguia nem me mover e nem desviar o olhar. Não só eu, mas todos ali estávamos magnetizados por aquela figura inolvidável, pelas palavras que fluíam e encantavam.

Falava de Jesus, mas se concentrou mais em discorrer sobre o reino de amor que nos espera. Confesso que, inicialmente, tive muita dificuldade em compreender suas palavras, em absorvê-las, apesar de magnetizado pelo seu verbo. Apenas retive algumas frases daquela primeira vez em que o ouvi, como este pequeno parágrafo:

– O sofrimento é pouca coisa, a morte nada é! Algumas horas de sofrimento não são um sacrifício tão inaudito, pois é bom que saibamos irmãos, muitos homens o cumpriram, mártires de sua ideia! O que é resgate na Terra é a vida espiritual, cuja existência Ele nos mostrou, é o meio de vencer a matéria e de chegarmos ao aperfeiçoamento que nos ensinou a cada momento, desde a sua vinda a este mundo! Para isso, meus irmãos, nós devemos preparar o dia da religião da consciência, o dia do verdadeiro culto a Deus, o dia da fraternidade e da paz... Preguemos, não somente pelas palavras, mas, sobretudo, pelos exemplos...!

Ao encerrar, Paulo e todos oraram. Continuei quieto, eu apenas os observava. Quando ele se calou e começou a andar, veio em minha direção e vi o medo estampado em vários rostos; algumas frases murmuradas chegaram aos meus ouvidos, destacavam o terror que os pretorianos causavam na população mais simples:

– É o centurião Antonio!

– É, é ele sim!

Todos os rostos se concentraram em Paulo, mais alguns passos e me alcançou, parou por poucos segundos, sussurrou uma frase apenas para que eu ouvisse e se retirou por outro corredor da galeria, sinalizando para que todos o seguissem. Em alguns minutos estava sozinho, minhas pernas tremiam, suava frio, jamais me sentira assim. "Quem era esse mágico?", perguntava-me. "Como tinha tal poder, como sabia de mim, da minha vida?"

Ao se aproximar de mim, ele dissera:

– Sim, meu filho, eu também sofri por muito tempo, e se ouso dizê-lo hoje, é que, livre, calmo e confortado, gostaria de evitar a outros meu martírio, mostrando-lhes o escolho em que em cem vezes soçobrei!

Só depois de algum tempo é que, devagar, saí. Ao sair, meus soldados correram em minha direção, estavam preocupados com a demora, quase entraram a minha procura, disseram. Eu apenas os olhei, dei ordem para que formassem colunas e voltamos ao quartel, não dei outras explicações. Sei que não entenderam nada, apenas se entreolhavam, mas obedeceram corretamente e, como ordenei, foi feito.

Assim que chegamos ao quartel, eu me retirei. Apático, perturbado mesmo, comecei a andar pelas ruas vazias e escuras da cidade. Depois de algum tempo, dirigi-me a uma das tabernas populares e comecei a beber ininterruptamente. Perdi a conta de quantas canecas de vinho tomei, demorei-me lá. Apenas quando o ar asfixiante do local me incomodou, voltei a procurar a rua. Tornei a andar sem rumo, percorri um longo e tortuoso caminho para chegar a minha casa, chegando apenas quando a noite já dava lugar à claridade. Ainda tornei a beber. Aquele encontro me abalara profundamente.

Nos dias seguintes, minha apatia acentuou-se. Passei os três dias seguintes sentindo-me muito estranho. Ficava mais no quartel; junto aos homens que eu conhecia muito bem, conseguia relaxar um pouco.

Suas brincadeiras aliviavam-me a mente, pois o calor humano, mesmo em ambiente mais grosseiro, pode ser desanuviador.

Em minha casa, a lembrança de Cíntia e a presença de Claudia incomodavam-me, o ambiente da casa tornara-se pesado. Apesar disso, depois de alguns dias, para lá precisei voltar. Após lavar-me e comer, encontrei Claudia.

Com meu íntimo desorganizado, fragilizado pela forma como a figura de Paulo me atingira o âmago, precisava conversar com alguém, falar dessas dúvidas e angústias que me apertavam. Sensibilizado pela situação, sentei-me ao lado de Claudia e procurei iniciar um conversa informal, mas ela logo reagiu, surpresa, afastou um pouco o corpo com um movimento de ombros e olhou-me desconfiada; arqueou as sobrancelhas e ficou a esperar o que diria. Sua atitude era compreensível, diálogo era algo muito raro entre nós. Naquele momento, senti o quanto ela estava a me odiar pelo desprezo em que a deixara, esposa ainda, mas relegada a um canto, desconsiderada, sem vida social alguma, principalmente após a saída de Cíntia. Nas poucas ocasiões em que conversávamos, ela procurava demonstrar um desprezo proposital pelo que eu dissesse. Sua revolta pela sua situação a triturava por dentro.

Profundamente orgulhosa da sua romanidade e de sua nobreza, o pouco que sabia da minha relação com os cristãos ainda a irritava mais, sentia-se atingida em sua posição. Mesmo assim, mesmo sabendo de tudo isso que lhes expus, iniciei delicadamente a conversa, tentava sondar-lhe o íntimo e mostrar as dúvidas que tinha sobre a nova seita cristã. De nada adiantou, sua reação foi violenta e mordaz, seu sarcasmo atingiu-me diretamente.

Riu a debochar, nem disfarçava o riso. Ela me devolveu:

– Ora, Antonio, pare com isso! Até quando ainda vai permanecer com essas tolices? Até quando? Quando voltarás a ser um verdadeiro homem romano, quando?

Respirou apenas um segundo e voltou à carga, atingindo-me fundo, ferindo-me:

– Sim, Antonio, homem romano, homem, porque nesse ponto você já está deixando a desejar há muito tempo, por várias vezes tive que ir me consolar com as criadas, várias – ela repetia as palavras e subia o tom da voz, como que a realçar o que sentia.

E como para reprisar o invencível desprezo com que ela pretendia me atingir naquele momento, ainda frisou bem estas palavras:

– Aliás, Antonio, não foi só com as criadas que tenho estado a me consolar, mas inclusive com alguns de seus criados, também!

Dessa frase para o fogo da discussão calorosamente acesa foi meio passo. Irritado, descontrolei-me e também a agredi, estapeando-a algumas vezes, o que, para minha surpresa, teve reação contrária. Como que gostando da agressão, Claudia tentou voltar atrás no que disse, o que acabou por me enojar e me enervar ainda mais.

Ao perceber a minha reação e sentindo-se novamente desprezada, Claudia retornou ao que disse inicialmente. Já enraizada nas atitudes menos felizes, não suportando mais esse abalo moral que ia de encontro a tudo que aprendera e quisera na vida, ela então confessou, histericamente, todos os seus delitos e pediu a separação. Disse que se eu quisesse virasse cristão, o mundo e Roma não perderiam nada, e muito menos ela, como esposa e companheira, pois, disse ainda, já sabia da fama de alguns desses cristãos, que não se honravam senão pela indigência, deixando muitas vezes as mulheres aos prantos – diziam que sublimação dos sentimentos levava a uma paz muito diferente do fogo das paixões.

Ao acabar de falar, Claudia irrompeu em uma gargalhada estrondosa, passou a correr atrás de toda a criadagem da casa, a todos os escravos e serviçais dizia que finalmente estariam livres do senhor; gritava que eu ia me reunir com os cristãos que deixavam de ser homens para se tornarem vagabundos em busca de uma nova espiritualidade que jamais viria, jamais, jamais, falava e repetia, realçando que jamais viria porque não existia...

Desfalecido, deixei-me ficar ali por mais alguns minutos enquanto ela corria a berrar pela casa. Pensava em como pude me enganar por tanto tempo; nunca, até poucos momentos atrás, poderia acreditar que Claudia pudesse ir tão longe em seu ódio por mim, a ponto de me jogar na cara suspeitas que, de tão longe que passavam de minha vida, nem existiam.

Essas agressões mútuas acabaram por nos ater de tal forma que voltamos a nos encontrar em várias encarnações futuras, necessárias para limpar o veneno que cada um espargiu em direção do outro.

A separação, quando enfim concretizada legalmente, veio como um alívio. A maneira com que se deu a separação, pedida por ela, liberou-me de um compromisso de uma forma que não poderia ser acusado por meu pai de romper acordo negociado por ele. Apesar de que alguns se envergonhavam quando passavam pela situação de serem repudiados, eu, ao contrário, fiquei bastante contente, já ansiava há muito pela nossa separação. Para os que não estão a par dos costumes romanos, o divórcio era comum, e a mulher também tinha o direito de repudiar ao seu marido.

*

Sete ou oito dias depois, algo assim, certa noite, sozinho em meu quarto, julguei ver uma sombra atrás de uma coluna, imaginei que fosse um dos escravos domésticos e ignorei. Sem me importunar, caminhei alguns passos, ainda parei para pegar algumas uvas em um tacho perto da coluna, fiquei de costas para esta. Reparei, porém, que a sombra aparecia e reaparecia, mesmo assim, apesar disso me chamar a atenção, não me dispus a caminhar até lá e deitei em algumas almofadas para comer.

Foi tudo muito rápido. Quando ouvi seu grito, ela já estava a centímetros de mim empunhando um punhal; se fosse rápida ou forte como um soldado, ou se não tivesse sido traída pelas emoções, eu não teria tido chance alguma, estaria morto em segundos. Não, seu grito de loucura carregado de rancores dúbios que deviam estar a perturbá-la, chamou-me a atenção a tempo. Como soldado, acostumado a reagir rápido e a manusear armas diariamente, num átimo retirei meu punhal, que me acompanhava sempre, e a feri de morte antes que ela pudesse me acertar. Despertados pelo susto, quando os escravos da casa apareceram, Cíntia já estava morta; seus olhos abertos mostravam a raiva que a possuíra.

Naquele exato momento, mesmo nos dias seguintes, aquela morte não me abalou muito, fosse por causa de meu próprio estado de espírito, também carregado de rancor, fosse pelo hábito da profissão, soldado de um império belicoso que muitas vezes já fizera isso. Só com o tempo sentiria o fardo do que fizera.

Soturno, passei vários dias fora de casa. Esse episódio teve um fruto negativo, aumentou consideravelmente em mim a descrença nas pessoas. Eu passei a desconfiar das intenções de todos. Logo passei a considerar que o mundo das carícias e da intimidade que essas duas mulheres haviam me mostrado, se era muito agradável por um lado, por outro era muito perigoso, além do que percebi que, para esse mundo, eu era uma pessoa muito fraca.

Um novo amigo e um amigo que se foi

Nas últimas semanas do ano de 61, embora sozinho, sentia-me ligeiramente mais leve, até consegui voltar a sorrir, o que não fazia há algum tempo; entretanto, não poderia negar que a sombra das duas continuava a existir dentro de mim.

Por outro lado, a lembrança da figura de Paulo não me saía da cabeça. Pensava naquele homem em todos os momentos. Podia estar no quartel, nas ruas ou em casa, a imagem daquele cristão como que planava sobre meus pensamentos. Passou algum tempo, não me recordo precisamente se duas ou três semanas, para que tomasse a decisão de voltar a procurá-lo.

"Bem, como fazer isso?", eu me questionei. Procurá-lo através do quartel não poderia, chamaria demais atenção. O ítalo-cristão já não aparecia mais como cliente do senador Rufius, onde eu poderia procurá-lo. Passei a andar com mais frequência pelas ruas onde poderia encontrá-lo, dias e dias, mas não o via. Algumas vezes estive no local onde vi Paulo pela primeira vez, mas sempre o encontrei vazio. Poderia ter abordado algumas outras pessoas que sabia serem cristãs, mas não queria, poderiam interpretar que a minha intenção era prendê-las.

Certo dia em que me encontrava em casa, recebi uma surpresa, uma cesta de frutas com um recado em latim e o endereço de um local, apenas isso.[12]

Apenas no dia seguinte poderia ir até lá; nesse dia estava com serviço premente do qual não poderia me ausentar. Passei horas ansiosas, queria vê-lo de novo. Por quê? Naquele momento, não saberia dar uma resposta precisa. A minha curiosidade sobre o cristianismo

---

12 Vale aqui recordar tanto o versículo 30 do capítulo 28 dos Atos dos apóstolos – "E Paulo ficou dois anos inteiros na sua própria habitação que alugara, e recebia todos quantos vinham vê-lo" –, quanto o capítulo 9 da segunda parte do livro de Emmanuel/Chico Xavier, *Paulo e Estevão* (27º ed., 1994, FEB) – "Lucas alugou um aposento humilde na Vila Nomentana...".

crescera após encontrá-lo, mas entender o que era essa religião dos judeus-cristãos, disso eu estava bem longe, aquela oratória de Paulo apenas me deixara mais confuso. Ao ouvi-lo dizer que "todos somos filhos de Deus e iguais perante Ele", não compreendi nada – a questão, na verdade, não era só de compreensão, mas de aceitação; aos orgulhosos romanos a tese da igualdade de todos perante Deus era inaceitável.

No dia seguinte, pouco depois que escureceu e as apinhadas ruas romanas começaram a ficar desertas, coloquei-me a caminho. O local não era muito distante, uma casa simples, em menos de uma hora eu o alcancei.

Ao me aproximar do local, vi um pequeno movimento de pessoas perto da casa. Apesar disso, sentindo-me estimulado, prossegui. Andava lentamente, fui passando por elas o mais discretamente que conseguia, o que, percebi, não era suficiente para que deixasse de chamar a atenção.

Quando entrei na casa, encontrei outras três pessoas junto a Paulo, as quais imediatamente pararam de falar e me olharam. Parado, também fiquei a olhá-las, firme como em formação de batalha. Esse momento constrangedor não durou mais do que segundos, apesar da sensação de eternidade, até que Paulo veio ao me encontro, deu-me as boas vindas e convidou-me a sentar com ele.

Quem era esse homem, como ele era?

Bem, ao contrário do que dizem muitos historiadores, Paulo era de uma compleição bela, tanto física quanto espiritualmente. A essa época ele ainda se encontrava relativamente forte, embora já muito tivesse sofrido. Tendo envelhecido muito nas faces, ainda possuía o brilho ardoroso dos olhos e a face, embora estivesse um pouco enrugada, estranhamente tinha certa beleza e graça da juventude. Seus cabelos eram grisalhos, puxando para o branco, sendo que a essa altura já tinha seu companheiro quase que inseparável, seu cajado, lembrando aquelas figuras patriarcais.

Convidou-me novamente a sentar com ele, falava com gentileza, mas também com autoridade. Eu o obedeci instintivamente, sem nem pensar, apenas sentei. Dois dos que o ladeavam haviam se retirado, apenas um amigo ficou conosco, claramente um romano. Quando entrei conversavam em grego, mas Paulo me convidou em um latim carregado, que denunciava na dicção sua educação de base grego-hebraica:

– É com muita satisfação que recebo um centurião das legiões romanas em minha pequena morada. Faça desta também a sua casa.

Estranhamente, dei-me conta do perfume que havia no ar, o cheiro de jasmim tomava todo o ambiente à nossa volta. A casa pequena e simples apresentava-se convidativa, como que um recanto de paz.

À minha frente encontrava-se um homem que irradiava tanto beleza quanto sabedoria e fortaleza. Ao sentar-se bem perto de mim, passou a falar baixo e diretamente:

– Há muito sei da sua curiosidade sobre os cristãos, sobre Jesus e sobre mim.

Calou-se um pouco, olhou a minha reação, que não houve, e continuou:

– Vede, não sou grande coisa. Apenas um judeu e um cristão, velho e magro, levando a palavra de Jesus a todas as paragens que me recebem, a todos os que me ouvem.

– Quem são vocês?

Essas foram as minhas primeiras palavras dirigidas ao apóstolo dos gentios.

Sorriu, estendeu seu corpo à frente, alcançou as minhas mãos e reteve minha mão esquerda entre as suas:

– A curiosidade é uma benção de Deus, um caminho de aprendizado, mas não se atormente com isso, já trazes bastante dor da casa de que vem.

Confesso que me assustei um pouco. Como aquele homem falava de mim com tanta facilidade? Inclinei-me para trás, retirei minha mão.

– Não se assuste, centurião. De hoje em diante é nosso amigo, como todos, um filho de Deus.

Repentinamente, fiquei de pé, por breves segundos, e voltei a me sentar.

– Venha sempre, venha conversar sempre que quiser.

– O que vocês querem? Quem são vocês?

– Somos cristãos! O que queremos? Antes de tudo levar a palavra de Deus, que nos foi trazida por Jesus, a todos, a todos os homens.

– Quem é esse Jesus? É o que foi crucificado na Palestina? Há alguma intenção de vocês em derrubar ou atacar o governo de Roma?

Ele abriu um sorriso enorme, irradiava uma simpatia cativante que me desarmou:

– Não, meu filho, não. Nossas armas são apenas palavras e fé, fé em Deus. Como disse Jesus, o reino de Deus virá a todos, mas não pelas armas.

– E esse Jesus? O que ele queria? Não era um arruaceiro? Não tentou levantar os judeus da Palestina? Não foram os próprios judeus que o acusaram?

– Jesus, nosso Mestre, foi quem nos trouxe a palavra de Deus. Jamais pregou a guerra ou o uso da arma. Sim, muitos judeus, sentindo-se contrariados, acusaram-no e levaram-no à morte, porém, mesmo após a morte, dias depois ele reapareceu e permaneceu mais alguns dias entre nós.

– Como??! O que está a me dizer?

Sentiu que era muito pra mim nesse momento, acalmou-me apenas dizendo, com lágrimas nos olhos, que Jesus era a nossa estrela-guia:

– Ele foi aquele que nos mostrou o caminho, cabe a nós segui-lo.

Deixou-me a olhá-lo, perplexo, e dirigiu-se a pequena mesa ao canto. Logo me convidava a dividir um simples repasto de pão e vinho com ele.

– Façamos como o Mestre, que dividia o pão com os seus. Convido-o agora, como amigo, a dividir este pão e este vinho comigo. Gostaria de sentar a mesa com este pobre velho cristão?

Assim o fiz. Acabei por relaxar um pouco com um vinho adocicado, que me foi servido várias vezes. Eu o ouvi contar um pouco da sua vida, de suas viagens à Grécia. Perguntou-me se eu conhecia o Oriente, onde estivera e, assim, passamos mais do que hora e meia, ao final da qual me retirei antes que a escuridão protetora da noite se retirasse. Prometi voltar em poucos dias. Senti que, naquele momento, surgia entre nós uma cumplicidade amiga. Ele relaxou e até conseguiu que eu também relaxasse – jamais se comportou comigo como quem estava a pregar, sempre fomos dois a conversar, dialogar.

*

Passei três dias no quartel a pensar no homem que conhecera. A seguir, fui obrigado a viajar, só voltei à minha casa depois de oito dias da visita a Paulo.

Logo que cheguei em casa, fui surpreendido por uma visita de Caius, meu amigo, a quem não via há quase duas semanas, já que ele também estivera fora. Ainda mais, em decorrência das frementes atividades militares e sociais em quem éramos obrigados a estar, nos últimos dois meses só havíamos nos visto rapidamente. Um forte abraço reiterou nossa amizade e nosso reencontro.

– Por onde andava? O que me conta?

Falamos os dois quase ao mesmo tempo e fizemos a mesma pergunta. Caius estava em Ravena, viajara para lá com alguns senadores. Contei-lhe também onde estive, como estava o ambiente no quartel, por fim lhe disse que estava de folga e podia gozar um pouco da tranquilidade do lar, algo que nunca tive antes.

– Não sente falta de Claudia, não é? Bem, nunca a quis mesmo!

– Não, não sinto. Talvez sentisse falta da companhia que aquece, daquela que nos é cúmplice, não daquela que nos disputa espaço e mando a todo o tempo.

– E quanto à escrava, Cíntia, como é mesmo o nome?

– Bem, Cíntia era mesmo muito bonita, cheguei a depositar-me nela com afeto, confesso. De outro lado, porém, senti-me traído, o que ainda foi mais terrível, justamente pelo afeto que ela conseguira cativar.

– Ser traído por uma escrava não é algo muito agradável.

– No momento em que seus afetos me entrelaçavam o corpo, não a via como escrava, eu só voltei a vê-la dessa forma quando a violência da vingança me guiou os passos.

– Ainda foste benéfico ao vendê-la. Acredito que eu a teria açoitado.

– Nem tanto, ao vendê-la a descrevi ao comprador como escrava de cama, depois soube que foi obrigada a se deitar constantemente com os convidados dele. Enlouquecida, mais tarde, procurou matar-me.

– Ainda a teria açoitado e, se não a matasse, eu mesmo a teria enviado às minas ou como acompanhante dos soldados acampados.

– Quanto a Claudia, soube dela? – continuou Caius.

– Não, e que os deuses me perdoem, nem quero.

– Que seja, Antonio! Roma está cheia de belas mulheres do mundo todo, da Gália à África, do Oriente à Trácia, há mulheres de todo tipo. Se assim o quiser, poderá casar novamente muito bem e ainda levar belo dote.

– Não, Caius, não está em meus planos.

– Anda meio estranho, meio que afastado de todos, parece que se volta apenas a estas paredes. Ou escondes algo de mim, ou estás a se afastar do mundo. O que me diz?

– Não, Caius, não. Por agora, procuro a paz para reinar em meus pensamentos.

– Às vezes, parece mesmo que é filho de Flavio, não de seu pai. Parece que quer ser mais estoico do que já é. Não vejo necessidade disso. O que conquistamos também podemos usufruir.

– Que o homem só tenha o que pode carregar!

– Conheço, Antonio, conheço esse dito dos filósofos, porém, ainda pode carregar muito, teus braços são fortes, derrames mais vinho em sua goela e alegre-se, carregue mais da fibra de nossas legiões em sua armadura.

– Que seja.

Caius era e é um grande amigo. Por mais que, nestes séculos, algumas vezes tenhamos nos separado um pouco mais, o sentimento forte e verdadeiro nunca se afasta. Retomei o seu convívio e com ele fui durante vários dias seguidos a muitas tabernas, ao circo, ao vinho e a mais vinho. Resisti com dificuldade a que me presenteasse com algumas mulheres a venda, chegadas da Gália. Acompanhou-me o quanto pôde, queria porque queria me ver alegre, ser meu irmão, isso era seu espírito; além de ser romano, um romano socialmente característico dos anos 60 do século I.

*

Quando Caius voltou para sua rotina militar e se distanciou um pouco mais de mim, sozinho, voltei a me lembrar do cristão, de Paulo.

Com o passar desse primeiro semestre de 62 e o suceder do encontro com vários cristãos, fui conhecendo um pouco mais sobre o cristianismo, sobre Jesus, Paulo, a história da visão a caminho de Damasco e também soube mais das disputas com os judeus, das perseguições e sobre outros discípulos de Jesus.

Estranhamente, por mais sozinho que estivesse nessa época, só encontrava Caius de vez em quando, nunca me sentira tão reconfortado. Do quartel ou das tarefas militares dirigia-me a minha casa ou à casa de Paulo, só com muita insistência de conhecidos os acompanhava a alguma taverna ou festa. Foi aos poucos que comecei a sentir esse conforto, parece que foi o tempo necessário para superar o que houve com Claudia e Cintia.

Recordo-me das primeiras vezes em que cheguei à casa de Paulo. Ao chegar, esse homem irradiante, que bradava sua voz cristã pelo mundo com a força com que segurava seu cajado, levantava-se humildemente para receber-me e ainda me chamava de amigo. Minha mente contorcia-se em um turbilhão, meus pensamentos berravam: "Cristãos, quem são vocês? O que é isso? Por que agem assim?". Essa solidariedade toda me consternava.

Como sempre, convidava-me a sentar e a comer com ele. Paulo perguntou-me:

– E você, Antonio, como vai?

– Bem, quero dizer, melhor.

Com a miríade de problemas a enfrentar e a multidão de pessoas que o procurava, ao me encontrar queria saber de mim. Aquilo me tocava fundo nos sentimentos.

– Vejo-o melhor. Seus olhos já sorriem.

Falava e ele próprio me servia um pedaço de pão e um pouco de vinho.

– O mundo o incomoda, não é mesmo, Antonio?

Surpresa seria pouco para dizer, sobre o que senti ao perceber aquele homem que me vira algumas vezes, em poucas palavras, descobrir a angústia que transpassava meus pensamentos desde criança.

– A crueldade, a mesquinhez dos homens no cotidiano de seus dias, a vulgaridade, tudo isso – eu gesticulava, simbolizando o mundo ao redor –, tudo isso incomoda, quase que me enoja – disse, acabando a frase em tom de desprezo.

– Meu amigo – ele interveio, parou o que fazia e falou a olhar-me nos olhos –, ainda não é bem isso o que o incomoda, não é? Não está sempre a perguntar, mesmo que no limite entre o consciente e o inconsciente, o que é o mundo, pra que serve tudo isso?! – acabou de falar repetindo o meu gesto de apontar o mundo ao redor.

Abaixei a cabeça, não respondi. Ele respeitou a minha atitude e silenciou. Virou-se para os companheiros que lá estavam e comentou, certa mulher grávida e doente precisava de ajuda. Como que desperto de meu sono em busca de mim, por impulso advindo não sabia nem de onde, procurei algumas moedas que trazia comigo e as ofertei.

– Se puder ajudar.

Sorriu para mim novamente. Sentados lado a lado, segurou-me os braços em um quase abraço, dizendo:

– Há algo crescendo em você, Antonio.

Após uma pausa em que apenas manteve-se quieto enquanto me segurava os braços e me olhava, comentou das moedas:

– Agradeço-lhe, não tanto pelas moedas de que necessitamos, mas pela atitude de amigo. As moedas, criadas por César, como bem disse o Cristo, dirigem-se ao povo que é de Deus, mas que também é de César. Se elas existem no mundo as utilizemos, com a previdência que isso pede.

Naquele dia, saí de lá com uma leveza que jamais sentira; utilizando-me de termos da atualidade, diria "pisando nas nuvens".

No decorrer dos meses de 62, nossa amizade se consolidou. Passei a visitá-lo com regularidade. Naquela altura da vida, sem esposa e filhos, depois de anos na legião, eu era um homem quase rico, recebia recursos largos e gastava pouco. Em virtude de meus hábitos espartanos, meus prazeres eram baratos, ainda a isso se somava uma quantidade regular de presentes que, pela minha posição político-militar, eu recebia. O que fazer com essa enorme quantidade de moedas que Marco, meu intendente, gerenciava e acumulava em meu nome? O que fazer com isso, com os fardos de trigo que tinha ao meu alcance sempre, muito mais do que poderia precisar e gastar? Bem, comecei a levá-los a Paulo e aos cristãos. Inicialmente não entenderam nada, mas logo se acostumaram com essas minhas atitudes, esses presentes, digamos assim, que eu lhes levava.

De minha parte, ficava contente quando sorriam pra mim, quando mulheres e crianças me cercavam, mas, sinceramente, isso não me sensibilizava. Ainda procurava entender o que era esse cristianismo e por que essas pessoas comportavam-se dessa forma.

No aspecto prático, em virtude da pobreza em que viviam os milhares de pobres que afluíam a Roma, certa atitude solidária por parte dos cristãos acabou por lhes atrair a simpatia de muitos. Nas confrarias, participavam muitos romanos cristãos e que foram importantes nessas ações solidárias.

Um grande número de *collegia* (confrarias) foi organizado exclusivamente para a finalidade de garantir ao membro uma sepultura decente. Eram conhecidos como *collegia teuinorum* – clubes de enterro ou cooperativas funerárias. Essas confrarias (ou colégios de ofícios) tiveram um papel muito importante nas nascentes comunidades cristãs. Contribuíram tanto para seu sustento que ampliaram o sistema de ajuda mútua, que foi tanto sua marca quanto sua força e impulso de crescimento nas décadas e séculos seguintes. Se muitas foram fechadas, outras surgiram, destacando-se as de caráter funerário, que possuíam algumas regalias legais. A prática da ajuda mútua que havia nessas confrarias romanas foi a base para o crescimento do cristianismo no império, somada à experiência que alguns judeus trouxeram da Casa do Caminho.[13]

13 Entre os romanos, as associações colegiadas – *collegia* – (ou confrarias ou colégios de ofícios) eram muito antigas. Os *collegia* eram comandados por líderes eleitos pelos associados. A principal função dessas associações era oferecer ajuda mútua (por exem-

Treinado e experiente pela minha vivência na organizada Legião Romana, passei a opinar em muitas situações pelas quais passavam. Ajudei-os com palpites e consegui-lhes muitos recursos. Muitas dessas confrarias de ajuda mútua sobreviveram desssa forma por séculos.

*

Em meio a isso, Paulo me estimulava. Constantemente muito ocupado, por várias vezes em que fui até ele vi que, por mais que quisesse, não poderia me atender, tal o volume de afazeres a que se prestava. Apesar de ser conhecido como o grande pregador da palavra cristã, Paulo também era um trabalhador e um professor, além de ser também uma pessoa profundamente agregadora. Sua energia e sua alegria faziam com que todos se sentissem bem; mesmo nas mais tristes situações, ele era o primeiro a procurar levantar o ânimo de todos.

Como professor, ensinava o que aprendera como artesão e o que mais fosse que sua atribulada vida lhe tivesse ensinado. Suas mãos hábeis ensinaram a muitos o manuseio do tear; grupos de homens e mulheres aprenderam um ofício a lhes sustentarem tendo como professor o mestre da palavra.

Eu passei a lhes ajudar com o que podia, inúmeras vezes vi a cara estranha de Marco quando lhe ordenava que separasse mais e mais moedas ou que comprasse fardos de tecidos ou de trigo e os entregasse em determinado endereço.

De outro lado, encontrei amigos onde jamais imaginei, dezenas de vezes comi entre eles, jovialmente e de forma comunal. Vários homens que se aproximavam, vindos dos pontos mais distantes do império, surpreendiam-se com a minha presença, perguntavam-me se eu era cristão, ao que, com muito esforço e relutantemente, respondia ser um simpatizante, ou melhor, em geral respondia ser um estudioso do cristianismo. Dessa forma, de maneira tangencial, fui me inserindo e convivendo com a nascente comunidade que Paulo e os seus formaram em Roma.

---

plo, dando sepultura aos associados falecidos), promover a sociabilidade em banquetes e festas e reunir seus membros para o culto comum de uma divindade protetora. Cada clube deste tipo reunia-se em um salão e realizava reuniões periódicas, ocasiões em que poemas eram lidos sobre o falecido ou realizava-se uma festa para comemorar algum aniversário. As primeiras igrejas cristãs foram organizadas dessa forma, como "clubes" ou "cooperativas", herdando a prática da "ajuda mútua".

Em meio a tudo isso, certo dia, Caius questionou-me. Onde eu andava que quase não me via mais? Por várias vezes estivera em minha casa sem me encontrar.

– Anda estranho, Antonio! O que está a acontecer contigo? Nossos amigos, eu andei falando com Marcelo, Marco e outros, todos eles me disseram que quase não o veem mais nos jantares a que são convidados. Já pararam de convidá-lo para beber com eles, pois raramente aceita. Se não está em casa, não vai aos jantares e às festas, não frequenta mais as tabernas, onde anda? Voltou a frequentar a *villa* de seu pai? Sei que sempre amou essa vila e, desde que sua mãe morreu, não esteve mais lá. O que esconde, Antonio?

Sorri, deixei-o falar livremente, não o via há alguns dias, naquele ano nem chegáramos a conversar mais intimamente; estava tranquilo e alegre de recebê-lo em casa. Naquele momento, discutir com ele era a última coisa que queria.

– Tome, Caius, este vinho acaba de chegar. Disseram-me ser da Sardenha.

– Meu amigo, o que me esconde? – continuou a me questionar.

– As tropas que vêm da Bretanha chegarão à cidade quando? Às vezes penso que gostaria de voltar às batalhas, de minha parte considero desnecessário tal campanha distante em uma ilha perdida, a ceifar vidas por uma terra que nada nos dá – continuava a tergiversar, sem responder-lhe diretamente.

– Não acredito em você, não ouço tuas palavras, desconheço o homem que diz tais coisas. Ora – levantou, impetuoso – veja, de cem anos para cá, das primeiras campanhas de Cesar na Gália até hoje, veja o que conquistamos. Nossos exércitos, nossas batalhas, a guerra nos deu o que temos hoje. Nosso Império vem da nossa força.

– Sei das nossas riquezas, Caius. Sabe que já guerreamos lado a lado muitas vezes, já matei por Roma mais do que muita centúria de soldados, mas é importante saber porque lutar, quando lutar, qual guerra nos trará riquezas e qual guerra só nos trará glórias vãs e mortes. Guerrear, a guerra pela guerra é uma insensatez! Desperdiça vidas e retira homens dos campos. A guerra é campo fértil na produção de viúvas, muitas deixadas sem condição de sustento. Tudo isso deve ser pensado em cada erguer de armas.

Esquecera-me da minha intenção primeira e já discutia abertamente com ele. Caius assustou-se, jamais falara de tal forma com meu amigo.

– Somos soldados, Antonio, somos guerreiros, vivemos de guerra, não somos filósofos gregos e nem cristãos a morrer de joelhos e a chamar por um Deus que não os escuta. Nosso dever é pelo império, pelas nossas armas.

– Sei disso melhor do que você, esqueceu quem lhe trouxe para a Legião e para a Guarda Pretoriana, quem lhe deu essa posição?

Ao cobrar favores feitos, de uma forma que eu mesmo me surpreendi, já que tudo que fizera fora pela amizade que tinha para com ele, desmontei-lhe a face, provoquei-lhe a dor que só as palavras duras de um amigo assim o fazem.

– Se é assim que me cobra, Antonio, "meu amigo", sinto em nossa amizade uma marca de obrigação. Por quem me toma, Antonio? Jamais esqueceria o que me fez, mas estou, sim, a estranhar-lhe.

Entristecido pelas palavras amargas que eu lhe atirara sem pensar, falou baixo e preparou-se para sair. Impedi, barrei-lhe a passagem:

– Tu estás em mim, Caius, é meu amigo, desculpe as palavras insensatas que lhe atirei. É meu irmão, como meus irmãos não foram. Desculpe-me.

Ele abraçou-me, mas, mudo, acabou por sair.

Voltamos a nos encontrar com tempo mais duas ou três vezes nas semanas seguintes. Para alegrá-lo, convidei-o a ir às tabernas comigo de forma a confirmar a amizade que sentia para com ele. Fiz questão de entornar canecas e canecas de vinho, apenas a brincar e a gracejar.

Faltava pouco para o final do ano de 62 quando nos encontramos com certa folga. Inesperadamente, ele viera ao meu encontro no Quartel dos Pretorianos, convidou-me a uma conversa em canto próximo, embora mais afastado do burburinho dos soldados.

– Línguas dizem, palavras correm, ao meu ouvido chegou que está andando com os cristãos. Antonio, o que há de verdade nisso? Lembrei-me, ao ouvir essas histórias, de algumas perguntas que me fez sobre esses loucos e preocupei-me. Terá sido meu amigo enfeitiçado por esses loucos? Diga-me, Antonio, o que há nisso tudo?

– Não estou louco, Caius, nem sou cristão. Conheci alguns, de quando a quando vou à casa de uns e outros. Ajudam a pobres que morrem de fome, conversam.

– Está doente, deve ser isso que explica teus comportamentos, continuo a acreditar que o enfeitiçaram.

– Não. Você sempre soube o quanto me interessei pelas filosofias diferentes, sempre gostei de entender e procurar muitos porquês, eu me interessei por estudar seus profetas, apenas isso. Considero-me um estudioso da filosofia desses cristãos. Não alardeie mais do que não há.

– Continuo a estranhar-lhe.

Repetiu o que fizera em minha casa, retirou-se da conversa; o seu orgulho romano rejeitava os primeiros cristãos, principalmente por causa da origem social deles, porém em Caius também havia certo ciúme da minha amizade.

*

Ao contar essa conversa a Paulo, ele só me pediu compreensão:

– Compreenda! Muitos não nos compreendem, muitos poderão vir a ignorá-lo. Ele é seu amigo, mas tem o tempo dele. Aceite-o! A amizade de vocês ainda perdurará por muito tempo, mesmo que de outras formas. Há o tempo de ceifar, mas para cada cultivo há um tempo diferente para colher.

Essa conversa nós tivemos em uma tarde de outono, o sol baixava e uma multidão de pessoas caminhava e falava, levantavam um burburinho gigantesco multiplicado pelo eco que as paredes das casas que ladeavam as ruas estreitas provocavam. Encontráramos em um bairro mais central, onde ficara de levar algumas moedas a suprir certas necessidades repentinas.

– Veja-os – ele mostrava-me a corrente humana em seu ritmo –, cada qual é um. Seja você mesmo, seja quem é, mas não deixe de amar e de compreender aos que lhe negam. Não deixe de estender a amizade para que não deixem de ser seus amigos.

*

É claro que, quando encontrava Caius, ele cumprimentava-me, solícito, porém sentia-o distante, quase azedo. Isso não poderia ficar dessa forma; também genioso, voltei a procurá-lo pronto a, de alguma forma, tentar explicar-me. Foi em vão. Sugeri várias vezes que fossemos beber juntos em alguma noite, o frio já incomodava a todos por aquela época:

– Algumas boas canecas de vinho, tâmaras, perfeito para este frio que nos congela.

Azedo, respondeu-me a negar:

– Não lhe peço suas súplicas, não desejo suas migalhas de tempo, não peço que dividas o tempo de seus amigos cristãos com romanos. Vá ter com eles.

Falava e se retirava, costumeiramente. Segurei-lhe pelo braço, fortemente, forcei-o a falar comigo:

– Não é necessário que corra atrás de mim, é meu amigo, sim, mas direciona suas forças e seu interesse a outros, esqueceu os seus. Siga como quer!

Bruscamente rompeu o laço que nos segurava e partiu.

Fiquei triste, perdido como em uma encruzilhada. Passei algum tempo sem aparecer junto a Paulo, estive a beber sozinho em casa. Os cristãos exerciam uma atração forte sobre mim, algo estranho que não sabia explicar – sua filosofia, seu agir, porém ainda estava muito longe de compreender. Meu mundo era Caius, era Roma, era a Legião que crescera amando.

Minha mente inquieta, entretanto, não sossegava. Nos minutos em que me acalmava, pegava-me a lembrar de Paulo e dos seus. Meus músculos e minha espada não se esqueciam de minha tropa e de meus soldados, muitos, eu sabia, capazes de dar a vida por mim. De outra feita, aqueles cristãos capazes de dar a vida por um Deus que não compreendia também me atraíam. Esse enigma da alma em transformação ainda me acompanhou por algum tempo.

*

Os dias de inverno congelavam os ossos da população pobre de Roma no começo do ano de 63. Como a lembrar de minha mãe e arrebatado por alguma nostalgia da infância, passara alguns dias na *villa,* conversara com meu pai, vira meus irmãos já mais crescidos, um deles ingressara no exército, servia ao norte de Roma.

Meu pai envelhecera muito no ano que passou sozinho após a morte de minha mãe. Já passara quase um ano e meio desde que ela morrera, ele sentira o impacto da perda. Apesar dele exercer seu mando senhoril dentro de casa, o carinho que minha mãe lhe devotava era seu cajado de vida. Os filhos cresciam e distanciavam-se, muitos amigos mortos, a idade a dificultar-lhe os movimentos, era outro o homem que encontrei. Estranhei ainda mais porque nem esboçou qualquer questionamento sobre a minha separação de Claudia. Prometi-lhe que voltaria mais vezes, com mais frequência, apesar da dificuldade de entabular com ele conversas mais longas – precisava, para tanto, focar em assuntos como da produção da vila, do comércio de grãos e outros temas de uma materialidade que naquele momento me fugiam.

Ao conversar sobre meu pai com Claudia, ele apenas me dissera:

– A vida segue seu curso – terminava a frase com as mãos em meus ombros, quase paternalmente.

Afastava-me da minha família, meu pai e irmãos; de Caius, a quem adotara como irmão; entretanto, rodeava-me, de outra família.

*

Estava a dormir em casa quando, repentinamente, fui acordado pelos meus serviçais. Notícia urgente vinda do quartel, dois legionários estavam na porta de casa à minha espera. Quanto maior o inesperado, maior o choque da surpresa.

Um acidente repentino, um cavalo que se assustara. Arrastado, Caius não resistiu aos sofrimentos e morrera no dia anterior, perto de Roma.

Quem muito lida com a morte, só a sente quando ela toca na sua mais profunda intimidade. Ao ouvir a notícia, baqueado, sentei, escondi a cabeça nas mãos abertas e permaneci por longos minutos sem reação. Só sentia a presença dos que, respeitosos, observavam-me.

Nos dias seguintes, as obrigações sociais e a amizade que lhe devotava me levaram a proporcionar-lhe o melhor enterro que pude organizar em termos de pompa e ostentação. Todos os preceitos da tradição romana foram observados. Foi só com o passar dos dias que a dor foi cavando um buraco em meu coração. Fechei-me para o mundo mais ainda.

Diálogos com Paulo

Anos depois, barba crescida, sentado na grama a receber um pouco de sol, via o pequeno Claudio passar de um lado a outro carregando lenha; de vez em quando, ele se virava para mim e sorria, tornara-se meu amigo. Reclinei-me sobre um tronco e passei a recordar como fiquei quando Caius morreu.

O primeiro mês foi como um pesadelo. Abatido, fechei-me em casa o quanto pude. Um pedaço de mim morreu também, nunca senti nada parecido. Esqueci o mundo que havia lá fora.

Aturdido, Marco não sabia a quem recorrer e o que fazer para que eu saísse daquele estado. Ele comprava os mais variados tipos de comida, vinhos diversos, sua intenção era que revivesse. As escravas da cozinha, algumas há muitos anos comigo, quase que donas da casa, tal a liberdade que eu lhes dava, conversavam sobre o que deveriam fazer. Uma delas insistia com Marco para que me comprasse uma nova jovem escrava, o que não autorizei, embora reconhecesse a boa intenção que havia por detrás da proposta.

Como Caius dissera, "as palavras correm". Como muitos em casa sabiam que eu me encontrava com os cristãos, tiveram a ideia de avisá-los do meu estado emocional. Eles pensaram que eu me alegraria se viessem me visitar. Não precisou, já que a surpresa da morte me abatera, outra surpresa poderia me levantar; esse teve ter sido o pensamento que moveu Paulo até a minha porta.

Era uma tarde de sol a aquecer o fim do inverno em Roma. Deitado sobre as almofadas, via a luz projetada sobre os vasos de plantas do meu terraço. Tiveram que me chamar várias vezes, de tal maneira eu estava distraído.

– Senhor Antonio, senhor Antonio, há um velho barbudo em nossa porta falando que é seu amigo. Seu nome é Paulo, insiste para que o chamemos. Disse que o senhor o espera.

Quando compreendi a frase, levantei-me de um pulo e ordenei que o deixassem entrar e o trouxessem para onde eu estava.

– Você estava me esperando?

Essas foram suas primeiras palavras, quando me viu. Acolhedor, aproximou-se e abraçou-me calorosamente. Convidativo, seu abraço era o cadinho de carinho de que eu precisava. Quase me deixei embalar, é claro que, constrangido pela cena, o orgulho que embaraça e impede o afloramento dos sentimentos dominou-me e desvencilhei-me dele, pretextando oferecer-lhe vinho.

– É muito bom, meu intendente comprou recentemente.

– Uvas? Estão deliciosas!

– Antonio, a morte não nos afasta de nossos entes mais queridos. Ao contrário, muitas vezes até pode nos aproximar mais.

– Como soube da morte de meu amigo Caius?

– Não soube. Sou apenas o intermediário da vontade de Deus, Ele me trouxe até aqui.

Após breve pausa em que ensaiava mentalmente como continuar a conversa e Paulo pacientemente me olhava e sorria, continuei:

– Mas... Deus, ele fala com você? Como? Você o ouve?

– Todos nós o ouvimos! Deus, o Criador, também habita o interior de cada um de seus filhos e conversa com eles. O que fazemos regularmente é ignorá-lo, damos atenção à voz do mundo.

– Então, quando curou a criança que aquela mulher da Gália levou até você da última vez em que estive lá, foi Deus também?

– Sim. Eu nada posso, é Ele quem age ao nos inspirar boas ações e sentimentos, secundando-nos em nossas ações.

– Quando... quando fui até você naquela primeira vez em que o vi, era para prendê-lo. Por que não o prendi? Foi Deus que me impediu?

– Antonio, na verdade, você está à procura de Deus há muito tempo e Ele tem vindo ao seu encontro. Não me prendeu aquele dia, não porque Deus o detivesse, embora eu reconheça que todos nós estejamos sob as suas ordens, mas sim porque você foi tocado em seu íntimo por uma força de atração que nem eu mesmo sei explicar como funciona, e que se revela como uma resposta do mais puro amor aos apelos de nosso espírito.

Parei, surpreendido pelo que ouvia de Paulo. Como era estranho e interessante aquilo que ele me falava; "mas que filosofia mais perturbadora este cristianismo", pensei. Interrompi nossa conversa por alguns minutos, bebi de um gole a taça de vinho e caminhei alguns passos até uma pequena fonte que havia no jardim de casa. Convidei-o a acompanhar-me.

Afastara todos os escravos domésticos de perto, mandara-os para dentro quando Paulo chegou. Estávamos a sós, embora imaginasse que eles deviam estar a espiar-nos de alguma forma. A presença daquele homem impactava aos que, de coração aberto, encontravam-no. Seu carisma era enorme, ele parecia imenso, muito mais alto do que era; mais tarde, soube que impressionou profundamente aos escravos de casa, quase todos positivamente.

Parados e debruçados a centímetros da água cristalina, Paulo estendeu a mão por debaixo da linha da água e a levantou em seguida, deixando que a água escorresse por entre seus dedos. Repetiu o gesto algumas vezes. Quieto, eu apenas o observava.

– O Espírito Santo é nosso guia. A nós só cabe dar-lhe a voz.

Ele foi o primeiro a romper o silêncio, com essa frase que, naquele momento, não entendi. Só muitos anos depois, mais maduro, pude compreendê-la.

– Como estão todos? E a comunidade? Alguém foi preso? De que vocês precisam? Mandarei entregar.

Apoiou suas mãos molhadas em meus ombros e falou, meigo:

– O que todos perguntam é por onde anda nosso amigo legionário.

Eu o abracei como um filho perante o pai, deixando-me ficar em seus braços por alguns minutos. Foi um momento inesquecível.

Desse dia em diante, voltei a vê-los com frequência, adotei um ritmo de visitas e estadias ainda maior do que o anterior. Em minha casa, Paulo só esteve mais duas vezes, mas desde essa sua primeira visita, algo começou a mudar entre os meus.

*

Durante aproximadamente um ano e pouco, de quando o conheci em 61 até meados de 63, quando realizou sua viagem apostólica à Espanha, eu mantive um ritmo regular de visitas à casa de Paulo. Ele se tornou meu mentor, meu amigo e meu mestre. Dois mil anos depois, eu ainda me envergonho de não ter conseguido corresponder ao que ele me ensinou.

Com a intensificação das perseguições, a segurança da comunidade cristã de Roma, ampliada pela ação apostólica de Paulo, tornou-se difícil. Essa comunidade geograficamente não se concentrava apenas em um ponto de Roma, espalhava-se por todos os bairros da cidade – era considerada uma comunidade pela associação de crença e a ajuda mútua constante que havia entre eles, mas eram muito diversos, havia de escravos e pobres até à classe senatorial.

Paulo encontrou em Roma inúmeros núcleos cristãos formados, em sua maioria por algumas dezenas de pessoas cada, rodeados por enorme número de romanos e estrangeiros pobres. Entre esses havia os simpatizantes, que se aproximavam superficialmente dos cristãos, procurando mais os atrativos materiais e os adversários – estes, pelos motivos mais diversos, desde querelas religiosas até inveja e orgulho. Foi desse último grupo que surgiram as denúncias e as calúnias que atingiram os cristãos, levadas ao auge por Nero.

A presença de alguns outros aristocratas e militares romanos impedia a ação direta desses detratores contra o grupo que rodeava Paulo. Durante o tempo que foi possível, esse grupo de simpatizantes do cristianismo fez o possível para protegê-los, muitos perderam a vida por isso.

De outro lado, a continuidade da ação benéfica de Paulo e seus amigos a todos os pobres que pedissem algo também levou ao surgimento de um sentimento de simpatia popular por essa nova seita, sentimento que foi a semente do cristianismo a se alastrar.

De minha parte, continuei cada vez mais a prover-lhes recursos, embora instado por Paulo a enviar-lhe em espécie, não em moedas. Marco nada mais estranhava quando lhe determinava certas compras, já compreendia. Algumas escravas domésticas de minha casa chegavam a ajudar na confecção de roupas, duas acabaram por se tornarem sinceras cristãs.

As reuniões evangélicas que Paulo e seus amigos mais diletos constantemente organizavam foi o principal meio de divulgação do cristianismo, sendo o instrumento de seu apostolado. Eu, particularmente, assisti a algumas, inicialmente pequenas reuniões na sua própria casa e, mais tarde, prédicas maiores realizadas nas catacumbas e nos arredores da cidade. Por outro lado, meu maior prazer eram nossos diálogos, nossas conversas informais. Como sempre que podia ia visitá-lo, vez ou outra conseguia encontrá-lo em condições de conversarmos mais longamente, embora o mais comum fosse encontrá-lo rodeado de pessoas as mais diversas a pedirem sua atenção. Dessa forma, durante esse ano e meio, aproximadamente, pude compartilhar da presença de Paulo, da sua palavra de amor e de fé.

Em que se leve em consideração que muitos e muitos dias em que gostaria de estar com ele, eu não pude por causa de meus afazeres militares e que, de outra feita, muitas outras vezes em que estive em sua casa não pudemos conversar francamente, tal o acúmulo de demandas a que ele tinha de atender. Mesmo assim, em muitas oportunidades, pude compartilhar da sua companhia à mesa, conversar entre os goles de vinho, o pão e o queijo, até as estrelas da madrugada terem dominado completamente o firmamento.

Após tudo o que passou desde que iniciara seu apostolado, Paulo deixara há muito de ser o homem duro e impetuoso de suas primeiras viagens. Continuava, sim, a ser determinado na sua missão, no seu objetivo de levar a palavra do Cristo a todas as pessoas, a todos os lugares que pudesse alcançar. A comunidade cristã que encontrou em Roma foi um presente e uma tarefa que recebeu ao final da vida. Evangelizou-os com muito amor e gentileza, sendo o exemplo da força moral do cristianismo que pregava. O que me importa realçar, aqui, é que, já bem mais velho, o Paulo que conheci fugia do estereótipo constantemente sério e intelectualizado que muitos deduzem a partir de suas cartas e de outros escritos alheios.

Quando levava a palavra de Jesus nas catacumbas, ao rezar e curar em nome de Deus, ao ensinar, mostrava uma sobriedade deveras acentuada, mas eu tive o privilégio, acredito que seja essa a palavra correta, de compartilhar-lhe a mesa, ouvi-lo comentar sobre a diferença de paladar do vinho grego, do cultivado em Nápoles e o do norte da península itálica. Discutimos sobre os tipos de queijos que ambos experimentamos em nossas andanças pelo mundo, pois de queijo ele gostava tanto quanto eu. O que gosto de lembrar, de lembrança tão saborosa que nesses dois mil anos desaparecem, são esses momentos de descontração em que riamos juntos, contava-me inúmeros casos, ensinava-me como com, numa brincadeira, podemos evangelizar tanto quanto com palavras altamente elaboradas. Transformava-se, mostrava a todos que, para ser do Cristo, não era necessário ser circunspecto e soturno; ao contrário, Cristo é vida, deveríamos sempre sorrir, amar a vida que Deus nos deu.

Emocionei-me muito quando, ao falarmos do meu passado, de minha juventude, depois que lhe contara do que aprendera de Flavio, Paulo disse-me que ele devia estar muito contente comigo. Quase chorei na frente do ancião que se tornara meu amigo. Foi então que comecei a entender melhor que a vida continua.

*

Nas reuniões em que comentava a "Boa Nova", a palavra de Jesus, Paulo crescia tanto quanto nas suas epístolas. Orador fluente e carismático, ele cativava a todos com o verbo e o amor que irradiavam de sua fala. Nas páginas seguintes, vou tentar relatar-lhes alguns trechos de suas prédicas nas reuniões de evangelização em que estive, entremeadas por trechos de meus diálogos com ele e pequeno relato do que me aconteceu nesse período. São trechos que estes dois milênios ainda mantiveram vivos na minha memória.

No começo de 63, Paulo, além de visitar as comunidades cristãs, organizou várias reuniões evangélicas nas catacumbas da cidade, embora algumas vezes tais encontros maiores fossem em lugares ermos, nas cercanias de Roma. Na primeira vez em que o acompanhei, a seu convite, fomos a um declive formado pela confluência de dois pequenos morros. Eu o ouvi, então, quando retinha a atenção de um grupo de algumas dezenas de pessoas com a fala que transcrevo, em parte, abaixo:

> *Meus irmãos, é bem cego o homem que desse mundo de iniquidades supõe ver alguma coisa além do dia em que se encontra.*
>
> *Não pode o homem contar com o minuto que se segue aquele em que pensa ser o senhor de seu juízo e o senhor de sua vontade; e apesar dessa afirmativa ser uma verdade sem discussão, o homem forma projetos como se fosse o senhor do tempo e dos acontecimentos.*
>
> *Nem a ambição nem a vaidade deixam que ele contenha as suas aspirações dentro do limite do razoável. Excede sempre esse limite; caminha por trilhos que devia considerar vedados, e faz obras que devia, prudentemente, legar aos que viessem em seu segmento.*
>
> *Irmãos, o que muitas vezes julgamos ser a nossa força, quantas vezes passa a ser justamente o motivo de nossa fraqueza? (Neste ponto, Paulo, como a se lembrar de seu próprio passado, emocionou-se ligeiramente, sem que, contudo, os que o cercavam, se apercebessem disso). Se, como nosso Senhor Jesus ensinou, restringíssemo-nos à cruz de cada dia, não seria pelo peso dela que deixaríamos de caminhar firmemente pela estrada que temos de percorrer até chegarmos ao momento da partida.*
>
> *As nossas preocupações do dia de hoje só nos tiveram valor até o dia de ontem. As que hoje venham a nos dominar, nem são as de amanhã – são e serão as de sempre.*

Supomos nós ser um dever cuidar, hoje, das coisas que hão de aproveitar os que devem vir além de amanhã, sem nos lembrarmos de que, talvez, essas mesmas obras não os aproveitem.

Irmãos, ainda não temos, todos, o dom da previsão; e não sabendo nós o que é bom para hoje, porque a cada momento nos enganamos, como querer saber o que será bom para amanhã, dia que já não nos pertencerá?

Procedendo assim, exercemos uma tirania, isso eu o sei bem. Impomos a nossa vontade em um campo que não nos pertence, e queremos escravizar as vontades e as consciências, que ainda se hão de formar, ao juízo que hoje formamos do que há de vir a ser o futuro.

Proclamamos todos os dias a liberdade para, em nome dela, exercer a tirania.

Os tiranos liberais sentem a necessidade de dizer bem alto que amam a liberdade, para imporem aos outros a obrigação de os respeitar e acatar; e, em nome da liberdade, que para si exigem, usufruem do direito de cassar a liberdade alheia. E é justamente para procederem assim que querem a liberdade.

Em verdade lhes afirmo, agora, que os verdadeiros tiranos de nossa terra estão mais escravizados do que os escravos para quem se fez a liberdade.

Esses podem dormir ao sol de Deus, podem andar, correr e saltar, livres no campo, que ninguém quererá pedir contas da sua vida. Os outros nem para respirar são livres e nem de pensar são livres.

São escravos da liberdade alheia, como são escravos da vontade dos outros e das próprias ilusões que criaram para si.

A liberdade, a meu ver, deve ser uma regra da combinação de costumes, que permita a cada um de nós fazer o que for justo, sem prejudicar a ninguém.

Quando, com a liberdade, prejudica-se injustamente a outrem, comete-se tirania.

A lei deve ser sempre a metódica e regrada combinação dos bons costumes de uma sociedade. Deve servir para regularizar os fatos, os interesses e os acontecimentos, que diariamente se dão – e para prevenir providencialmente os choques, que pela natural luta de egoísmo, possam ocorrer em prejuízo do que é justo.

As leis não deviam servir nunca para sujeitar os povos. Devem servir, ao contrário, como as próprias leis de Deus, para os encaminhar e guiar.

Só deveriam servir de sujeição àqueles que, querendo atacar os interesses legítimos da coletividade, pretendem sair do limite razoável. Esse limite, visto que é razoável, tem de ser móvel e progressivo, como a própria vida. O que ontem foi razoável, pode não o ser hoje e talvez menos o será amanhã.

A nossa razão deve caminhar ao lado do nosso progresso.

O progresso é uma lei natural a que está sujeito o homem, tanto nos seus pensamentos, quanto nos seus afetos e nos seus meios de vida.

Os pensamentos nossos, assim como os nossos atos, devem sempre tender a elevar-se para a perfeição, como as grandes e pequenas plantas tendem sempre elevar-se para o sol.

O homem que encaminha os seus pensamentos e os seus atos para o mal é como a árvore que devolve os seus galhos para a terra de onde saiu.

A perfeição nossa estará sempre a aumentar gradualmente a ação do seu espírito sobre a matéria. O espírito deve suplantar em tudo a carne. Quando a matéria suplantar o espírito, a nossa própria animalidade terá ganho uma vitória sobre o ideal.

Deve o homem procurar despojar-se de tudo que constitua prazer da sua condição inferior. Deve satisfazer moderadamente todas as suas funções naturais. Alimentar-se sobriamente e só o indispensável para manter, em si, as forças da vida da matéria; exercer o ato da procriação no limite mínimo que a sua organização física o exija.

Aprendamos desde já, irmãos, a exigência mínima estará sempre de acordo com a elevação espiritual de cada homem.

Devemos nos abster do supérfluo em tudo: na alimentação, como no vestir; no gozo, como na alegria; na ostentação da virtude, como na prática do vício.

Não aconselhamos agora, desde já, que de coisa alguma se privem. Reconheçamos que tudo tem a sua necessidade de existir, e cada coisa representa uma satisfação a essa necessidade.

Tudo na vida tem uma determinada função e, portanto, tem de desempenhar oportunamente essa função.

A virtude de cada ato está em ele corresponder ao momento em que é preciso.

Louco será quem quiser contrariar aí os atos naturais, quando apareçam a corresponder à necessidade que os exige. Comete, esse, tirania inútil e vã. Para conservar a mente em paz e o corpo em paz, deve o homem alimentar frugalmente o seu corpo e o seu estômago. Devemos dar a cada um alimento sadio e que eles possam digerir sem esforço. Pela educação do espírito, pode o homem habituá-los a digerir as coisas mais indigestas ou mais intoleráveis, mas para chegarmos a ingerir, sem perigo, veneno puro, é necessário que ele comece a aparecer em levíssimas doses no que houver de tomar-se.

Em tudo devemos seguir o método natural – começar a educação pelas coisas mais simples. Pois em tudo que havemos de educar, devemos começar a educação pelo cultivo do terreno.

Terra sáfara pode chegar a ser jardim, se a prepararem; assim como precioso jardim se volverá em árida terra, se o descurarem.

Não devemos educar só o nosso cérebro, devemos educar nosso coração, nosso estômago e todos os nossos membros úteis, para que nenhuma de nossas faculdades se ressinta em relação às outras.

A nossa melhor educação deverá ser sempre a mais simples, relativamente às exigências da vida.

O cérebro, eduquemo-lo para pensar bem e claramente; o coração, para funcionar com regularidade e sentir com pureza e bondade; o estômago, para digerir com regularidade e sem esforço; as pernas, para caminharem bem e sem cansaço; as mãos, para serem ágeis e hábeis, enfim, tudo para atingir, com o dispêndio do menor esforço, a perfeição máxima de que é suscetível.

Em tudo conseguiremos essa perfeição – mas é necessário considerarmos sempre que ela é o fim a se conseguir, e não o princípio a se começar.

Tem o homem três órgãos essenciais a sua vida, de delicadas funções: o cérebro, o coração e o estômago.

Devemos poupá-los. Não devemos dar-lhes sensações pesadas nem bruscas, que os cansem. Todos os três são de natureza, física ou moralmente falando, elástica. Não lhes devemos forçar a expansibilidade, porque lhes hipertrofia doentiamente a organização. Devemos cuidá-los.

Devemos trazê-los sempre muito leves. Carregando-os muito, reduzimo-los ao estado de serpente saciada. A nossa vida propriamente dita é coisa fácil de se levar, desde que cada homem, ao vivê-la, procure pôr em todos os seus atos o cunho da simplicidade. Em tudo a simplicidade – no pensar, no comer, no vestir, no amar, no proceder e principalmente no perdoar. Na simplicidade está a pureza.

O claro entendimento é a simplicidade no juízo; a frugalidade é a simplicidade no comer; a modéstia é a simplicidade no trajar; a pureza e a moderação são a simplicidade no amor; a verdade, a honradez e a franqueza são a simplicidade no proceder.

Só na simplicidade está a grandeza de tudo.

Irmãos, as coisas não são verdadeiramente grandes senão quando, pela simplicidade, dão a rápida impressão de que todos as podem fazer, dando assim, subitamente, a noção máxima da sua mais fácil compreensão.

A simplicidade é a lei natural de tudo. O que estiver fora dessa lei exige esforço e dispêndio de energia. Que se empregue esse esforço e se dispenda essa energia somente na medida do indispensável para se atingir o fim necessário na sua correspondência à maior simplicidade.

Tudo que for além é o desbarato, o supérfluo e, portanto, perda de forças e de trabalho.

Na simplicidade está o justo equilíbrio de tudo.

Desconfiemos sempre do que não seja simples. O artifício, o exagero servem só para encobrir faltas ou defeitos.

E como assim é, devemos então encaminhar todo o nosso querer para atingir a perfeição pela simplicidade.

Nos nossos atos para com Deus, devemos ser simples. Pensemos sempre que não há artifício que lhos esconda ou transforme.

Nos nossos atos para com os outros, devemos ser simples.

Pensemos que não há artifícios que os esconda à nossa consciência; e quando esta os rejeitar, o menos que poderá suceder é tê-los praticado inutilmente e em pura perda; e daí em diante podem chegar até a constituir doloroso fardo para toda a vida.

Nos nossos atos para conosco mesmo, devemos ser simples. Pensemos sempre que a razão equilibrada nos desaprovará todos aqueles que forem supérfluos ou exagerados, e que o nosso organismo ou a nossa vida individual se hão de ressentir de tudo que constitua sobrecarga a sua exigência normal.

No hábito como no pensar, no alimento como no afeto, no gozo como na ambição, no lar como no templo, na família como na sociedade, nas funções de cidadãos como nas de homem, ponhamos em tudo a simplicidade.

A simplicidade, dessa forma, será o cumprimento do dever.

Quem for simples, será generoso, será bom, será digno. Terá a sua vida em ordem e servirá bem a si, ao próximo e a Deus.

Que a paz de Nosso Senhor Jesus Cristo nos abençoe.

Aturdido, assim me encontrei quando Paulo encerrou; paralisado, demorei alguns minutos para retomar meus sentidos. Apesar das várias vezes em que eu o ouvira falar com os amigos que frequentavam sua morada, nunca escutara nada semelhante a essas palavras. Essa fala, eu eternamente lembro como "a da simplicidade". Trajei uma roupa de romano simples, posicionei-me de lado, a alguns metros dele, ouvi; boquiaberto, conceitos que antes só tangencialmente ouvira dos filósofos estoicos. Acompanhei-o na volta com mil questionamentos prontos a fazer-lhe, mas tive que me conter, porque uma dúzia de outros homens também o acompanhavam e demandavam a sua atenção. Nos dias seguintes em que estive longe dele, suas palavras ficaram ressoando na minha mente.

*

Seis dias se passaram quando fui novamente ao seu encontro. Aquela noite estava particularmente gelada, joguei uma capa bem grossa e grande sobre meu corpo e saí a caminhar apressadamente. Excepcionalmente, ainda havia muito movimento nas ruas, a sociedade civil romana estava cada vez mais agitada com os atos tresloucados de seu imperador. Preocupado, caminhava atento e a passos largos, só relaxei ao avistar a morada de Paulo. Ao me aproximar, percebi que não havia quase ninguém por perto, egoisticamente alegrei-me.

Ao entrar, vi que Paulo estava acompanhado de um cristão que encontrava regularmente; junto a este, havia também uma mulher, a qual nunca vira. Apresentou-me como uma amiga recém-chegada de Jerusalém e que não falava latim, embora conhecesse algo de grego.

Ao mirar-me bem, os olhos de Paulo sorriram pra mim. Minha ansiedade imperava, sem ação, não sabia o que fazer. Ele desmanchou a situação constrangedora, esclareceu-me que essa mulher precisou sair apressadamente de Jerusalém, corria perigo. Meu pensamento militar logo imaginou que ela estivesse com problemas com as autoridades romanas, algo que não falei; logo me disseram, porém, que os judeus do Sinédrio haviam iniciado novas perseguições aos cristãos.

Surpreso, fixei meu olhar sobre a mulher. Não encontrava nada que pudesse representar perigo a quem quer que fosse.

– Você está muito tenso. Como estão as ruas hoje?

Paulo interrompeu a minha perplexidade e trouxe-me novamente à Roma Imperial.

– Sim, estão todos muito agitados. Desde que sirvo entre os pretorianos, nunca enfrentei uma situação assim.

Sem respirar, emendei a frase.

– Falou em tirania quando fui ouvi-lo, era a essa tirania a que se referia?

Ele sorriu. Apoiou-se em seu cajado e dirigiu-se a uma mesa situada no canto, convidando-me a um repasto.

– Dividiria o pão com este velho cristão?

Foi minha vez de sorrir ao perceber a sua maneira delicada de convidar-me a uma conversa mais íntima. Sentei-me ao seu lado no banco, ficamos afastados de seu amigo e da mulher, os quais foram preparar um canto onde ela pudesse dormir.

– Tirania, Antonio, pode estar e está em cada um de nós.

Ele próprio partiu o pão e me estendeu um pedaço, ao mesmo tempo em que apontou para uma jarra de vinho ladeada por canecas.

– Dizem que Nero, quando jovem, era um artista exemplar.

– Sim, é verdade, eu mesmo o vi várias vezes executando canções melodiosas, embora nessa ocasião já fosse imperador.

– O que nos faz mudar?

– Falou muito de simplicidade. Disse isso no sentido a que se referem os filósofos estoicos? Conhece seus textos?

– Sim, eu conheço algo da filosofia estoica. Mas, por mais que os respeite, o que disse baseou-se na simplicidade do Cristo.

– Sabe que também sou crítico da luxúria romana instalada por Nero e pelas conquistas imperiais. Flavio, eu o sei, era saudoso dos tempos republicanos, apesar da guerra civil. Sei que entre os militares e a corte sou olhado ironicamente por afastar-me da luxúria e das intrigas da corte, do ouro e dos bacanais; nem os adversários do imperador interessam-se por mim.

– Isso o incomoda?

– Quando estou aqui com vocês, não.

– Então, entre os seus, isso incomoda?

– Sim – demorei um pouco para responder, procurava a resposta a uma pergunta que nunca me fizera. – Por que não podemos ser simples entre os nossos? – continuei.

– Por que eles se incomodam com todos os que não são exatamente como eles? Por que consideram a simplicidade como uma fraqueza?

– Porque isso os incomoda!

– Sim, sim, mas por que as sociedades renegam os que diferem delas, por que não se lembram da diferença exemplar de seus próprios antepassados?

Agitara-me, ensaiara levantar-me, não cheguei a tanto, levantei a voz, alterei-me. Como que esquecera o "pai" à minha frente e discutia com toda a sociedade romana.

– Por que não se lembram dos cidadãos que há trezentos, quatrocentos anos aravam, eles próprios, a terra? Nem sempre tivemos escravos. Hoje, os romanos precisam tanto dos escravos que não saberiam viver sem eles.

Ele sorriu discretamente do meu destempero, encheu a minha caneca de vinho, cortou-me outro pedaço de pão, criou o minuto para a respiração.

Quieto, continuou a esperar que eu continuasse.

– Não os ataquem, lembremo-nos também de não sermos, nós, os tiranos.

Isso me incomodou. Lembrei-me, então, de quantas vezes, na vida de comandante militar, fui rude e tirano.

Abaixei a cabeça e fiquei lembrando e martirizando-me.

– Não estou a condená-lo, Antonio – falou-me sério, com suas mãos nos meus ombros. – Recorde-se bem das palavras que me foram inspiradas, disse que deve o homem procurar a simplicidade de acordo com a sua elevação espiritual. Não se condene e nem aos que lhe rodeiam.

Respirou apenas e continuou.

– Se o homem que caminha contigo na estrada está a exigir que se comporte de tal ou tal maneira, não faça o mesmo, seria tão tirano quanto; se a presença exigente dele ao seu lado lhe estorva o passo, despeça-se e tome seu caminho próprio. Dê-lhe a dádiva do tempo.

Com um carinho inesperado, Paulo beijou-me a testa e desceu levemente suas mãos sobre meus cabelos, levantou-se e foi ter com a mulher que viera de longe; só, sentada em um canto, discretamente ela nos observava e esperava.

Logo me retirei com a cabeça mais cheia do que quando chegara. O curioso disso tudo, o que me provoca sorrisos milênios depois, foi meu comportamento em casa nos dias seguintes.

Na manhã seguinte, andei pela minha casa observando tudo. Aquele breve diálogo com Paulo como que completara o que escutei quando de sua evangelização noites atrás, embora só após conversarmos é que tenha começado a interiorizar o que ouvira.

O que via em casa? Não procurava nada específico, apenas pela primeira vez começava a identificar os objetos, os adornos com que nos rodeamos durante a vida. Mesmo para um romano de gostos singelos como eu, a riqueza, a origem familiar, o cargo, o casamento, as muitas viagens, tudo isso me enchera a vida pessoal de objetos e costumes desnecessários. Passamos a nos sujeitar aos costumes e objetos e, sem perceber, tornamos esses imprescindíveis na nossa vida.

No átrio encontrei bandejas de prata, canecas de ouro; em meu quarto, adornos os mais diversos ocupavam todos os cantos. De repente, parei. "Como tudo isso viera parar aqui?", perguntei-me. Nunca planejei algo assim, rodeara-me de todo um mundo de pequenas coisas sem nem perceber. Fui à cozinha, assustei a todos quando entrei na intimidade dos escravos, nem sabia ao certo quantos escravos domésticos eu tinha, nem bem sabia porque eu tinha tantos escravos. Tomado por alguma decisão repentina, decidi que venderia alguns escravos, libertaria outros. "O que faço com tantos escravos?", questionava-me sem resposta. Considerava-me uma pessoa de hábitos simples, renegava a luxúria que imperava na sociedade romana; descobria, porém, que, embora em menor escala, também me rodeara de seus faustos.

Dirigi-me para onde Marco estocava nossos alimentos – se o povo disputava o trigo fornecido pelo governo, eu o tinha abundante.

– Isso alimentaria uma centúria por dias! – disse, ao ver a quantidade de trigo estocado.

Quando voltava para o meu quarto, pensativo e introspectivo, pronto a preparar-me para sair rumo aos compromissos que me aguardavam, vi ao lado duas moças, magras, uma muito bela, de um perfil que denotava sua origem germânica. Indaguei às escravas mais antigas que, embora informalmente, gerenciavam a casa na ausência de Marco, quem eram aquelas mulheres.

Escravas compradas recentemente por Marco. Surpreendi-me com a resposta. Disseram-me que ele recebera excelente oferta de venda e acabara por comprá-las, ainda não me avisara porque não nos encontramos. Eu sempre lhe dei grande liberdade, ainda mais depois da saída de Claudia, mas para que mais escravos? Em poucas horas, descobria-me rodeado e preso por hábitos que nem suspeitava possuir.

O dia inteiro estive fora em recepções, guardas a organizar, reuniões, estafantes obrigações burocráticas e sociais que me irritavam. Ao retornar no dia seguinte, já dia claro, fui procurar Marco.

– A que se deve a compra daquelas duas escravas? Pelo que eu saiba, não há necessidade de mais braços nessa casa de apenas um. Aqui há escravos suficientes para uma grande família.

– Encontrei no mercado um mercador que conheço. Ao conversar com ele, soube que precisava de dinheiro urgente, oferecia a preços irrisórios aquelas duas mulheres recém-chegadas a Roma. Considerei que seria uma excelente compra, poderemos vendê-las facilmente com um bom lucro assim que considerarmos a hora adequada.

– Que eu saiba, Marco, não sou mercador e menos ainda você. Caso deseje tornar-se um, terá de mim a total liberdade de largar essa casa e se iniciar nessa atividade, ainda lhe forneceria algum dinheiro a mais do que já tem. Agora, não faça daqui uma praça de mercado.

Assustado, isto é o mínimo que poderia dizer da reação de Marco, abaixou a cabeça e calou-se, pois sempre fora muito respeitoso e obediente.

– Pensarei e lhe direi o que fazer em breve.

Da descoberta de nossos excessos à simplicidade desejada há passos escuros que não sabia dar. Sentia-me incomodado com tudo, minha casa, a sociedade romana que me incomodava cada vez mais; mas, o que fazer? Ah, tal resposta eu não tinha.

Na mesma noite, demandei a procurar por Paulo. Encontrei-o, porém, desta feita, rodeado por anciãos, judeus de Roma. Eu já era conhecido de muitos dos que frequentavam a casa de Paulo regularmente e os anciãos acabaram por me esquecer, deixaram-me ficar esperando quase na soleira da porta. Por longo tempo esperei. Paulo os acalmava, pedia que tivessem confiança, que fossem fortes quando da tormenta, que lembrassem que Deus não desamparava a nenhum de seus filhos, embora nem sempre compreendêssemos seus caminhos.

Quase cochilava quando Paulo veio bater em meu ombro.

– Vamos entrar, Antonio!

Servi-me de água observado por ele. Seu semblante transparecia o quanto estava cansado após horas de palavras, mas sempre disposto a receber os que o procuravam, abraçou-me com afeto.

– A simplicidade o atormenta?

– Não, sim, quero dizer, espere um pouco, que simplicidade?

Mal nos víramos a sós e ele me perguntava sobre a simplicidade.

– Diga-me você. Que simplicidade encontrou?

– Não encontrei.

– Vá com calma, filho. O que procura, talvez não encontre tão facilmente.

De cabeça baixa, descruzei os braços; sentia-me abatido. Descobrira que o fausto também me rodeava, excessos tinha a minha volta e nem os percebia. Da minha dureza como comandante militar era algo que já vinha a matutar de algum tempo.

– Antonio, também eu já me rodeei de faustos, orgulhei-me deles, exerci a minha tirania da pior maneira; aos que pregavam o amor, eu persegui. Não se culpe, filho, encontrará o caminho que procura desde quando a este mundo veio.

Surpreendi-me completamente com essas frases, Paulo as falara com a voz baixa, mansa, olhar distante, como a buscar o passado, tanto dele quanto meu.

– Reflita antes de qualquer decisão a tomar. Agora, vá repousar.

Com delicadeza, mandou-me dormir. Mais uma vez, eu saía de sua companhia mais abalado em minhas certezas, minhas emoções ainda mais fragilizadas. Lembrei-me da primeira vez em que o vi, quando fui para prendê-lo; a minha reação transtornada, a bebedeira madrugada adentro. Esse homem, sua presença magnetizava-me, atraía-me cada vez mais. "Ah, cristãos", mais uma vez vociferava ao voltar para casa, "quem são vocês?".

*

Dias depois, Marco perguntou-me o que deveria fazer com as duas escravas.

– Marco, saiba que tem a liberdade e o consentimento de sair desta casa e trilhar seus próprios passos quando quiser, já é um liberto há muito tempo.

Ele não me respondeu. Olhava-me desalentado, era claro que queria aventurar-se pela vida, mas o respeito com que sempre me tratara e sempre fora tratado, sua educação, impediam-no de ir.

– Mas não quero que faça desta casa, a residência de meu nome, centro de comércio.

Abaixou ainda mais a cabeça, respeitoso, e fez menção de retirar-se.

– Eu lhe responderei sobre as escravas. Sabe se elas têm famílias entre os escravos de Roma, ou mesmo entre os seus?

– Pelo que sei, não. Foram vendidas de mão em mão desde que foram capturadas.

– Coloque-as na cozinha para aprender, veja quem possa lhes ensinar latim.

Isso feito, eu passei a refletir no que poderia fazer com essas duas mulheres. Caso as deixasse em minha casa, logo os rumores correriam no sentido de que voltara a comprar escravas de cama, ainda mais que uma delas era de grande beleza. Lembrei-me de Antonia, a escrava cristã.

– Ah, mas Antonia tinha família em Roma; de outro lado, suas famílias em algum lugar deveriam estar.

Começara a falar alto enquanto andava em círculos, por alguma razão desconhecida a sorte dessas escravas passou a me interessar. Ainda tangencialmente recordei-me de Cíntia, mas rapidamente afastei seu nome de meus pensamentos; o que acontecera entre nós, o desfecho violento, quanto mais o tempo passava mais essa lembrança me incomodava.

Depois de passos e mais passos eu me lembrei de Paulo. Só consegui voltar a vê-lo dias depois.

Havia muitos em volta dele, desta vez; no entanto, ele logo se desvencilhou dos que o rodeavam e se dirigiu a mim. Após breves preâmbulos, foi direto:

– O que lhe impede de fazer o que a sua consciência deseja? Também não seja tirano de si próprio!

Eu lhe resumi a história das escravas e de Marco.

– Já se perguntou o que você mesmo quer fazer? E a elas, se é o seu desejo ajudá-las, já perguntou a elas o que desejam? Se voltar à família, aos seus, se ficar em Roma ou algo mais. Diga-me, Centurião

Antonio – disse-me, entre sério e afetuoso –, entre tais conjecturas, já se dirigiu a falar com elas? A tirania pode estar nos pequenos atos, tanto quanto a simplicidade.

Após remoer e remoer o que escutei, só me decidi a falar com elas dois dias depois.

Descobri que uma delas era originária da Gália, das tribos que ainda, vez por outra, rebelavam-se contra o domínio romano. A outra, de rara beleza, por sua vez, era de origem germânica, das tribos que viviam perto de nossos limites, nas cercanias do rio Reno – fora capturada por soldados e vendida a um mercador que se propusera a levá-la para Roma e conseguir um bom preço; ao enfrentar despesas inesperadas, acabou por vendê-la a preço irrisório junto com a gaulesa, a quem também havia comprado no caminho.

Ao caminhar dentro de minha casa para encontrá-las, fui surpreendido por um pensamento, uma intuição, o que seja. Marco, liberto há alguns anos, quase na meia-idade, que eu soubesse não tivera nenhuma mulher até então, vivia de encontros fortuitos com outras escravas. Parei, era isso, não me falara nada porque comprara aquelas escravas para ele. "O que fazer?" Novamente mostrei-me indeciso. Um legítimo aristocrata romano, um típico legionário de Roma seria direto em todas as suas atitudes, porém, desde que lera Sêneca pela primeira vez, abalara-me um pouco; agora, quanto mais conhecia a Paulo e escutava o que diziam os cristãos, mais minhas poucas certezas desmoronavam.

Adiei a minha decisão de conversar com quem fosse por algumas horas e me coloquei a pensar sozinho em meu canto. Procurava uma resposta, uma diretriz, insatisfeito com as diretrizes de vida herdadas de Roma, ainda nem de longe compreendera o suficiente dos princípios cristãos para que pudesse adotá-los.

Ordenei mais tarde que trouxessem o tradutor que estava a lhes ensinar latim. Soube que ambas conheciam um pouco dos nossos costumes e línguas, a gaulesa era muito quieta e respeitosa, já a bela mulher das tribos germânicas passara toda a vida em campos abertos, estava a estranhar a vida urbana, fechada em uma casa.

Chamei Flavia, a velha escrava que comandava a casa conjuntamente com Marco. Ela também fora presente de minha mãe, a qual, por sua vez, a recebera ainda muito jovem da família dos Flavios e lhe dera esse nome como referência de onde viera. Ela vivia com Marco, dentro desta casa, desde que ele tinha pouco mais de dez anos, como que o adotara. Transmiti-lhe minhas suspeitas e as tive confirmadas.

– Ele é muito grato ao senhor, mas sonha em tornar-se um mercador, comprar e vender escravos, trigo e o que mais for.

– E quanto às mulheres?

– Marco está obcecado pela mais bela, pelo feitiço de seu rosto bonito, apesar de que ela jamais será uma resignada escrava de casa. A gaulesa é muito mais resignada, sabe até ler, afeiçoei-me a ela.

Eu a dispensei e passei a pensar sobre minhas resoluções a tomar. Liberaria Marco, dar-lhe-ia algum dinheiro para que pudesse começar, conversaria com meu pai para que o ajudasse a iniciar-se no comércio de trigo, entregar-lhe-ia a bela mulher de presente. Quanto à gaulesa, eu a deixaria aqui com Flavia, seria impossível reencontrar a família novamente.

Nos dias seguintes estive a tomar as providências nesse sentido, Marco alegrou-se muito, Flavia também. Eu também deixei que ele levasse outros escravos da casa consigo, ainda haveria mais do que o necessário para uma casa de um só senhor. Conversei com meu pai, que simpatizou com a ideia; envelhecido, estava mesmo a precisar de homens de confiança, meus irmãos estavam todos na Legião.

Quando os acertos foram feitos, preparei-me, certa noite, para procurar por Paulo. Estava pronto a sair de minha casa, quando me lembrei da figura paternal do ancião que cativava a todos e me dei conta de que, em momento algum, falara diretamente a elas, jamais me dignara a perguntar a nenhuma das duas escravas o que elas queriam. A cena de Paulo a perguntar-me se eu já perguntara a elas o que queriam, a cena dele ao falar sobre a tirania existente nos pequenos atos, como num estalo, tal lembrança emergiu da minha mente a torturar-me.

As relações horizontais são sempre muito mais difíceis de serem geridas, como as amizades e os relacionamentos fraternais. Passara a maior parte da minha vida envolvido em relações verticais, hierárquicas: ou obedecia ou dava ordens. Meu maior amigo, Caius, a quem amava e amo como a um irmão, não consegui abrir a ele minhas simpatias cristãs. A base das relações horizontais, o diálogo – a significar aqui o diálogo sincero, não baseado em sofismas e falsidades –, é um aprendizado constante, algo a nos tornar mais humanos e cristãos; de outro lado, porém, o diálogo pressupõe ouvir o outro, algo a que o orgulho só se submete quando lhe interessa, como nos casos de amizade sincera ou paternal, vide os meus relacionamentos com Caius e Paulo. Dialogar com escravas no sentido de ouvi-las, escutar o desejo alheio, dar-lhe atenção independente de quem fosse, isso era penoso demais para mim.

Entristeci-me, desisti de sair para encontrar Paulo, não me aventurei a me dirigir às escravas, fechei-me em um canto de minha casa com pão, vinho, tâmaras e lá fiquei; muitos milênios depois, ainda estou a aprender que interiorizar o cristianismo passa pela evolução da nossa sociabilidade. Para o "Amai-vos uns aos outros", que Jesus nos ensinou e Paulo repetia constantemente aos que o procuravam, é necessário que aprendamos a nos relacionar; as relações verticais, hierárquicas, são heranças de nossa animalidade, enquanto as relações horizontais são resultado da construção do cristianismo em nós.

Como o aluno que não vai ao mestre por não ter feito a lição, escondi-me. Mandei mantimentos a Paulo, mas não apareci. Mais uma vez o mestre desceu. Ele me procurou, enviou-me um recado em que pedia que eu o encontrasse perto de certa praça, no meio da tarde, onde milhares de pessoas se apertavam para caminhar pelas ruas estreitas.

Ao chegar, vi-o encostado em uma parede, rodeado por três amigos. Sorriu ao ver-me. Sorriu mais ao ver que viera com meu uniforme de centurião pretoriano, o que fazia as pessoas abrirem espaço para que eu passasse.

– Antonio, Antonio! – recebeu-me fraternalmente. Era tão efusivo e carinhoso para comigo que me envergonhava pelo que recebia.

Estávamos rodeados pelas muitas pessoas que transitavam por aquele espaço exíguo. Apesar do respeito por meu uniforme, era impossível que não roçassem em mim, o que me incomodava.

– O "outro"... – Paulo se virou e contorceu-se entre nós de forma a que ficássemos ele e eu meio que encostados na parede da casa, de frente para as pessoas, o que nos forçava a olhá-las, a todas que passavam a nossa frente. – O "outro" incomoda, principalmente quando começamos a olhar para nós e nos identificarmos como "um", e ao "outro", como "outro um".

Paulo sorriu com o jogo de palavras e continuou:

– Enquanto são apenas obstáculos móveis para que nos desviemos, eles não nos incomodam tanto, equivalem a um cesto deixado no meio do caminho. Do momento em que se transformam em "filhos de Deus" como nós, do momento em que ganham vida, em que têm desejos, passamos então ou a ordená-los ou a levá-los em consideração.

Além do passar ininterrupto de pessoas, o vozerio crescente também dificultava muito que nos ouvíssemos. Isso não impedia que compreendesse perfeitamente a que Paulo se referia, esse conceito dos cristãos de irmandade era algo que muito me atraía; de outro lado, também muito me incomodava, tinha dificuldade em assimilá-lo.

– Estar em Cristo também é estar entre seus filhos, mas compreendamos isso com o vagar do tempo.

Ouvia calado. O que dizer? Apaixonava-me cada vez mais por esse cristianismo que aprendia com Paulo, mas o sentia tão longe de mim...

Ele só ouviu minha voz quando contei sobre as providências que tomara no caso de Marco e das escravas. E eu que achava que estava a fazer grande coisa.

– Sabe o que fazer.

Mas eu não sabia. Decepcionei-me ainda mais comigo mesmo.

Fiquei a matutar por mais alguns dias. Marco já tomava as providências que lhe diziam respeito, as duas mulheres continuavam a aprender latim e a ajudar na cozinha. O curioso é que, entre os poucos romanos que me conheciam no cotidiano de minha casa e, principalmente, no relacionamento com meus escravos, eu era dado como muito brando, tanto que retive a amizade e o carinho de alguns deles por muitos séculos. O conceito de irmandade e do "outro" é que transformava a abordagem da questão. Apesar da brandura, as relações continuavam hierárquicas, extremamente verticais. Foi o costume predominante em todas as sociedades. Marco, por exemplo, não procurara uma esposa, comprara uma escrava.

A gaulesa também já se acostumara com Flavia, tornei-a sua auxiliar. Se tivessem presenciado as voltas e rodeios que dei para lhes comunicar tal fato, para a época foi pra lá de cômico. Falar com elas, lembrar que eram outras pessoas, dirigir-me diretamente para dialogar e não para ordenar, ah, esses cristãos, vinte séculos depois tais práticas ainda engatinham nas sociedades humanas.

É claro que não houve diálogo algum, ela apenas abaixou a cabeça e ouviu – poucos imaginavam o que seria dialogar. Acabei por determinar que ficasse como ajudante de Flavia e me retirei, percebi que sorriram discretamente, só bem depois soube o quanto ficaram contentes.

Ao procurar por Marco para conversar sobre sua saída de casa e sobre a outra escrava, tive uma surpresa. Nem percebera e deixara que os dias se passassem, seus preparativos já estavam bem adiantados. A escrava já havia sido levada para a pequena casa que comprara, seus entendimentos com meu pai haviam sido concluídos satisfatoriamente, estava com mais dinheiro do que eu imaginava. Encontrei uma situação dada, impossível de ser desfeita sem grandes transtornos. O que seria da escrava? Bem, isso dependeria de Marco e da sua personalidade. Se, de um lado, sempre foi extremamente fiel e obediente, de outro, percebera várias vezes seu desprezo pelos "inferiores", os que lhe lembrava de que também fora escravo; de outra feita, sabia que gostava de participar das gigantescas festas públicas, rotineiramente encerradas em bacanais escusos, costume popular tolerado e incentivado pelas autoridades, ainda mais em tempo de Nero.

Praguejei pela minha incapacidade de gerar relacionamentos de forma não hierárquica e prometi esquecê-los, a Marco e à mulher, e assim o fiz. De primeiro momento, esses acontecimentos acabaram por fazer com que eu me isolasse ainda mais. Nas semanas seguintes, fui obrigado a me ater mais às minhas atividades militares, a tensão e a insegurança política não paravam de aumentar.

*

Paulo, por sua vez, era extremamente atarefado. Ao mesmo tempo em que dava força a todos os cristãos frente às perseguições, transmitia e esclarecia sobre a fé e sobre a vida. Procurado e assediado por todos os lados, tanto pelos cristãos pobres quanto pela antiga comunidade judaica de Roma e por patrícios ricos tocados pela sua palavra, atendia-os com carinho e com consideração, sempre com a mesma palavra de fé. Tanto aos ricos quanto aos pobres pregava a simplicidade do ser, a supremacia da fé em Deus, o bastar-se a si mesmo. Lembrava o que ele próprio passara, os seus erros, seus anos de orgulhoso perseguidor. Falava de Estevão, do quanto o que fizera ainda lhe pesava; não exaltava seus êxitos posteriores, mas seus gestos falavam por ele. Fragilizado fisicamente pelos anos de penúria, não obstante continuava a insistir na comunidade cristã para que o deixassem colaborar, o que consternava a todos. Se a sua saúde já não era a mesma, ainda era muito forte, seu ânimo o sustentava e estimulava a todos.

"Vivamos com simplicidade", "que a nossa consciência não nos acuse". Algumas de suas palavras me acompanhavam rotineiramente por aqueles dias. Apesar do asco cada vez maior que sentia em relação à corte quando, em meio aos meus homens, ao praticar com eles exercícios de armas, ao conter multidões e prender desordeiros e ladrões que apinhavam a cidade, sentia-me muito bem; era um legionário, um romano, orgulhava-me e adorava a Legião, essa fora a minha verdadeira família durante a maior parte da minha vida. Nem percebi claramente até que falassem, mas desde que conhecera os cristãos, sentia-me cada vez melhor junto aos simples soldados, sua grosseria sincera me alegrava, sentia-me um menino, sentia-me simples ao me sentir despojado, bastavam minhas roupas, minhas armas e minha comida. Para com minha casa crescia um distanciamento cada vez maior; desde a separação de Claudia e a saída de Marco, aquele espaço significava cada vez menos para mim.

Indeciso, balançava entre a simpatia pelos cristãos e o amor pela Legião e os legionários. Sim, eu amava a Legião e meus homens, com eles ria e soltava-me como um menino, apesar de, na corte, ser considerado cada vez mais alguém esquisito e estranho, mais um a ser usado pelos que rodeavam a Nero e mais um a ser objeto das risadas e graças despudoradas dele.

Sobre a Legião e Roma, também conversei algumas vezes com Paulo – mais até, meu amigo ouvia-me. Nunca tive alguém que dialogasse comigo e me ouvisse também. Sim, havia Caius, mas este era um amigo das farras, das alegrias, das brincadeiras, alguém entupido de orgulho romano. Paulo escutava-me, colocava algumas interjeições, pautava algumas frases, mas deixava que eu falasse; o grande mestre da palavra apostólica também sabia ouvir. Deixava-me falar que eu devia descobrir o que havia dentro de mim, dizia-me que puxasse os fios da minha consciência para fora, ou ainda também dizia que eu ouvisse a voz de Antonio que havia no meu íntimo, ou que ouvisse a voz do Espírito Santo que falava comigo. Ensinava-me pelo exemplo que eu devia falar para que aprendesse a ouvir. Assim o fiz.

Madrugada adentro, quando Roma dormia e os que o rodeavam também eram vencidos pelo sono ou recolhiam-se com medo do perigo das ruas da grande cidade à noite, eu aparecia para importuná-lo. Esses meses foram os melhores da minha vida. Ao passo em que a situação de Roma se tornava cada vez mais desesperadora, a loucura de Nero crescia e o medo dos cristãos aumentava, Paulo mantinha-se sereno e continuava seu trabalho apostólico; comigo, embora cansado e envelhecido, ele sempre se manteve fraternal, nunca deixou de sorrir ao ver-me chegar de madrugada.

Ao fechar os olhos, séculos depois, recordo dele, apoiado no cajado, à porta, muitas vezes recebendo-me sorrindo:

– Entre, Antonio! Como vão seus soldados?

Interessava-se por todos.

– Todos são filhos de Deus! Tiranos ou não, até Nero, Deus também os criou. A eles também caberá, um dia, aproximarem-se Dele.

E eu pensava: "Que Deus é esse que abraça a todos?".

Não, eu ainda não me chamava de cristão. Mesmo em meus diálogos mais íntimos com minhas vozes interiores, continuava a considerar-me um estudioso, um simpatizante do cristianismo. Sob muitos aspectos, ainda não os compreendia.

Nesses momentos, muitas vezes, Paulo também contava sobre seu passado. Algumas vezes eu entrava murcho, mal conseguia falar, então era ele que falava. Contou-me de sua infância, de Abigail – oh, quando falava dela, seus olhos marejavam, mais de uma vez cheguei a ver lágrimas escorrerem quando estávamos sozinhos. Da visão no caminho de Damasco às viagens pela Grécia, Macedônia e todas as pequenas cidades e vilas do caminho que havia percorrido. Seus percalços, suas fraquezas (ou o que ele considerava como tal), suas decepções consigo próprio, suas vitórias por Deus, dos amigos que deixara por todos esses lugares falava com alegria, e ainda das cartas que enviava, das repercussões delas e das cartas que recebia. Dizia-me o quanto era difícil instruir pela palavra, ainda mais a palavra escrita, permanente e suscetível a mil interpretações mutantes e subjetivas. Se, como orador, contava com o carisma da sua voz e do olhar cativante, o que não creditava a si, mas ao Espírito Santo que lhe dava voz, no texto escrito não podia estar presente sempre que cada um lesse o que escrevera. Sentia quando brigavam e discutiam pela primazia na interpretação da palavra do Senhor, hoje sinto que já antecipava o que aconteceria anos depois da sua partida.

Quando lhe perguntava o que fazer em tal ou qual situação, inúmeras vezes devolvia-me a pergunta:

– O que faria em tal situação? Coloque-se na posição dos que estão na contenda, imagine suas razões, se o pensamento do bem preside a mente de cada um. E lembre-se sempre do "Amai-vos uns aos outros".

Por várias vezes eu o vi falar a todos que o procuravam, temerosos, que tivessem força e fé.

Eu lhe falei de Marco, de como partira, de como impusera sua vontade à escrava germânica, de como a fizera "escrava de cama". Marco explicara-me sobre as contas de casa uma vez, prestara-me explicações sobre tudo o que eu possuía e retirou-se. Fiquei irritado, mal acobertava o quanto me irritava cuidar de meu dinheiro e minha despensa, ainda mais que possuía muito mais dinheiro e bens do que poderia imaginar ou me importunar – acabei por reconhecer que Marco foi um excelente administrador.

Quando entrava nessas lamúrias ingênuas e egoístas, Paulo apenas sorria. Hoje, reconheço a infantilidade dos meus "quereres", principalmente frente à gravidade dos problemas e demandas que requeriam sua atenção; no entanto, ele ouvia-me e instigava-me a procurar a mim mesmo; quando minha cabeça estava carregada de nuvens, não se fazia de rogado, apresentava-me casos e mais casos de pessoas da comunidade cristã que precisavam de alguma forma de ajuda. Conhecedor das leis de Roma, eu pude orientar muitos nas minúcias do cotidiano, o que, nos anos seguintes, possibilitou que vários grupos cristãos mais organizados conseguissem escapar das perseguições sem conta justamente pela observação das leis básicas do direito romano. Ainda mais que, comparando com a penúria daqueles cristãos, eu era um homem muito rico, dono de uma quantidade de dinheiro sem destino certo e que não me interessava. Muitas passagens para viagens para fora de Roma foram compradas; trigo, materiais diversos e ferramentas foram disponibilizadas aos grupos cristãos que se organizavam, tudo feito de uma forma que estes, em geral, não sabiam de onde provinham tais recursos. O que pode parecer mais curioso aos olhos de hoje é que tudo aquilo que fazia era com tal desprendimento que nem me dava conta. Enriquecera com facilidade, pela família, pelo trabalho militar, pela posição social, mas em tudo em que trabalhara até ali fizera por gosto, não pelo dinheiro – na minha vida, a busca pelo dinheiro não fora um fardo, a riqueza viera sem que eu nem sequer percebesse. O meu fardo fora e era a vida na sociedade romana, à qual não me adaptava.

Pobres, escravos, clientes e aristocratas acotovelavam-se nas ruas estreitas de Roma em troca de parte das imensas riquezas conquistadas pelo império. Liteiras iam e vinham carregadas de vaidades e pretensões. Militares e comerciantes enriquecidos tramavam das termas à corte; escravos, em quantidade cada vez maior e mais baratos, procuravam sobreviver, mesmo que a custo de outro igual; o clientelismo grampeava em todas as relações sociais. A sociedade buscava o luxo, o diferente, o prazer, e eu a desprezava mais e mais.

Nesse ínterim, eu perguntava a Paulo sobre a vida, sobre Deus, sobre honra e orgulho. Suas respostas cristãs eram tão opostas aos costumes vigentes que, apesar de com elas simpatizar, não deixava de estranhá-las. Ao conversarmos sobre a simplicidade no viver, eu lembrava da *villa* de minha família, lugar que eu amava tanto; recordava-me caminhando entre os vinhedos, sentia a brisa que assobiava, o perfume do orvalho e, saudoso, respirava fundo. Quando estava entre os militares e tribunos, só os escutava falar de combates e terras, de conquistas, de ouro e de prata e bens e mais bens patrimoniais. O sentimento só era lembrado se fosse para exaltar os sentidos, a música exaltava a luxúria, rancores e propósitos vingativos escondiam-se sob a máscara de uma gentileza perversa. A par disso, Paulo ensinava-me a orar; escutei-os a fortalecerem-se no "Pai Nosso" e Paulo, a dizer e repetir a todos:

– Se Cristo perdoou, quem de nós poderá pregar a vingança e a revolta? Em meio a ladrões, convidou-os a acompanharem-no; em momento algum desejou vingança ou o mal a quem quer que fosse; sempre recomendou que fossemos simples e puros de coração.

Ao voltar a minha casa e encontrar mais de uma dezena de escravos só com o fim de me servirem, baixelas e mais baixelas de prata que continuava a reter, o conflito instaurava-se em meus sentimentos mais íntimos. Recorria novamente a Paulo:

– Antonio, o que vai em seu coração? Procure-o!

Quando a primavera de 63 já se iniciara, se a memória não me trai, acompanhei Paulo e seus mais íntimos a levar a Boa Nova a um grupo de pequena comuna dos arredores, que se reuniu para ouvi-lo. Transcrevo abaixo certa parte do que ouvi:

> *Irmãos, pacifiquemo-nos para encontrar, no Livro Santo, a luz que ilumina o nosso caminho, e, nas vibrações de amor que de suas páginas se irradiam, a força para vencermos a nós mesmos, pois não mais ignoramos que todo mal está na ausência do bem.*
>
> *Se os nossos corações forem capazes de retribuir, com amor, o mal que nos desejem, este não irá além daquele que nos deseja. Somos, no entanto, espíritos sujeitos a erros e, por isso, falíveis diante das tentações que fazem despertar em nós sentimentos que lutamos por eliminar. E é por isso que nos são recomendadas a vigilância e a oração.*
>
> *Se os instrumentos do mal nos buscam sem que os convidemos, é de imaginar como se sentem eufóricos e felizes quando, por fugirmos daqueles preceitos de caridade e amor, abrimo-lhes as portas!*
>
> *Praticamente nada se poderá fazer para evitar que os irmãos que se deixaram levar nas asas da vaidade venham a cair. A seu tempo, o abuso que fazem de uma liberdade mal dirigida será a causa de se verem atirados contra as chamas que lhes queimarão as asas, fazendo-os desequilibrarem-se desastrosamente.*
>
> *No entanto, não podemos ficar indiferentes; isso seria faltar ao amor e à caridade. Nossa cooperação com os que se desviam será nos mantermos no caminho e sustentarmos, sob qualquer condição, a pureza dos ensinos de Jesus.*

Essa cooperação está, meus irmãos, em sustentarmos acesa, seja qual for a tempestade que nos açoite, a luz que nos confiaram, pois ela será a chama da vida, a luz que os guiará quando, angustiados e aflitos, rotos e famintos, saírem das trevas em que mergulharam.

Por todos os tempos, a lição ainda se repetirá: haverá sempre os que se insurgem contra a ordem e a disciplina; haverá sempre os renovadores, mas todos retornarão ao Evangelho de Jesus, porque este é, em verdade, o Caminho de Redenção da Humanidade. Aguardemos que também eles, como nós, busquem a luz que desprezam, seduzidos por miragens. Em verdade, não podem ser acusados de má-fé, mas sim de invigilantes.

Paz, humildade e amor em nossos caminhos, todos retornarão.

Essas palavras de Paulo, eu as titulava na velhice, ao retomá-las e repeti-las aos que me cercavam, como "as palavras da luz" – "a luz que nos confiaram [...], a luz que os guiará...".

*

Ao ouvir que devíamos cooperar com "os que se desviam do caminho", surpreendi-me profundamente: não pensara em ser nossa responsabilidade cooperar com estes. Mesmo que, mais tarde, Paulo tenha me dito que isso não significava necessariamente uma cooperação direta, mas sim mantermos "acesa a luz que poderá guiá-los quando aflitos e desesperados".

– Como? – perguntei-lhe.

– Ora, Antonio, o que disse? – sorriu para mim, silenciou por breve segundo e continuou:

– Na escuridão, qual a função de um farol? Manter-se aceso. Como um cristão pode fazer isso, pergunta-me. Fazendo com que se lembrem sempre dos ensinamentos de Jesus, que os sustentem na sua vida, que tenham também Jesus em seus corações.

Pensei sobre isso por muito tempo, "ter Jesus em meu coração". Refletia, era algo enorme, grandioso, muito para mim. Jamais poderia ser um cristão, concluía temeroso, na proteção da minha casa, entre meus escravos.

*

"Livro Santo", claro que não havia nem de longe um texto bíblico estabelecido, algo que demoraria séculos e ainda carregaria polêmicas que se arrastam até hoje. Havia, porém, os pergaminhos com cópias de trechos do que veio a ser o "Evangelho de Mateus" – o "Livro Santo" copiado pela maior parte da comunidade cristã baseava-se nos textos que Mateus, o Levi, escreveu a partir das palavras de Jesus, reunidas em um pergaminho que iluminou a humanidade cristã nascente, seu farol e guia.

Muitas das igrejas e agrupamentos cristãos fundados por Paulo em toda a Ásia Menor, na Grécia, em todo o Império Romano, foram alimentados, principalmente após a sua partida e de seus mais diretos colaboradores, pelas cópias constantes dos pergaminhos. Ao redor deles, os cristãos se reuniam nas igrejas nascentes. Os que sabiam ler, faziam-no em voz alta para todos, conversavam e discutiam; muitos profetizavam e recebiam, dos amigos espirituais, cooperação e orientação. Boa parte disso, Paulo contou-me enquanto conversávamos sob o céu de Roma.

Ao dialogar comigo sobre os fundamentos do cristianismo e sobre o que falava aos cristãos, várias vezes recorrera ao que ouvira e aprendera quando estivera em Jerusalém, na Casa do Caminho. A descrição que me fizera do Sermão da Montanha, como ouvira de pessoas que estiveram presentes, sempre o emocionava.

Impossível negar a força e a seriedade com que Paulo se empenhou em sua tarefa de divulgação da Boa Nova. O apóstolo dos gentios não o teria feito sem sua firmeza de caráter. Eu o vi, em inúmeras oportunidades, falar com autoridade e objetividade aos que o procuravam desorientados, sem deixar, contudo, de externar também o carinho aos desamparados que o procuravam constantemente.

Quantos e quantos queriam privilégios de Deus por se tornarem cristãos, ao que ele retrucava:

– Não esperem que Deus faça a vocês mais do que fez a seu filho, Jesus. Ele já lhes apontou o caminho, tornem-se a luz a iluminá-lo. Tenham fé e aceitem o que virá; tornem-se exemplos!

Assustei-me algumas vezes ao ouvi-lo falar tão incisivamente com alguns que a ele se achegavam, aflitos com as acusações e as perseguições de que eram alvos. Logo depois, porém, ele se voltava para mim e falava docemente, explicava-me que muitos não entendiam bem o que dizia Jesus ao falar da porta estreita no caminho.

*

Dias memoráveis foram aqueles em que o acompanhei pelos morros e matas que envolviam Roma. Durante alguns dias, estivera a pregar para pequenos grupos das cercanias. Em uma noite, encontrei-o a falar da Boa Nova. Fui convidado por bilhete amigo e, encoberto por grossa e rústica capa, alcancei-o rodeado por extenso grupo. Nestas horas, sua voz ecoava longe, seu ímpeto era o mesmo que lhe servira na juventude fogosa, parecia um jovem ao falar, tal a vibração da sua voz, não um homem que já muito sofrera.

Chegara tarde e misturara-me ao grupo. Vi os rostos de muitos se emocionarem e chorarem, tocados de fé no coração. Outros eu presenciei despedirem-se aparentando certa incompreensão na face, enquanto alguns recebiam as palavras com temor.

Mais tarde, ao acompanhá-lo de volta junto com apenas mais três companheiros que eu conhecia, iniciamos um diálogo que continuou no dia seguinte.

– Mas a esses pobres homens que não sabem ler, não compreendem suas palavras, temem suas sombras e a voz das autoridades, a esses homens será que também pode pedir que sejam "a luz aos transviados do caminho", que sejam exemplos?

Mais uma vez ele sorriu e se acercou de mim. Foi nesse dia que me apresentou o memorável Sermão da Montanha. Contou-me sobre a primeira vez que o ouviu, descreveu de forma colorida aquele dia inesquecível.

Novamente se emocionou ao me falar de Estevão, de como este falava, do seu ardor, da sua fé. Sempre, sempre que falava de Estevão, sensibilizava-se profundamente; apesar de tudo o que havia feito em prol do cristianismo, não se perdoava pelo que fizera a esse mártir, ao irmão de Abigail – em outra oportunidade já havia me contado que nunca esqueceu o verbo de Estevão quando o ouviu na Casa do Caminho; apesar do que houve depois, aquelas palavras ficaram gravadas na sua consciência.

Paulo convidou-me a sentar com ele à mesa e abriu, à minha frente, o rolo que continha o texto do Sermão da Montanha.

– Veja, Antonio, não sou eu quem diz, Jesus já dizia.

E começou a ler certo trecho:

> *– Vós sois o sal da terra; e se o sal for insípido, com que se há de salgar? Para nada mais presta senão para se lançar fora, e ser pisado pelos homens.*

Vós sois a luz do mundo: não se pode esconder uma cidade edificada sobre um monte;

Nem se acende a candeia e se coloca debaixo do alqueire, mas no velador, e dá luz a todos que estão na casa.

Assim resplandeça a vossa luz diante dos homens, para que vejam as vossas boas obras e glorifiquem a vosso Pai, que está nos céus. (Mateus 5,13-16).

Fiquei parado, tentava alcançar o significado dessas palavras.

– Cabe a cada um a sua parte no caminho de encontro ao Pai.

Silenciou por breves instantes e continuou, inspirado:

– A cada um será pedido testemunho da sua fé, e o testemunho deverá vir conforme cada homem.

Olhou paternalmente para mim, respirou e retomou a frase:

– Há alguns homens que pouco fazem, mas que, porém, pensam que já muito fazem; para estes, muito ainda será pedido. Há outros que, humildes, contribuem com o pouco de si que podem dar, consideram-se um nada; a estes homens de fé, pouco mais será pedido.

Tudo aquilo fugia da minha compreensão.

Respeitava meu silêncio; por isso, demoramos a voltar a falar.

– Mas... mas então, se entendo algo, pediu Jesus que sejam continuadores da sua obra? Ser cristão, então, não é aprender a lição do cristianismo; ser cristão, então, deverá ser viver como Cristo, como você?!

– Ser cristão, Antonio, não é sorver o cristianismo como ao vinho que agrada o paladar; é, sim, germinar como a semente do trigo que dá frutos e alimenta ao povo da terra que a plantou e ao povo que na terra apareceu após a colheita. Ser cristão é multiplicar o Cristo!

Parei embasbacado, surpreso. Sentia, por um lado, a beleza atraente e magnificente desse convite do Cristo e, por outro lado, recebia aquilo como um peso que amedrontava.

– Esses homens que aceitam com resignação a prisão e não renegam sua fé, apesar de perderem a vida, isso é ser Cristão? Para ser Cristão devemos morrer cantando?

O orgulho romano, misturado a um medo incerto, impedia meu raciocínio.

– A cada um segundo seu caminho!

– Se eu fosse cristão, eu não teria a crença, a fé que vocês, cristãos, têm.

Paulo sorriu como um professor ao ver as travessuras de seus alunos.

– Reconheço e me submeto à beleza e à força do verbo do Cristo; sua filosofia é maravilhosa, permanecerei a estudá-lo – insistia eu.

– Não se menospreze, Antonio, apenas lembre que o Cristo espera a todos!

Paulo voltou a se debruçar sobre o texto, entremeava a releitura com momentos em que estendia o olhar ao longe, pensativo, a recordar dos seus mais queridos. Saudoso, chamou-me atenção para o resto do Sermão da Montanha; era o professor que pegava o aluno pela mão e ensinava-o a ler e escrever.

Voltou a me falar da maneira com que Pedro e João rezavam o "Pai Nosso"; também falou de Ananias e, com o dedo por debaixo das letras, seguindo as linhas, ouvi a oração que Jesus nos deixou.

Perdoar, "perdoa-nos as nossas dívidas, assim como nós temos perdoado aos nossos devedores"... Tais palavras me assustaram!

– Paulo, para o que Cristo pede é necessário tal fé que, se existisse, moveria uma montanha.

– Sim! O cristão deve ser, antes de tudo, um homem de fé!

– Mas... – fiquei sem palavras.

Levantei-me e passei a andar ao derredor da mesa. Olhava os homens e mulheres que a metros de nós conversavam baixo. Um vazio tomou conta do meu coração, de todo meu ser. Ansiava por algo fazer, sentir, mas o que fazer? Não sabia nem o que sentia! Tal ansiedade infrutífera perturbou-me o juízo, servi-me de uma caneca de vinho.

Improvisada uma resolução, tornei a ele:

– Pois bem, o que deve ser feito? Os cristãos são homens de fé que vivenciam e demonstram Cristo em seu coração. Sou um estudioso, simpatizante de Cristo, porém sinto tal ansiedade por vida, sinto tal desprezo pelo que me rodeia, sociedade putrefata, que procuro uma vida, um sentido a dar, algo a sentir; sinto tal ansiedade por algo a ser e a sentir que me sufoco.

– Antonio, antes de tudo, há vida em tudo o que nos rodeia, tudo é criação de Deus. Aprenderemos a ser cristãos, e nisso me incluo, quando aprendermos a amar e compreender o próximo, o próximo mais próximo; quando aprendermos a abraçar o aguilhão que nos incomoda. Quanto a você, é filho do aguilhão, embora também seja filho de Deus. Não odeie a ninguém, ainda mais a quem lhe pariu, esta sociedade que o incomoda.

Ao falar, apontou para o centro da cidade de Roma, o que me fez lembrar Flavio, quando de uma das últimas vezes em que nos falamos, a diferença é que ele apontou para fora de Roma, afirmava a vida que havia longe da cidade imperial.

– A mãe que deixa o filho ir ao se casar – continuou Paulo –, que o alimenta e o vê crescer para que vá à guerra, essa mãe jamais deixa de amar ao seu filho. As mães que sofrem com as noras jamais deixam de amar aos seus filhos. Roma o criou, és filho deste império, agradeça o que recebeu e procure seu caminho, seu coração lhe dirá.

Entregando-me o pergaminho, pediu que eu lesse este trecho:

> *– Ouvistes o que foi dito: Amarás o teu próximo e odiarás o teu inimigo.*
>
> *Eu, porém, vos digo: amai os vossos inimigos e orai pelos que vos perseguem;*
>
> *Para que vos torneis filhos do vosso Pai celeste, porque ele faz nascer o seu sol sobre maus e bons e vir chuvas sobre justos e injustos.*
>
> *Porque, se amardes os que vos amam, que recompensa tendes? Não fazem os publicanos também o mesmo?*
>
> *E, se saudardes somente os vossos irmãos, que fazeis de mais? Não fazem os gentios também o mesmo?*
>
> *Portanto, sede vós perfeitos como perfeito é o vosso Pai celeste.*
>
> *(Mateus – 5:43-48)*

A essa noite seguiram-se muitos dias e, a partir desses dias, minha cabeça nunca muita mais foi a mesma. A cada um que eu olhava, a frase voltava ressoando. Amar os inimigos, ora... Compreendia minimamente o texto, o suficiente para captar a sua grandeza e apreciá-lo, mas à semelhança de milhões de cristãos desde então, olhava o outro e não sabia como amá-lo, pois não sabia nem como amar a minha própria pessoa.

Os dias seguintes foram cruéis para mim, angustiara-me de tal forma com todos esses conceitos novos que andava no limiar do desespero. Não me encontrava em nenhum lugar. Ainda apreciava a companhia dos meus soldados no quartel, embora os sentisse cada vez mais distantes. Ao andar nas ruas de Roma, percebia-me estranho. Ao olhar as pessoas, não surgia em mim nenhum ódio ou rancor, mas muito menos conseguia decifrar algum amor que fosse, as olhava com distanciamento que não conseguia evitar. A violência costumeira do cotidiano da cidade, do embate entre os soldados e a plebe, tudo isso me incomodava. Não conseguia mais ser um soldado, mas também não me identificava em nada.

Em minha casa, o vazio dominava-me. Meus escravos eram de uma solicitude tocante. Preocupavam-se comigo como parentes queridos, mas não conseguia sorrir, embora ficasse satisfeito ao ouvir o alarido das vozes e as risadas que vinham da cozinha.

A questão do amor, o termo, o conceito, isto era das questões que mais me exasperavam. Claro que já lera sobre isso, havia textos sobre isso, embora não fosse tanto tratado pelos estoicos – apesar de presente nos escritos de Sêneca –, fosse referência mais constante nos textos dos epicuristas, os quais eu lera muito pouco. O que me intrigava era que a forma como Paulo me apresentava esse amor de Jesus, esse amor dos cristãos, era algo totalmente inédito, era um amor abrangente.

Essa angústia carregada de dúvida fez com que me afastasse de Paulo por alguns dias. Nessa ocasião, ocorreu algo em minha casa que me despertou, levando-me de volta a ele por outros caminhos.

Encontrei Flavia e a escrava gaulesa que Marco comprara a conversarem. Despreocupadas, já que em casa todos sabiam da minha simpatia pelos cristãos, minha velha escrava contava à gaulesa que já aprendera latim razoavelmente bem, que conhecera a Paulo e a outros cristãos em afastada casa de parentes. O que ouvi surpreendeu-me e me afastei, não deixei que me vissem. Continuaram. Ela contava que discutiam com Paulo sobre a situação em Jerusalém, cartas recentes preocupavam a todos. Apesar da tensa situação existente em Roma, parecia-lhes que ainda era mais seguro do que no Oriente. O que mais me intrigou foi ouvir Flavia contar como Paulo exortava a todos a terem fé no Cristo e na sua palavra e não se esquecerem de ser cristãos nas horas do testemunho.

Comecei discretamente a me afastar, entretanto ainda a ouvi comentar que, dali a duas noites, encontrar-se-iam em determinado ponto das catacumbas para falar sobre Jesus; ela havia sido convidada e convidava a outra para que fosse consigo.

Perplexo, retirei-me. Não era a situação em Jerusalém que me causava tal perplexidade, homens originários do Oriente a conversarem com ele era algo corriqueiro. O que me chamou a atenção era ver o ardor com que Flavia falava sobre isso, jamais a ouvira falar nesse tom, a inflexão de voz denotava tal ansiedade e tanta vontade por vê-los e ouvi-los que jamais imaginei.

Rateava em deixar que o Cristianismo entrasse na minha casa pelas portas do meu coração; entrou, então pela porta da cozinha, pelo coração dos meus escravos. Fiquei a pensar se devia falar com ela, agir de alguma forma, fazer algo, mas não me decidi por nada. O que descobri não me incomodava; ao contrário, até sorria ao pensar a respeito, mas estava perplexo pelos caminhos cristãos.

Não seria surpresa imaginarem que eu, dois dias depois, lá estava nas catacumbas. Era um cenário deslumbrante e inesquecível a ser guardado por toda a eternidade nas dobras da minha memória. Chegavam dezenas de pessoas, todas recobertas pelas rústicas capas que a plebe utilizava. O que me impressionou, ao me misturar com eles, foi perceber a alegria com que chegavam. Conversavam baixo e sorriam: seus olhos brilhavam com a formosura dos que vão ao encontro do que procuram. As luzes dos archotes projetavam sombras em seus rostos: ao caminharem, as luzes trançavam danças com as sombras ao se movimentarem e trocarem posição de rosto em rosto. Ao se aproximarem de um ponto em que três caminhos se encontravam, foram silenciando. Ao perceberem a presença de Paulo, todos aquietaram-se e procuraram se acomodar da melhor forma possível. Encostavam-se nas paredes, agachavam-se, ajoelhavam-se, organizavam-se sem precisarem combinar. Em poucos minutos, cento e poucas pessoas espalhavam-se, quietas. Colocara-me em canto distante, procurei uma sombra que dificultasse que me identificassem.

– Pois bem, meus filhos, estamos aqui para falar de amor, o amor do Pai, o amor de seus filhos, o amor a reunir a todos.

Era Paulo que começava a falar, de pé, rodeado por três amigos, todos compenetrados na sua palavra. Como se fazia regularmente nas reuniões evangélicas cristãs, ele começou com uma oração, de forma a exortar a que abrissem os corações à palavra que ouviriam.

> *Iniciemos com a oração que o Espírito Santo nos inspira:*
>
> *Senhor Deus de bondade, arrebanha de seus filhos a preocupação e a tristeza pelos caminhos da dor.*
>
> *Deus, Pai amado, arrebata de seus filhos queridos o temor, o medo, o pavor.*
>
> *Deus de misericórdia, incute-lhes o perdão, a compreensão, a comiseração por todos que o rodeiam nessa cidade, nesse mundo que os rodeia, também obra sua, meu Pai.*
>
> *Pai, faça-nos sentir que olha eternamente por nós; faça-nos sentir que espera por nós; faça-nos sentir que compreende nossa*

fraqueza tanto quanto compreendemos as fraquezas dos homens que estão a nossa volta, também seus filhos.

Deus de infinita bondade, perdoe nossas falhas e ensine-nos a amar, tanto quanto tem demonstrado que nos ama.

Meu Pai, jamais deixe que nos esqueçamos de que nos ama.

Que o amor de Deus esteja em todos os corações.

Aquietou-se por mais de um minuto. Esperava que todos sentissem os eflúvios de amor, o perfume que o Cristo espargia por todo aquele espaço.

Eu procurava diminuir-me ainda mais, enrolava-me todo na capa, temeroso do quanto aquelas palavras, os sentimentos que delas emanavam, tocassem-me fundo. Ainda mais, como já acontecera algumas vezes quando com Paulo, pressentia no ar o aroma de um perfume silvestre a se espalhar – só movia os olhos e procurava perceber se alguém fizera algo nesse sentido, mas não, todos haviam permanecido quietos e assim continuavam.

Viemos aqui lhes falar de amor. Assim me pede o Cristo, assim me ensinou.

Há muitos que mais temem o amor, ao amor sentir, do que temem as armas dos soldados.

Todos desejam reter o amor de Deus, recebê-lo e agasalhar-se com ele.

Todos temem espargir amor.

Podem dividir o pão com seu vizinho, mas temem amá-lo. Podem obedecer corretamente a um soldado, mas se negam a amá-lo.

O Cristo lhes pede que sejam suas luzes, pois seus filhos todos já o são.

Se frequentam as reuniões do evangelho, se discutem as palavras de Deus e se emocionam com seus sermões e suas parábolas, tudo isso o alegra.

De outra feita, se lhe obedecem como cordeiros, mas não amam aos que lhes tosquiam, são seus filhos, mas ainda não suas luzes.

Parou por vários minutos, levantou o rosto severamente e, de seus olhos, surgiram lágrimas, lágrimas e muitas lágrimas antes que continuasse:

Tive a graça maior de encontrar o amor de Jesus em meu caminho, ele que foi ao meu encontro, meu aguilhão a abraçar-me, como um ósculo nas minhas feridas.

De outra feita, desde então, embora ainda muito queira fazer, tenho levado a sua palavra a todos, mas a mim tenho levado seu testemunho na carne.

O amor de Cristo pede a fé, pede a compreensão, pede a esperança. O amor se confunde com a caridade e com ela cresce: o amor cobre a multidão dos pecados, e se o Cristo nos amou, a nós seus filhos imperfeitos, cabe a nós amar também a cada aguilhão que ele nos colocar no caminho, a cada vizinho que ele nos colocar ao lado, a cada filho seu que nos apresente o prato vazio, o coração cheio de chagas ou a espada cheia de feridas.

Meus filhos, tempos de temor e de muito testemunho se aproximam: jamais deixem de amar aos que os procurarem, seja para o que for.

Lembrem-se de que na hora do testemunho, entre dois ladrões, Cristo os convidou a seguirem-no. Lembrem-se de que, se a multidão de seus filhos ainda ignorantes novamente escolher Barrabás, devem estar prontos para a hora do testemunho.

Estejam prontos para a hora do testemunho, sim, mas estejam prontos também a testemunhar ao Cristo por toda a eternidade: estejam prontos também, a cada dia, a dividir a capa com aquele que a pede, a levantarem-se para dar lugar ao irmão ainda ignorante, a entregar o pão àquele que ainda não sabe dividir. Todos somos filhos de Deus, discípulos do Cristo, apóstolos do coração. A hora do testemunho nos aproxima mais e mais dele: façamos então que o amor seja o testemunho eterno e constante ao Cristo a dirigir nossos corações e passos por toda a eternidade.

Que o amor do Cristo ressoe no coração de cada um.

Suas últimas palavras foram carregadas de uma emoção tão forte que, dos que o ouviam, boa parte chorou também. Ao rever agora a cena inesquecível, pergunto-me se anteviam o testemunho que se aproximava ou se foram arrebatados por aquele amor de doação de que falou Paulo. É uma resposta que não tem certezas para poder ser afirmada, mas aquelas reuniões evangélicas eram carregadas com vibrações de paz e conforto tão sutis e agradáveis que qualquer coração sensível se abriria ao amor de Cristo.

Assim que Paulo parou, um alarido baixo ressoou por todo o apertado espaço. Todos começaram a se levantar e muitos se dirigiram a ele para beijar-lhe a mão, tentar abraçá-lo, rogar forças ou algo mais material que fosse, conforme o caso. Mais de uma hora se seguiu: nenhuma fila foi formada, mas cada um, nesse amontoado de pessoas ao seu redor, esperou pacientemente o momento de lhe falar algumas poucas palavras. A todos ele atendeu com presteza e carinho, com respostas fundamentadas no cristianismo que pregava.

De minha parte apenas me levantei e me mantive encostado na parede onde estava mesmo, sem pressa os observava. O tempo passava, a quantidade de pessoas diminuía, Paulo já me vira e sorrira com seu olhar severo e amoroso. Não poderia deixar de notar e lhes relatar a grata surpresa de ter visto Flavia e a gaulesa em meio ao amontoado de pessoas que o rodeavam. Mantinham-se discretas e, apesar da distância que me encontrava delas e da escuridão parcial carregada das sombras que enganam, pude perceber que em seus rostos brilhava o ardor da fé. Ao passarem perto de onde estava, abaixei a cabeça e seguiram sem me ver. Por que não as abordei? Não saberia responder isso na época, mas minhas dúvidas e temores, que me acompanharam séculos depois, ainda responderiam que meu orgulho romano e o medo impediam-me de me assumir cristão, tanto aos meus mais próximos quanto a mim mesmo.

O frio apertava e resolvi ir embora. Voltei a procurá-lo no dia imediato, depois de noite mal dormida em que suas palavras ocupavam minha mente de forma incessante.

– Já o esperava, Antonio. O que mais o surpreendeu?

– Surpresa?! Bem, ora... vi a algumas mulheres que me servem na casa, vi a fé dos cristãos como nunca antes, vi... Ora, deixe que lhe fale sobre aquele amor que lhes falou.

– O amor do Cristo.

Ignorei a sua frase e continuei:

– O amor de que lhes falou é um amor muito carregado de deveres. Esse amor pede e exige a cada frase. Ao falar de amor, pede-lhes testemunhos, mal falou sobre sentimento. Que amor é esse que mais requer do que ama?

Falava baixo, embora de forma incisiva. Queria entendê-los, queria entender corretamente tal amor que me fugia.

– Antonio, o amor do Cristo não exige, ele espera. O amor do Cristo e de seus filhos corporifica-se na doação desse amor, corporifica-se na entrega, no testemunho. Não é carregado de palavras vãs de filósofos que cantam os prazeres da paixão que arrebata os sentidos; carrega na graça do amor de Cristo, que arrebata os corações dos que o seguem e o demonstram em si.

Ele me respondeu baixo, olhava-me nos olhos, com uma palavra de tom quase hipnótico pela crença, pela certeza que havia em cada sílaba que dizia.

Abaixei a cabeça quase desesperado, escondi rapidamente o rosto entre as mãos. Paulo esperava o meu tempo.

– Esse amor, esse amor de Jesus, que prega, é de uma rigidez que atordoa, exige sentimentos, ações; que amor é esse? O que nos dá esse amor? – voltava a questionar, novamente

– O amor de Cristo nos aproxima dele, nos dá o reino de Deus, nos dá a chance de sermos cristãos, ungidos também no testemunho. Aquele que só espera terá o amor dos que esperam, aquele que testemunha, que dá de si, aproxima-se do Pai que reparte o que é seu com seus filhos.

– Mas reparte o que? Reparte sacrifícios, dores, sentimentos, pão? Reparte o que, Paulo?

Agora ele sorria para mim, compreendia o meu desespero em tentar compreendê-los e não conseguir, sufocado por uma civilidade por demais material.

– Deus não exige! Deus espera que nos aproximemos dele, para tanto nos enviou seu filho maior, Jesus, para que nos desse o caminho do amor. Antes dele, enviou os profetas aos judeus, que os esqueceram ao ritualizá-los; agora com o Cristo, mostrou-nos sua força e sua mensagem de forma mais clara. Rogou a todos: "Amai os vossos inimigos e orai pelos que vos perseguem". Lembra-se, Antonio, do Sermão da Montanha que lemos juntos, lembra-se?

– Sim, sim.

Abaixei a cabeça, sentia-me derrotado. Imensos os receios que me impediam de aceitar e absorver tal filosofia da paz.

Silenciamos minutos e minutos que pareciam não ter fim. Minhas dúvidas não paravam de me questionar e retomei a carga:

– Sou militar, um soldado. O que seria das defesas das cidades e do império sem os exércitos, sem os soldados? Seríamos invadidos, ladrões roubariam a todos. Jesus era contra os militares, as armas?

– Antonio, enquanto entre os homens ainda reinar a ignorância, haverá a necessidade dos soldados para a proteção de um da agressão do outro. É nosso estado animal que nos impede de depor as armas imediatamente, mas só depende de nós a hora disso fazermos. Agora, contra as armas, sem dúvida que somos contra as armas, mas tudo tem seu tempo. De nossa parte, acendamos mais forte a candeia, para que, ao sair da escuridão, todos possam tê-la como farol, como guia.

Acalmei um pouco e parei para respirar, a grandeza da resposta não permitia questionamentos, era clara.

Ao ver-me um pouco mais quieto, Paulo pegou mais uma vez o pergaminho e de pé, ao meu lado, leu em voz alta a passagem que amava e que milhões depois dele têm declamado, a abertura do Sermão da Montanha:

> *E Jesus, vendo a multidão, subiu a um monte, e, assentando-se, aproximaram-se dele os seus discípulos;*
>
> *E, abrindo a sua boca, os ensinava, dizendo:*
>
> *Bem-aventurados os pobres de espírito, porque deles é o reino dos céus;*
>
> *Bem-aventurados os que choram, porque eles serão consolados;*
>
> *Bem-aventurados os que têm fome e sede de justiça, porque eles serão fartos;*
>
> *Bem-aventurados os limpos de coração, porque eles verão a Deus;*
>
> *Bem-aventurados os pacificadores, porque eles serão chamados filhos de Deus;*
>
> *Bem-aventurados os que sofrem perseguição por causa da justiça, porque deles é o reino dos céus;*
>
> *Bem-aventurados sois vós, quando vos injuriarem e perseguirem, e, mentindo, disserem todo o mal contra vós por minha causa.*
>
> *Exultai e alegrai-vos, porque é grande o vosso galardão nos céus; porque assim perseguiram os profetas que foram antes de vós.*

Quando Paulo acabou de ler essa abertura, que resume todo o amor do Cristo, encontrava-me profundamente emocionado, como nunca antes em toda aquela vida; apesar de já compreender o texto, faltava-me compreender o que sentia.

– É tal a magnificência dessas palavras que a beleza do sol que nasce não seria suficiente para lhe fazer justiça; de outra feita ainda lhe digo, o amor cristão exige, como você mesmo disse, exige testemunho.

– Corrigindo-o mais uma vez, Antonio, o amor não exige, pois não seria amor, ele espera. Deus abre os braços a seus filhos e lhes mostra o caminho; só cabe a eles andar até Ele.

– Mas Paulo, eu reconheço a imensidão filosófica das palavras que leu para mim, no entanto esse caminho, que diz que Deus aponta aos cristãos, demanda provas, testemunhos, roga-nos tal humildade, tal paciência, que se torna inalcançável. Diz que devemos esperar porque seremos consolados, diz que os injustiçados terão o reino dos céus, mas Paulo, nós vivemos aqui; onde está o reino dos céus? Se no céu está, como lá estaremos, e como aqui ficaremos? Para que tenhamos o reino dos céus aqui, teremos que nos submeter aos que nos impõem? É isso o que nos pede? É isso que nos pede o Cristo? É isso o amor de Deus?

Implorava pela resposta, desejava com todo o meu ardor compreender Cristo, mas minha mente não fugia de compreender pelos sentimentos da vida prática, não alcançava o sentimento do intangível, o sentimento da graça.

– Antonio, se quisermos traçar, neste mundo que ora habitamos, um campo luminoso; se quisermos que o cristianismo clareie o mundo com sua luz, deveremos começar pregando pelo exemplo, reformando a nós mesmos; sermos bons, não dessa bondade afetada que não passa de superfície, mas sermos bons e sempre e sempre da mesma forma.

Parou por nem um segundo e retomou:

– Amarmos uns aos outros não consiste somente em amar o que agrada; amar ao próximo, Antonio, é amar generosamente, simplesmente, santamente, tudo o que é criado. Amar o belo não é difícil; porém, aproximar-se da chaga e curá-la com todo seu coração; abrir sua alma aos pequenos, aos tímidos, aos leprosos da Terra, estender a mão, uma mão verdadeiramente fraterna, aos rejeitados, aos culpados e reerguê-los, vigorosamente, colocando-os na sua própria altura, eis o que o Cristo chamou "amar seu próximo". Amar aquele que nos odeia, aquele que nos ridiculariza e exclamar com o justo: "Eles não sabem o que fazem!". Amar, não esterilmente e somente por palavras, mas de fato, com atos de bondade e de devotamento, eis a verdadeira caridade. A caridade, Antonio, é, na sua prática absoluta, uma virtude sublime, é o passo mais difícil a dar para chegarmos à perfeição. Ora, você deve saber isso, você que quer compreender a vida universal do ser, você deve a essa criação que nos faz viver, que nos faz progredir constantemente e que deve se tornar perfeita.

E Roma ficou para trás

O inverno de 63/64 já estava a terminar. De minha parte, sentia-me cada vez mais incomodado: comigo, com Roma; em casa, em todo lugar. Se certa insatisfação, certo estranhamento me acompanhava desde jovem, após os acontecimentos de 61 a 63 nunca mais seria quem fui.

A morte de Cíntia e Caius, a violenta separação de Claudia e, principalmente, o encontro e a intimidade com esses cristãos, esses acontecimentos foram a linha divisória da minha vida. Nas últimas semanas, eu não cabia mais em mim, visto que não conseguia mais relaxar em nenhum lugar, talvez a exceção fossem os momentos em que ouvia e dialogava com Paulo.

Ora, se nem em casa, a comer e a tomar o melhor dos vinhos, tanto menos junto aos legionários pretorianos ou em meio à plebe ávida por diversões ou ainda nas proximidades de uma corte sedenta por intrigas eu me sentiria melhor. Apesar de não conseguir perceber claramente de que forma as transformações haviam me tocado, distinguia certa mudança que se operara em mim: de um orgulhoso legionário e respeitável cidadão romano, cioso de Augusto e das tradições da Cidade Imperial, quase estava a escarrar ao ouvir o nome de César, a ouvir os comentários sobre os novos desmandos e as terríveis ações de Nero e seus asseclas.

As prisões estavam lotadas, os poucos que ousavam antepor interjeições acabavam presos também. Nesse clima homicida que tomara conta da cidade, acusações eram feitas em todas as direções e a todos os desafetos. Quantos e quantos haviam sido detidos por suposições as mais infundadas! A plebe era saciada e comprada e os cidadãos honestos que restavam em Roma estavam profundamente amedrontados. Ao passo que Tigelino[14] concentrava mais e mais poderes, a nós outros, soldados da Guarda Pretoriana, só restava obedecer.

---

14 **Tigelino** foi um político romano, provavelmente de origem grega. Embora de origem humilde, chegou a ser prefeito do pretório e comandante da guarda pretoriana à época de Nero. Sob Nero, de quem obteve a simpatia e amizade, tornou-se prefeito dos *Vigiles Urbani*, os "olhos da cidade" – funcionários encarrega-

Foi nesse ínterim que o apóstolo dos gentios me disse que partiria brevemente para as terras da Espanha e da Gália, a fim de levar a palavra de Jesus a outras terras. A insatisfação com a vida que me corroía os ossos e o espírito somou-se à ideia da perda do contato com aquele que me descerrara os olhos.

Nesses dias finais de inverno, enquanto esperava-se a primavera apresentar suas flores e os navios voltarem a navegar pelo Mediterrâneo, Paulo andava atarefado como nunca. A chegada de Pedro, João e outros do Oriente lhe atordoaram ainda mais os planos, impusera-se tarefas tanto para bem recebê-los quanto para orientar as comunidades cristãs de Roma frente aos testemunhos que se anunciavam. Distribuía consolações aqui e acolá e rogava aos mais aflitos que procurassem Deus em todos os momentos.

Era praticamente impossível que ele me desse atenção. Por várias vezes eu o procurei, mas ou não o encontrava, ou não podia me atender. De uma ocasião, em meio a certo aglomerado de pessoas, eu o vi, servil, ao lado de outro homem mais velho que ele; foi nessa única e fugaz oportunidade que conheci Pedro.

– Pedro – disse docilmente –, este é Antonio, nosso amigo entre os pretorianos.

Encho-me de lágrimas e emoção ao recordar esta cena de breves segundos: o olhar do pescador de Cafarnaum que fundou a memorável Casa do Caminho de Jerusalém, o grande exemplo de solidariedade e legado maior que herdou a cristandade, o olhar de Pedro sobre mim. Esboçou um sorriso no rosto cansado e sofrido e logo teve a atenção chamada para outros que lhe pediam a palavra.

Ao ver a algaravia do momento, preparei-me para me retirar, retendo-me apenas para deixar na mão de Paulo mais algumas moedas que trouxera, era a única forma de ajuda que sabia dar. Surpreendido por um ósculo fraternal do amigo, sussurrou-me que iria ter comigo assim que possível.

E assim foi! Para minha surpresa, duas noites depois o incansável apóstolo apareceu à porta de minha casa. A noite ainda começava, quase todos acordados, um pequeno alvoroço ocorreu ao descobrirem quem lá estava para falar comigo. Sempre solícito e gentil, cumprimentou aos meus escravos que lhe apareceram à frente, alguns por

---

dos do combate a incêndios e do policiamento da cidade. Na sequência, foi nomeado prefeito do pretório, em 62, chegando a ter grande poder. Como chefe da guarda pretoriana, foi um dos mais fiéis e ferozes funcionários de Nero – Tigelino, descrito por historiadores antigos e contemporâneos como um personagem grosseiro e cruel, tinha grande influência sobre Nero.

pura curiosidade, outros, Flavia e a gaulesa, por já o conhecerem e idolatrem. Flavia, emocionada, beijou-lhe a mão e ajoelhou-se a sua frente, sendo prontamente levantada por ele, o qual repudiava que o venerassem.

– Apenas a Deus nos cabe venerar, em nossos corações e em nossos atos.

Ao olhar fixamente para ela, Paulo ainda lhe deixou algumas palavras que a acompanharam os atos por muitos séculos, já que ela as recebeu no coração e lá as venerou.

– Deus recebe de braços abertos os seus filhos que abriram os braços para os que procuravam a luz. Continue a semear a Boa Nova em si mesma e em volta de seu lar. Continue a fazer de si própria um recanto de luz, um porto seguro aos náufragos da vida que lhe estendem a mão.

Beijou-a e seguiu ao meu encontro. Extasiada, Flavia lá ficou por longos minutos; ao chorar, procurava compreender o alcance daquelas palavras. Tal compreensão, porém, ela só encontraria muitos anos depois, em suas próprias ações.

Eu vi a cena à meia distância, só a observava e sorria discretamente.

– Para que a virtude se instale em nossos corações, devemos abrir a porta para ela, deixar que entre e tome conta de todo o nosso espírito. É necessário que a deixemos inteirar-se de nossos desejos e deixar que nossas paixões sempre passem por ela em suas buscas de desejos. Devemos, Antonio, entregarmo-nos à virtude, acostumarmo-nos com ela tanto quanto nos entregamos a Deus.

Falava baixo, em tom profundo, grave, mas forte, incisivo, regido por uma fortaleza muscular raramente vista em alguém que passasse pequena parte do que ele passara. Tempos depois refletia comigo que a cada nova comunidade cristã fundada ele rejuvenescia e recuperava as energias gastas nas bastonadas que recebia.

Abraçou-me forte, sentido. Mais uma vez senti o pai abraçar o filho. Nas horas de maior fraqueza da minha jornada espiritual, ao voltar frustrado das encarnações em que me perdia no cipoal das intenções mal direcionadas, respirava e, choroso, sentia novamente esse abraço, abraço carinhoso, de pai a filho.

– Antonio, eu vim aqui me despedir. De hoje a dois dias parto para levar a palavra de Cristo.

Eu já esperava essa notícia, mas foi um choque. Quando novamente conseguia me apegar a alguém, quando o sentimento terno e quente voltava a sorrir por dentro de mim, mais uma vez ficava só. Flavio fora, Caius também, agora era Paulo.

Como a ler meus pensamentos, ele atalhou.

– Não, Antonio, jamais estará só. Onde estiver, os que o amam estarão contigo.

Ainda incapaz de entender o alcance da frase, carregado de emoções a ponto do descontrole, fui surpreendido por um gesto de Paulo. Alcançou uma caneca por perto, encheu-a de água e, orando rapidamente com a mão sobre ela, estendeu-ma.

– Tome!

Senti refrescar-me nas bênçãos de Nosso Senhor, posso lhes garantir. Naquele momento, a água levemente gelada foi como a neve a apagar o fogo do caldeirão.

– Antonio, Antonio, há uma decisão a brotar em ti.

– Como? O que disse?

– Em Roma, a tirania espalha-se a todos, aos cristãos já está a chegar, logo tal ignorância dos filhos de nosso Pai poderá subir da plebe aos nobres e aos militares que simpatizam com os cristãos. Para alguns será chegada a hora do testemunho, deve-se comer o fruto já maduro antes que caia da árvore e se estrague. Outros, antes de testemunharem a Deus, devem construí-lo no altar de seus corações.

Atordoado pelas palavras que me fugiam, pedi que repetisse ou que explicasse melhor o que estava a querer dizer.

– De um lado, Antonio, eu antevejo problemas para ti brevemente se por aqui continuar. A perseguição aos cristãos pode recrudescer e chegar a atingir seus simpatizantes mais bem colocados na sociedade, mesmo que militares ou nobres respeitados; aquele que perseguiu a própria mãe não hesitaria em atingir a quem quer que fosse. Ainda de outra feita, o que mais me preocupa é o que você procura e aqui não achará. Quando uma construção desmorona, algumas vezes é de bom alvitre que seja ela reconstruída em outro lugar. Está a me compreender?

– Sim, Paulo, sim. Mas, fazer o quê? Ir aonde? Ser o quê? Construir, reconstruir o que em mim?

– Entre uma colheita e outra, é normal preparar a terra para o novo cultivo. Sua romanidade desmoronou, cabe agora limpar os destroços do que sobrou para então construir o homem novo no lugar. Eu também, Antonio, como já lhe contei, afastei-me por anos no deserto distante a fim de limpar o homem velho e preparar-me para o homem novo que nascia.

Começava a compreendê-lo.

– A Legião, ainda a ama? Roma, o Império, o que hoje significa para ti?

Ele tocara no que me angustiava mais profundamente. Roma já desaparecera; a Legião estava a morrer em meu coração; as visitas às prisões lotadas, antes feitas como simples obrigação militar, agora eram momentos tenebrosos, repudiava o que via. Dava-me conta de que meu olhar mudara, não o que estava eu a olhar.

Abaixei a cabeça e me deixei ficar algum tempo a pensar. Paulo, respeitoso, esperou quieto.

– Dez anos atrás, apenas, com orgulho daria minha vida e outras mais que tivesse por Roma e pela Legião que amava. Hoje, nem à minha vida dou valor. Paulo, mas que passo eu devo dar? Para onde ir, o que fazer, o que ser?

Abriu um sorriso aberto e olhou-me, cativante.

– Quando estava a me preparar para vir até aqui, lembrei-me de me fazer acompanhar do Evangelho, da palavra de Cristo. Ao abrir o pergaminho, ao pensar em ti, tive a atenção chamada para a parte do Sermão da Montanha que já lemos juntos. Foi com essa inspiração que vim até sua porta.

Curioso, eu o vi sacar o pergaminho e apontar-me o trecho.

– Voltemos a lê-lo junto:

> *Por isso, vos digo: não andeis ansiosos pela vossa vida, quanto ao que haveis de comer ou beber; nem pelo vosso corpo, quanto ao que haveis de vestir. Não é a vida mais do que o alimento, e o corpo, mais do que as vestes?*
>
> *Observai as aves do céu: não semeiam, não colhem, nem ajuntam em celeiros; contudo, vosso Pai celeste as sustenta. Porventura, não valeis vós muito mais do que as aves?*
>
> *Qual de vós, por ansioso que esteja, pode acrescentar um côvado ao curso da sua vida?*
>
> *E por que andais ansiosos quanto ao vestuário? Considerai como crescem os lírios do campo: eles não trabalham, nem fiam.*
>
> *Eu, contudo, vos afirmo que nem Salomão, em toda a sua glória, se vestiu como qualquer deles.*

> *Ora, se Deus veste assim a erva do campo, que hoje existe e amanhã é lançada no forno, quanto mais a vós outros, homens de pequena fé?*
>
> *Portanto, não vos inquieteis, dizendo: Que comeremos? Que beberemos? Ou: Com que nos vestiremos?*
>
> *Porque os gentios é que procuram todas estas coisas; pois vosso Pai celeste sabe que necessitais de todas elas.*
>
> *Buscai, pois, em primeiro lugar, o seu reino e a sua justiça, e todas estas coisas vos serão acrescentadas.*
>
> *Portanto, não vos inquieteis com o dia de amanhã, pois o amanhã trará os seus cuidados; basta ao dia o seu próprio mal. (Mateus, 6:25-34)*

Emocionamo-nos, juntos, ao acabarmos de ler tal convite à confiança e à fé.

– Antonio, é hora de se preparar para construir. Antes de dar vida ao homem novo, porém, acabe de se livrar do homem velho que já está a ir embora.

Mal atinava o significado das suas palavras, insistia, porém, em manter a sua mão esquerda presa entre as minhas mãos, como o náufrago desesperado a agarrar uma lasca de madeira e esquecido de verificar que, se de pé ficasse, a água não o cobriria, pois perto da costa estava.

– Hoje sou velho; se muito já fiz pela palavra do Senhor, ainda muito mais gostaria de fazer, por isso parto. Levaria a palavra de Jesus a todo o mundo se pudesse, só pela inspiração do Espírito Santo e pela lembrança do hálito de amor de Abigail. Mas não se espelhe em mim, Antonio. A cada um cabe construir sua pousada ao lado de Deus.

Ficamos quietos por longos minutos, um carinho distante, perdido nas dobras do tempo infinito do passado que nos unia. Algum tempo depois o convidei à mesa, para um repasto rápido que fosse, um pouco de vinho, uma caneca ao menos, tâmaras e uvas, deliciosas, e queijo do sul.

Um quarto de hora, um pouco mais, ficamos a nos fazer companhia; poucas palavras trocamos, ternos, momentos eternos e cativantes que nos acompanham sempre, mas todas as horas passam em algum momento.

– Meu filho, médico das almas Ele é; se doente nós estamos, o acharemos hoje, amanhã e sempre; Ele não desamparará aqueles que gritarem por Ele; Ele não nos esqueceu, não. Nós somos as ovelhas que o Pai pôs sob a sua vigilância, e Ele não deixará que do seu rebanho uma só tresmalhe. O Pastor não nos desampara, tenhamos fé em Deus e confiança em Cristo, e Ele, que é o Pastor das almas, nos defenderá do lobo faminto.

Pausou brevemente e continuou:

– Hoje, temos olhos para ver e ouvidos para ouvir, não os veremos à voz desta harmonia celeste, que neste instante pela voz do Espírito Santo nos chega. Preguemos e exemplifiquemos, conforme a Sua palavra. O Cristo muito tem trabalhado para que, em seu redil, não penetrem os lobos que roubam. Antonio, é na resignação, é na dor suportada com paciência, é na perseguição por amor ao Seu nome, é no exercício do são e puro bem, que nós forneceremos a prova de que ouvimos e compreendemos a voz da harmonia celeste que nos guia. Que o amor seja o patrimônio mais amado por nós.

Aproximou-se mais de mim e tão emocionado quanto eu estava, despediu-se:

– Caminhemos na paz, no amor e na caridade.

Olhou-me fundo nos olhos e, beijando-me a fronte, partiu.

Terceira Parte

Um novo começar: *A Casa de Antonio*

Pouco menos de dois meses após a partida de Paulo, dei baixa na Guarda Pretoriana, já tinha tempo de serviço suficiente para tanto. Nos dias seguintes à sua viagem, o vazio cavou fundo em meu peito. Aguentei apenas mais uma semana continuar a comparecer ao quartel, logo pedi uma folga e outra e outra. Tranquei-me em casa.

Casa, que casa? Minha casa transformara-se em um cercado de paredes cruas que nada diziam para mim, não era um lar, nada me cativava. Retornei, transtornado, ao estado melancólico em que ficara quando da morte de Caius.

De outra feita, porém, não era eu o mesmo. Lia e relia a cópia do Sermão da Montanha que obtivera, mas o que era aquilo tudo que eu lia? O que ele queria dizer com aquelas palavras? Novamente voltava e tornava a voltar ao Sermão da Montanha. "Seria eu um 'pobre de espírito'?", perguntava-me.

Flavia continuava a frequentar as reuniões evangélicas e, a meu pedido, trazia-me as notícias e as demandas mais urgentes. Sem nem me dar conta plenamente do que fazia, passei a ensiná-la tudo o que eu sabia do trabalho que Marco realizava e mais, passei a lhe explicar muito do que aprendi sobre Roma, sua história, seus costumes e seus atores políticos. Contei-lhe do meu passado militar, das minhas viagens, dos países que visitara. Sem me dar conta, eu a preparava. Quando dei por mim, já mais calmo e resolvido quanto a isso, solicitei a minha baixa e, alguns dias depois, com algumas coisas em um cavalo, acompanhado apenas de um escravo, dirigi-me à *Villa* da família.

Não me despedira ostensivamente de ninguém, em princípio apenas pretendia passar aproximadamente alguns meses lá, ver como me sentia, pensar em algo a trabalhar, o que fazer, enfim. Muito superficialmente chegara a refletir sobre ficar nas terras da família ou mesmo comprar outras, plantar vinhas, uma vida rural mais pacata. Não avancei muito em tal linha de pensamento; afinal, concluía, sempre fora um militar, mal entendia algo mais prático além dos deveres de um soldado. Pelo comércio que meu pai seguira não sentia nenhuma atração, além do que já colocara Marco lá, a fim de ajudar meu pai já envelhecido.

Há tempos não visitava a *Villa* que outrora adorara. Reviver um tempo que já fora através da volta ao lugar em que vivenciamos aquele tempo não traz o passado de volta; o que sentimos ao visitar tal lugar jamais será o mesmo, o tempo nos transformou, nossa reinserção "no lugar", portanto, não nos facultaria obter os mesmos sentimentos de satisfação e felicidade que obtivemos no passado. Foi o que houve comigo.

A chegada a *Villa*, o caminho até lá, inicialmente me proporcionou um bem-estar maravilhoso. Não mais do que algumas horas a cavalo de Roma, no entanto ao sair dos arredores da cidade, ao passar pelas pequenas comunidades que viviam na periferia da capital do império, ao cavalgar vagarosamente pela estrada que corria perpendicularmente aos campos e mais campos carregados de vinhas, fui levado a um estado de espírito outro.

Dia quente, meio nublado, inebriado pelos odores que invadiam o ar, poucas horas depois que deixara a cidade, voltei a sorrir. Ao parar para me refrescar em um córrego, reconheci em um grupo de pessoas que passavam, alguns que já vira antes a ouvir Paulo nas catacumbas. Não me reconheceram, é claro, com outras roupas, sem capuz, apresentando outro perfil. Eu os reconheci, porém, apesar de apenas tê-los cumprimentado gentilmente. No fundo, não tinha a menor ideia de como agir.

Bem, prossegui. A chegada às terras da família surpreendeu-me deveras. Praticamente toda a área estava plantada, até alguns cantos de encosta haviam sido semeados. Ao chegar à propriedade, assustei-me ainda mais ao descobrir que a área reservada às flores cultivadas por minha mãe também não existia mais, virara vinhedo. Apeei, um pouco chateado, e voltei a recolher o sorriso.

Ora, todos os meus irmãos já viviam em Roma ou no exército, apenas o caçula e minha irmã ainda moravam com meu pai, mas pelo que sabia, logo esta iria se casar e aquele iria para a Legião. Repararam por certo que eu mal os cito, sim, minha relação com eles sempre foi extremamente ligeira e rasa, encontros fortuitos, raros. Não houve ocasião alguma para que aprofundasse relações com qualquer um deles.

A *Villa* estava deserta de sentimentos familiares, ou eu os recriava ao buscá-los no passado ou aceitava um presente outro. Havia alguns rostos conhecidos, na realidade havia poucos anos que minha mãe falecera, no entanto parecia uma eternidade.

Três ou quatro escravos que lá viviam permanentemente reconheceram-me de imediato e vieram me saudar; não haviam, entretanto, recebido o aviso que mandara a meu pai, com a informação de que passaria algum tempo lá. Hospedaram-me da melhor forma que puderam, ofereceram-me o que tinham e não tinham no momento, mostraram-se tão servis que até me irritaram, percebia-os claramente como escravos de meu pai.

Logo soube das transformações no cotidiano da *Villa*. Esta fora transformada, de um espaço especialmente montado para o descanso e a inserção em um mundo mais isolado de Roma, para uma estância agrícola dedicada à produção de uvas e vinho para a nobreza. A quantidade de escravos era maior, em grande número a trabalhar nos cuidados da terra; a área da propriedade dobrara, escravos especialistas e alguns camponeses com conhecimento tradicional na lide das vinhas passaram a ser parte dos moradores fixos da *Villa*. Meu pai, mesmo só, vinha pessoalmente a cada dois ou três meses, cada vez menos eu soube. Vivia dos informes e relatórios que lhe eram passados pelos seus empregados e intendentes. Com meus irmãos fora, pensei, algum dia ainda verei Marco a tomar conta de tudo isso, intendente de tudo da minha família; tal reflexão acabou por me deixar certo sabor amargo.

Deixei-me ficar, sem saber o que fazer, sem nada fazer a não ser ver o céu escurecer e o sol sucedê-lo a clarear tudo no dia seguinte. Deixei dias e horas passarem. Várias vezes recostava-me a ver a chuva cair, os homens passarem pra lá e pra cá, os escravos domésticos a insistentemente oferecerem-me vinho, sem parar. Reclinado no mesmo lugar, dormia e acordava, voltava a nada fazer e a lembrar de Paulo e de minha mãe que se exaltava de felicidade quando lá ficava. Recordava-me de Flavio, que muito me ensinara a conversar enquanto andávamos por entre as vinhas, mesmo de Caius, que estivera muito ali comigo – cavalgávamos por toda a região, parando só a beber vinho e mais vinho nas tabernas mais populares ou nas casas ou terras dos camponeses. A pensar, recordava que não havia se passado mais do que alguns anos de todas essas recordações, mas parecia tudo tão distante. Não conseguia me animar nem a andar sozinho por toda a vila, meu olhar não sentia atração por nada. Foi um mês e meio quase que paralisado dentro da casa, as pernas amolecidas não respondiam.

Foi em certo dia de sol forte, o céu estava azul em toda a extensão do olhar. Ao acordar, senti o aroma de algum perfume a inebriar toda a casa. Era o perfume silvestre que minha mãe usava. Tolo, passei mais de meia hora a procurar quem estaria usando. A perguntar e a cheirar todos que encontrei, de ninguém obtive resposta positiva, nem sentiam o aroma que me parecia fortíssimo, impossível que não percebessem. Instigado por uma vontade férrea, enfiei grande pedaço de pão e de queijo em alforje e saí a caminhar.

Foram dois dias a andar pelo entorno da vila. Cumprimentava aos que encontrava, fossem quem fossem, alguns estranhavam ao reconhecerem o filho primogênito de meu pai, o conhecido centurião da Guarda Pretoriana a andar por entre as empoeiradas estradas. O tempo foi. A satisfação maior era mesmo o andar sozinho, de um lado a outro, a caminhar, espiar, respirar, sentir o sol quente a queimar minha pele e a melancolia que me dominara. Ora, ora, foi fora da *Villa* que retomei o bem-estar da infância.

Ao retornar, não voltei a prostrar-me; saí a perguntar tudo de tudo a todos que por lá viviam. Estranho, mas procurava algo que me prendesse à terra de minha mãe, mas não, o perfume não estava mais lá. O aroma só me acompanhou até eu pisar na estrada, depois desapareceu e não retornou. Sem esperar nova visita do perfume de minha mãe, três dias depois realizei nova excursão pela região, desta feita foram quatro dias a andar e a dormir onde bem quisesse.

Ainda estávamos no verão, o calor tórrido daquela região mediterrânica permitia-me tranquilamente dormir ao relento, algo que já fizera muitas vezes, tanto quando moço, quanto quando militar. Esses passeios foram a redescoberta da vida, deliciei-me neles. A cada vez que voltava para a *Villa,* ficava apenas dois ou três dias e partia novamente, então para outro roteiro. Em pouco tempo conheci todos os arrabaldes e comecei a me aventurar mais longe.

A região do Lácio é belíssima, um pouco seca, cheia de pequenas montanhas e vinhedos. Nas primeiras vezes em que passei a caminhar mais longe, uma semana, dez dias, levei comigo algumas moedas; afinal, se a comida acabasse e não houvesse como conseguir gratuitamente, precisaria ter como comprar. Comecei a andar em direção ao litoral, cheguei a atingir três vezes pontos diferentes da costa, dormia a beira-mar e voltava a seguir. Eram momentos encantadores, dormi com o marulhar da água junto às rochas; em certa feita fiquei três ou quatro noites em um pedaço da costa. Curioso, procurava diferenças na música da natureza, ria comigo mesmo, sorria ao receber o vento ao rosto, mas ainda sempre voltava a *Villa.*

Quando ouvi alguns escravos e camponeses a conversarem sobre produtos que iam e vinham do sul, da Sicília, da Grécia, comecei a lembrar de que também poderia caminhar pelo meio da região montanhosa, descer o Lácio. Estranhamente temeroso, após realizar alguns passeios curtos de poucas noites, cada, percebi que deveria me embrenhar mais, caso contrário não sairia dos arredores, já que a pé, em poucas horas, andamos muito pouco. E assim foi, coloquei-me na trilha que a transversal saía da estrada principal para a Sicília e bati oito dias completos a andar, até que parei. Por que parei? Por que lá? Não há razão objetiva para lhes dar; em certa montanha não me levantei, deixei-me ficar. Vi, ao redor, alguns pequenos animais que poderia caçar e assim o fiz. Com a faca que me acompanhava regularmente e com o conhecimento da vida militar, eu cacei utilizando-me de armadilhas – acendi uma fogueira, cozinhei mesmo que precariamente e me alimentei por alguns dias. Foram quase três semanas naqueles pequenos morros que guardavam sinuoso rio a serpentear a seus pés. Do outro lado desses morros, já vira singela comunidade camponesa, esparsa, tanto quanto pequenas propriedades com suas vinhas rústicas a espalharem-se pela região, nas terras mais baixas.

Passei a destrinchar cada centímetro daquele conjunto de morros, até que me deparei com a surpresa que foi o ponto de virada a me cativar àquela região. Com a entrada escondida por um emaranhado de galhos retorcidos, só a descobri pelo movimento das aves, a muito custo consegui me desvencilhar de todos os obstáculos à sua frente e entrar na que é uma das mais belas e aconchegantes grutas que já vi; isso se poderíamos chamá-la de gruta, de tão pequena, talvez alguns a chamassem apenas de um recanto. Apaixonei-me por aquele lugar logo após a primeira noite que por lá passei. Nessa primeira estada, fiquei apenas alguns dias e retornei a *Villa*; voltava, porém, quase choroso, sentia-me como que a me afastar do meu lar e não a voltar para ele.

As primeiras horas de caminhada foram angustiantes, mas passadas estas, certa ideia maluca passou a se alojar na minha cabeça. “Vou voltar”, pensava, “sei o caminho. O que tenho para fazer na *Villa*? Nada, em Roma nada mais me prende, o apóstolo está longe, de meu pai sinto tal distanciamento que é como se vivêssemos em mundos diferentes, o que não deixa de ser verdade. Ora, descobri um recanto em que consegui me sentir bem, por que não ficar lá, o que tenho a perder?".

Imbuído dessas ideias, cheguei às terras de minha família, pronto a alterar minha vida, o passado que lá ficasse, eu queria outro futuro.

E assim foi. Em apenas oito dias preparei-me para ir de vez. Escrevi uma carta simples e direta a Flavia e outro documento legal, selado com a marca de meu pai. A este também escrevi que passaria a morar em certa região ao sul do Lácio,[15] deixava minha casa e alguns pertences, bens e moedas que lá estavam aos meus libertos, ex-escravos domésticos, e aos meus irmãos disponibilizava qualquer parte que me coubesse na herança paterna. Rogava a meu pai que respeitasse minha decisão quanto a meus libertos e meus bens pessoais, não apresentasse qualquer interjeição legal no intuito de questionar minha doação.

Flavia e todos os outros escravos que ainda viviam em minha casa, eu libertava. Deixava a ela a incumbência de distribuir alguns víveres e moedas aos que quisessem ir, mas que fosse disciplinadora ao gerenciar a bolsa que lhe deixava, porque não poderia adicionar mais recursos ao findar aqueles. Séculos e séculos depois, só posso sorrir de saudades ao lembrar-me da figura maravilhosa que o tempo e a dedicação transformaram Flavia. Nos anos que lhe restaram, ladeada por quatro ou cinco pessoas da sua mais inteira confiança e que se predispuseram a apoiá-la, ela transformou a casa em um recanto de paz e um abrigo temporário para os cristãos perseguidos.

Assim que soube que as minhas determinações seriam seguidas, tanto em casa quanto por meu pai, coloquei-me a caminho. Com duas sacolas cheias de mantimentos, com uvas, vinho, azeitonas, óleo, outras duas facas e mais alguns utensílios que peguei na *Villa* sem muito refletir se precisaria ou não, comecei a caminhada ao meu novo lar, assim eu o chamava em pensamento. Comigo, ainda puxava uma cabra que foi muito útil.

Atrapalhei-me um pouco para encontrar novamente a entrada, fiquei a rodar em círculos quebrados, mas a encontrei. Dentro da singela gruta escurecia cedo, sua entrada fechada não permitia maior iluminação. Nessa época, foi muito importante minha experiência militar quando jovem, fora de Roma, a servir nas províncias. Improvisei uma tocha a queimar e iluminar e organizei o espaço interno com a mesma diligência que as legiões romanas organizavam seus espaços de defesa quando acampavam em regiões adversas.

---

15 Essa região é bem próxima da atual cidade italiana de "Sora", na Itália.

Em nove ou dez dias fixava em um canto deste meu recanto uma pequena lasca de madeira com um texto que eu riscara com pedra, "Casa de Antonio".

Por lá fiquei por dois anos sem descer para as terras mais baixas, evitava mesmo e escondia-me quando avistava camponeses ao longe. Envelhecera um pouco, mas não tanto o corpo, apenas pela aparência, a barba crescera e a deixei tomar conta de meu rosto. De outra feita, o labor diário deixou-me magro, rijo e ainda mais forte.

Meu cotidiano inicial foi de uma rotina de sobrevivência, embora vivesse com uma satisfação íntima difícil de lhes explicar. Ao acordar, saía a verificar algumas armadilhas que montava para os pequenos animais. No caminho, procurava frutas ou algo que fosse comestível, voltava a preparar comida e logo continuava a conhecer cada vez mais o entorno, cada pequeno canto. Da cabra conseguia leite, o qual foi meu principal sustento quando o inverno chegou e a caça tornou-se mais difícil. Por vários dias passei fome no primeiro ano, até que aprendi a me virar, conseguir alguma caça no frio e a conservar melhor a carne.

Além do trabalho cotidiano, em que buscava saciar o corpo, apaixonei-me pelo silêncio daquela pequena montanha. O silêncio encantava-me. Quantas e quantas vezes, principalmente nos primeiros meses, eu sentava em frente ao meu recanto, ao ar livre, e ficava horas quieto a escutar. Sim, porque o silêncio que me incomodava e da qual fugia era o das vozes humanas, rejeitava o mundo do qual era cria e procurava inserir-me no mundo da natureza. Esse produzia uma infinidade de sons, mas o silêncio musical da natureza me acalentava o espírito. Ao fechar os olhos, revejo-me sentado a sorrir, ao escutar o som dos galhos quebrados por algum animal, das folhas a se abanarem ao vento, do vento a percorrer o caminho entre as árvores espaçadas daquela vegetação a cantar e a assobiar. Era um encanto. Os pássaros musicavam o ar constantemente com seus diálogos febris, nesses momentos vislumbrava um céu que jamais imaginara. No inverno, quando o frio obrigava a que me recolhesse na "Casa de Antonio" bem cedo, lá ficava a ouvir e ouvir.

Diariamente, ao fim do dia, abria a cópia do pergaminho que Paulo me dera, o pergaminho contendo trechos do que veio a ser chamado de "Evangelho de Mateus". Inicialmente lia baixo; mais acostumado e passada a vergonha pela inexistência de espectadores que eu visse, passei a ler em voz alta e, mais à frente, a dialogar com o texto, argumentar, comentar e tentar interpretar. Ao fim desses dois anos, já o havia praticamente decorado.

Minha paixão era o trecho do Sermão da Montanha. Eu o declamava vezes sem conta, adorava a simplicidade por Cristo pregada e lembrava-me da longa e maravilhosa pregação de Paulo que ouvi e lhes relatei anteriormente, também a enaltecer o ser simples. Sentia-me simples e sentia-me bem. Mesmo nos dias mais frios em que me faltava o alimento certo, acordava a cantar e a sorrir, era uma criança a redescobrir o mundo. Só muitos e muitos anos depois é que percebi o quanto esse tempo isolado foi fundamental para que conseguisse me limpar da parte mais asquerosa do homem velho que me acompanhava – enquanto em minha gruta, era alguém em férias após um caminho árduo, desconhecedor do caminho ainda a trilhar.

Assim o tempo passou até, que certo dia, fui avistado e flagrado claramente pelo pequeno Claudio, quase nos batemos ao nos encontrarmos.

Ele se assustou apenas por breve segundo, a figura de um homem grande, com vestes sujas, barba espessa e enorme cajado podia apavorar, mas logo sorriu pra mim. Eu carregava alguns galhos que apanhara para alimentar o fogo que procurava sempre manter acesso com farto estoque de lenha seca. Olhamo-nos sem reação até que um pequeno galho caiu do conjunto que eu mantinha embaixo do meu braço. Claudio rapidamente abaixou-se, pegou e me estendeu gentilmente e, em latim tosco, ofereceu-se:

– Eu ajudo, posso levar.

Pego de surpresa, deixei que me retirasse os galhos e, com incrível agilidade e destreza, amarrou-os com a naturalidade de alguém criado a fazer isso, postou-se ao meu lado a apontar para o lado onde eu seguia ao nos encontrarmos.

– É pra lá?

Magnetizado por aquele momento singelo, caminhei até a gruta com ele ao meu lado. Não trocamos palavras; ele olhava pra mim e sorria naturalmente. Apenas muito tempo depois soube que os espíritos amigos haviam articulado tal encontro aproveitando-se da espontânea bondade do jovem Claudio.

Tudo se deu tão rápido que nem percebi claramente; nem semanas, dias bastaram para que nos tornássemos amigos íntimos. Ao entrar em minha gruta, encantou-se tanto quanto eu da primeira vez que lá entrara, seus olhos se arregalaram, olhava em torno, olhava pra mim, maravilhado, parecia ter descoberto um tesouro.

Não era um menino falante, nem quando homem crescido tornou-se de muitas palavras, o que facilitou nossa amizade. Éramos capazes de andar parelhos por horas com poucas palavras a intervirem na música da natureza. Ao passar das semanas, minha sisudez e a timidez de Claudio foram diminuindo e comecei a contar um pouco de mim.

Sua gentileza me comovera ao vê-lo chorar quando encontrei pequenos animais mortos nas armadilhas que montara. Não disse nada, ele sabia que eu precisava comer, além do que, nessa ocasião, o frio vinha a aumentar dia a dia. Além da fome, o frio dos meses de inverno foi uma grande dificuldade, eu precisava manter desesperadamente acesso o fogo, a velha capa grossa de peles que trouxera de Roma já estava um tanto gasta. Bem, nem me surpreendi tanto quando Claudio começou a me trazer pão e queijo feito pela sua família. Há dois anos sem comer pão, eu o saboreei como a um néctar. Quando o inverno chegou, conseguiu-me vinho, algo que eu também não sorvia desde que fora para lá.

Aquele segundo inverno que passei na gruta foi muito mais duro do que o primeiro; o frio penetrava em meus ossos, Claudio então foi de uma presteza imensa. Além de ajudar-me com a lenha, também me ajudou com barro seco para forrar a gruta de forma a que o frio não fosse tão intenso em seu interior. Quando a neve começou a cair forte e a transformar-se em nevasca, a entrada da gruta foi toda fechada por mais de um metro de neve. Cheguei a passar dois dias inteiros a menos de meio metro do fogo, em alguns momentos achei que fosse morrer pelo frio e pela neve que me impedia de sair da gruta. No terceiro dia em que a tempestade diminuiu de intensidade, quando encolhido sob a capa com os olhos fechados, com as articulações quase congeladas e o fogo baixo que o desânimo me impedia de alimentar, ouvi barulho do lado de fora da caverna, vozes, parecia claramente que um machado descia sobre um tronco; uma árvore caíra na noite anterior sobre a neve que se acumulara na boca da gruta, sem que eu ainda soubesse se seria mais difícil conseguir sair de lá sozinho.

Talvez quase uma hora depois, o pequeno Claudio conseguiu entrar na gruta. Eu continuava onde estava, não conseguira me mexer. Pouco depois, seu pai entrou e viu minhas condições. Acostumado com o frio das montanhas e com o risco do congelamento no inverno, logo se prestou a me socorrer. Ao ver-me ainda lúcido – meus olhos haviam se aberto e eu esforçava-me para conseguir movimentar-me –, auxiliou-me ao iniciar forte massagem em minhas costas e pernas.

Claudio ofereceu-me vinho e me ajudou a tomar, quase entornei tudo fora, os lábios estavam muito duros. Ele deu com mais cuidado e fez com que eu sorvesse todo o seu conteúdo e, presto, repetiu o gesto. Alimentaram o fogo, a providência fizera com que nos abastecêssemos de bastante lenha, mais de metade do espaço interno era ocupado por galhos secos recolhidos. Ao fim de algumas horas, quando o sol de inverno tentava esquentar um pouco, apoiado em ambos, fui conduzido à casa deles, onde me recolheram por dias e dias seguidos.

Outro eu: a construção de uma nova vida

Todo aquele rigoroso inverno eu passei em casa dos pais de Claudio. Os primeiros dias foram terríveis, provavelmente se tivesse ficado mais algum tempo na gruta, teria morrido; mesmo com todo o cuidado que recebi dos seus pais, Leonardo e Virgília, passei várias noites prostrado onde me colocaram.

Com uma dedicação e um carinho que eu poucas vezes recebi antes, Virgília tomava ares a meus olhos de uma senhora de grande nobreza, ultrapassava os caracteres de meu olhar preconceituoso em relação a uma simples camponesa de um rincão perdido nas montanhas do Lácio. Emociono-me ao relembrar esses dias passados sob os cuidados desse exemplar espírito. Seus dotes intelectuais mostravam-se reduzidos naquela época, porém o amor que seus cuidados transmitiam denotavam o alcance da sua espiritualidade – isso é uma lição de que procuro sempre me lembrar, não há intelecto que supere o amor.

Em termos de idade, estávamos os três muito próximos, por este ângulo não poderiam me tratar como um filho mais velho ou como um pai sábio; a ignorar o peso dos anos, logo fui adotado como um avô de Claudio, como alguém que há muito viajara e que agora retornava mais sábio – assim me consideravam, apesar da minha resistência a aceitar que possuísse qualquer forma de sabedoria. Talvez a aparência tivesse ajudado, a barba espessa tornara-se grisalha rapidamente, a pele já anteriormente marcada pelas agruras da vida militar, acentuara seu desgaste e suas cicatrizes com essa vida isolada e rústica.

O que os deixou inicialmente respeitosos e cerimoniosos para comigo foi o meu falar, a pronúncia do meu latim. Havia grande diferença de pronúncia entre os grupos sociais, isso se devia principalmente à educação formal, quase que restrita às camadas sociais mais favorecidas.

Apesar da amizade que cresceu naturalmente entre o pequeno Claudio e eu, enquanto morei na gruta, ainda conversávamos muito pouco. Foi nesse período de restabelecimento das minhas forças, enquanto estive acamado ao seu lado, a receber alimento de suas mãos ou de sua mãe, que nossos laços se estreitaram um pouco mais.

O frio era intenso, acumulara-se mais de um metro de neve ao redor da pequena casa. Sempre que a tempestade diminuía, Leonardo esmerava-se em limpar a saída, de modo a que não ficássemos presos dentro da casa; poucas vezes passara tanto frio e, quando isso ocorreu, estava mais bem preparado. Independente das agruras do clima, o calor do afeto colocou-me de pé em pouco mais de uma semana e logo insistia para que me deixassem ajudá-los na limpeza da neve, na lenha para o fogo, em algo que fosse, mas foi difícil, tive que brigar muito para que pudesse ajudar. Apesar de estranharem terem me encontrado em uma gruta isolada, respeitavam-me quase submissos. Foi só com o passar dos anos que a postura deles para comigo se tornou mais informal.

Já com o menino foi diferente. Revejo, hoje, o brilho dos seus olhos quando comecei a lhe contar as histórias populares mais diversas. Com o tempo, passei a brincar de misturar trechos de histórias que vivenciei ou ouvi com lendas folclóricas e outras partes que eu inventava. Isolados pelo frio, quando ainda a meio da tarde a escuridão tomava conta do entorno da casa, seus pais a trabalhar nos afazeres cotidianos mais básicos, ele sentava a meu lado e me pedia que lhe falasse da África, dos elefantes, das florestas escuras da Germânia, imaginava que eu soubesse um pouco de tudo, que eu estivera em todos os lugares conhecidos. A primeira vez em que, sentado ao meu lado, pegou a minha mão calejada aninhando seus pequenos dedos nela – ah, a alegria dos pequenos sentimentos que enchem a alma de todo ser humano e nos levam a refletir sobre felicidade e vida, algo que os filósofos estoicos e epicuristas já discutiam.

A partir desse dia, sempre que se sentava comigo para ouvir-me, procurava minha mão e escondia a sua dentro dela. Assim que percebeu o quanto isso me agradava, ficou muito contente. Da primeira vez, fiquei quase assustado pela atitude fraterna e filial, mas assim que relaxei, apertei com delicadeza seus dedos. Nas vezes seguintes, quando sentia sua mão a procurar a minha, logo lhe estendia a palma, qual o ninho se apresenta aos filhotes. Mais tranquilo e relaxado quanto a essa atitude despreocupada do pequeno Claudio, eu só fiquei ao ver o olhar alegre e o sorriso de Virgília ao nos ver de mãos dadas. Assim que o tempo amainou e pudemos andar ao redor da casa, notei a alegria do menino quando permiti que também andássemos com as mãos entrelaçadas.

Já lhes contei que nosso pequeno nunca foi alguém muito falante; mesmo quando mais velho, sempre foi econômico com as palavras, o que não posso dizer que me desagradava, talvez tivesse me incomodado com alguém que falasse sem parar. Como contei no capítulo anterior, adorava o silêncio musical da natureza, prazer que Claudio compartilhava comigo.

Com o decorrer dos anos, passei a colocar mais verdades nas histórias que lhe contava, principalmente sobre minha vida, minha experiência militar, a realidade do mundo romano, como as pessoas se comportavam. O susto e a dor que se estampavam em seu rosto sempre me demonstraram a singeleza dos sentimentos que o dominavam. Mesmo assim, considerava como um dever de educador falar-lhe do mundo real, contar-lhe mesmo que estas mãos que ele adorava apertar já mataram antes, mesmo que em batalhas ou a serviço da outrora amada Legião, a que eu servia.

Apesar das minhas tentativas de relatar-lhe a realidade cruel que eu via no que chamava de mundo real, o cenário de vida do Império Romano, era quase impossível conseguir fazê-lo entender. Como lhe explicar o grotesco e o traiçoeiro existente nas sombras vivas da noite da cidade de Roma, falar sobre os caprichos dos nobres e ricos a que os militares deviam obediência? Como?

De outra feita, era tão fácil vê-lo sorrir! Lembro-me de uma ocasião singela, quando o inverno já baixava, ao andarmos por uma trilha em busca de mais madeira, um barulho de pequeno animal chamou-nos a atenção. Paramos.

– Olhe!

Falou baixinho e apontou-me um pequeno esquilo a passar, sorrateiro, por entre as árvores e logo sumir.

Nós dois acompanhamos juntos o seu movimento, viramos nossas cabeças de um lado a outro até perdê-lo de vista. Quando ele virou, apenas disse:

– Viu?

Era uma pergunta para a qual não esperava resposta, sabia que eu tinha visto, esperava apenas uma confirmação minha de que repartira com ele o prazer daqueles segundos. Apenas mexi a cabeça para baixo, simbolizando um "sim", e ele logo abriu um sorriso enorme e lindo.

Como lhe falar da crueldade, da sordidez, de inocentes queimados vivos, quando sorria ao me apresentar à felicidade de ver um pequeno e belo animal pular na mata a nossa frente. Só podia responder-lhe com um sorriso também. Sentia como se cascas duras que envolviam minha alma começassem a derreter e cair. Após o "olhar para dentro" que o isolamento me forçara, o afeto caloroso daquela família começava a me apresentar um mundo outro.

*

Quando a primavera deu o ar da graça, eu já estava mais forte e totalmente restabelecido. Comecei a falar com Leonardo sobre minha intenção de voltar à gruta, o clima mais quente possibilitaria que voltasse a viver nas mesmas condições dos primeiros anos. Ele foi totalmente contra, respeitoso, negou e ainda me pediu que o seguisse.

Andamos por volta de quinze a vinte minutos por uma trilha estreita que saía atrás da sua casa; subimos um pouco mais e chegamos a terreno descampado e plano, ocupado apenas por uma simples casinha, com aspecto de abandono.

– O senhor pode ficar aqui.

– Aqui? Mas de quem é esta casa? O dono não poderá aparecer a qualquer momento?

– Não. O dono da casa é parente nosso, a esposa morreu há dois anos. Triste, não suportava ficar onde vivera feliz com ela, largou tudo e foi para Roma, nunca mais mandou notícia.

– Mesmo assim, ele pode aparecer de repente.

– É parente nosso.

– E isso basta?

– Sim. Diga-lhe, se isso acontecer, que eu o coloquei aqui. A comunidade dos parentes o acolherá. Vamos ver a casa.

A casa, deixada aberta e sem cuidados, sofrera bastante com as tempestades do último inverno, fortes ventos derrubaram quase tudo que havia dentro. Leonardo logo notou que minha cara não estava muito animadora, mas foi direto:

– Nós o ajudaremos, logo ergueremos pilastras maiores de proteção, poderá plantar pequena horta ali perto, eu lhe darei também duas ovelhas para que possa trabalhar, ensinando-lhe a tosquiar, além do que elas poderão cruzar com meus animais e ficará com as crias. Poderá, assim, viver como nós, sem precisar ficar escondido em nenhuma gruta.

Meu espanto só aumentava. A delicadeza com que aquele homem simples mostrava sua gentileza, a alegria que transparecia em sua voz ao poder me ajudar, em me convidar a viver como eles, a ser um deles, um camponês das montanhas, um pastor de ovelhas, fiquei espantado e encantado.

Permanecemos a olhar um ao outro por mais algum tempo – ele esperava o que diria, ao passo que eu também esperava o que deveria dizer. Eu ainda estava encantado pelo convite que descortinava a possibilidade de ser um deles, de praticamente ser incorporado à família, assustado pelo convite de trabalhar como eles. De alto militar de família rica a ermitão em uma gruta, apenas preocupado em caçar para sobreviver, mas gerir uma vida com uma casa, animais e seus obrigatórios cuidados, a vida regrada e regular de um pastor, isso era diferente, e ainda sem escravos a quem acostumara mandar, isso também me assustava.

Ao imaginar-me a tocar ovelhas de um lado a outro, a tosquiá-las, a antevisão dessa situação trouxe-me rápidas saudades das armas de soldado. Inspirado, Leonardo rompeu o silêncio:

– Claudio o ajudará.

E assim foi. A sua frase tirou um peso da minha cabeça e nos pusemos a caminhar. Andamos mais um pouco pela casa e retornamos. Os próximos dias viram o início de uma reviravolta em minha vida.

Após o término dos afazeres regulares, Leonardo, Claudio e eu demandávamos a casa para arrumá-la. Inicialmente limpamos por dentro, erguemos o que caíra e levantamos as necessidades mais prementes. Dois dias depois, eles apareceram com dois homens que eu nunca vira antes, até aquele momento só vira de perto sua família na região. Apresentou-me como parentes, moravam na comunidade existente nas terras mais baixas e lá estavam para ajudar-nos a reforçar as pilastras de proteção externas; as casas eram construídas com madeira e pedra para aguentarem as agruras do inverno.

Esses homens foram meu primeiro contato com as pessoas da pequena comunidade. Para ser mais preciso, deveríamos dizer que não havia propriamente uma pequena cidade, longe disso, até. Os moradores da região viviam principalmente da economia de pastoreio e alguma plantação de subsistência como hortas. Além disso, moravam dispersos, suas casas eram espalhadas na região, havia apenas um agrupamento de algumas poucas habitações nas terras mais baixas, à beira do rio.

Assim que o reforço da casa ficou pronto, eu quis mudar para lá, no entanto fui convencido pelos meus novos familiares a esperar um pouco, até que estivesse em condições de viver como eles. Iniciei então um período de aprendizado ao lado de Leonardo. Ele vivia como um simples camponês com algumas posses, não possuía nem duas dezenas de ovelhas, algumas cabras para leite e uma horta de que cuidava com esmero, com a ajuda de Virgília.

Oh, quantas vezes fiquei tentado a escrever para meu pai ou para Roma para lhes pedir que enviassem algumas moedas de ouro para que pudesse comprar uma centena de ovelhas e alguns escravos! Ainda tinha muito que aprender, mas já sabia que não poderia ser esse o caminho. Renunciara a um determinado tipo de vida e não poderia me valer dos recursos que tivera para alçar-me na nova vida, precisava construir passo a passo esse novo eu. Lembrava-me de Paulo e de suas exortações.

E assim tornei-me um aprendiz de pastor, curso que durou por toda a primavera. Ao final desta, Claudio, eu e as duas ovelhas caminhamos juntos até a casa. O menino ainda dormiu lá alguns dias comigo até retornar a sua casa, exortado pela mãe, e eu fiquei sozinho novamente. Ah, com a companhia das duas ovelhas.

Ora, o que mais podia fazer além de rir da situação? Sentei-me em uma pedra e ria, sorria, gargalhava alegremente da reviravolta totalmente inesperada que a vida me preparava. Apesar de algumas dificuldades de adaptação, era só fechar os olhos e lembrar-me de Roma que considerava aquela casa com suas duas ovelhas o verdadeiro paraíso. Ao subir em uma pedra mais alta, perto mesmo da casa, tinha uma visão estonteante, uma vista deslumbrante descortinava-se a minha frente. Toda essa natureza maravilhosa estava ali, tranquila e eu junto dela, estava na hora de aprender a viver tranquilo junto aos homens.

Havia resgatado, na gruta, o texto evangélico que recebera de Paulo, junto com mais alguns escritos que trouxera e os organizara em meu novo lar. Mais uma vez escrevi toscamente em uma lasca de madeira e preguei na porta o dito *Casa de Antonio*. Ao interiorizar com amor esse dito, iniciei os cuidados e a rotina que a vida nova esperava.

A primeira vez em que, sozinho, estive a remexer a horta, atrapalhei-me um pouco, mas logo me lembrei das histórias que ouvia da simplicidade de Jesus e dos pescadores que o ladeavam. Desde que saíra da gruta, não lia mais em voz alta o adorável Sermão da Montanha, por que não fazê-lo agora, ao ar livre, em minha casa, no alto da montanha? Fui buscá-lo e iniciei a leitura. Declamava alto, recitava-o, chorei até. Precisava sentir aquele mundo novo que me rodeava, aceitá-lo plenamente e começar a vivê-lo dia a dia.

E assim foram os próximos meses, um ano, dois. Da dificuldade inicial de pastorear duas ovelhas logo surgiu a habilidade de comandar Claudio, um cão e quatro, seis ovelhas e outras mais. Com a minha inerente mentalidade de organização e disciplina, marcada a fundo na labuta na rígida Legião Romana, criei métodos próprios de trabalho, propus algumas modificações a Leonardo, passei a tocar suas ovelhas junto com as minhas, dividir e racionalizar mais o trabalho, ampliar a horta. Mais à frente, passamos a experimentar plantar algumas vinhas nas terras difíceis da montanha, só faltava o próximo passo.

Passo? Sim, qual seja, vencer o obstáculo emocional que criara e aceitar conhecer os moradores da região, descer as terras mais baixas na beira do rio, parar de fugir das pessoas.

Peço aos leitores rápida visita ao início do capítulo 1 da segunda parte deste livro. Os que se lembram da passagem ou já a visitaram novamente podem se recordar de quando, em visita rotineira à casa de Leonardo, surpreendi-me ao encontrá-los com determinado visitante, Contardo Marcio.

Os dias correram, habituara-me de tal forma àquela vida que poderiam me confundir com algum natural da região. Realmente só o acento na fala, a dicção, ainda era bem estranha aos poucos homens da região que encontrava vez por outra. Claudio cresceu e já era um jovem, nossas caminhadas quase diárias com as ovelhas e os cachorros eram momentos do céu na terra, sentia-me feliz como jamais pudera imaginar ser.

De outra feita, ainda raramente mantinha contatos com outras pessoas estranhas a minha nova família. Com eles, por sua vez, a intimidade crescera, encaixara-os de tal forma em meu coração que os adotara como minha verdadeira família, no entanto ainda não conseguira jeito de lhes falar do cristianismo. Confesso-lhes que cheguei a pensar no assunto, mas nem sabia como começar. Falar da vida ao lado de Deus, pensava, ora eles ainda poderiam ser mais felizes? Ingênuo ou egoísta, talvez os dois adjetivos coubessem na minha postura de então, sei que me calei.

Ao ouvir, naquele dia, Contardo Marcio lhes falar o nome de Paulo de Tarso, todo o meu passado voltou com a força de uma correnteza que retoma seu espaço. Ao final de uma hora e pouco em que desandara a falar sem parar, percebi todos estupefatos a me observarem.

Após os comentários sobre Paulo e o cristianismo, comecei a lhes contar minha história. Perdoem-me, mas não lhes contei em todos os detalhes as minhas desventuras com Claudia e Cíntia, falei-lhes destes percalços meio por cima, aprofundei-me mais na saudade que sentia de Caius, meu grande amigo, estendi-me sobre Flavio e ainda mais sobre Paulo. Do grande apóstolo, contei-lhes quase tudo que sabia, da minha relação com ele às pregações que ouvi. Em meio a minha fala extensa, ao parar para respirar ou abocanhar algum pedaço de pão, Contardo Marcio, surpreso, inquiria-me mais. O casal querido só me olhava, da minha própria boca ficavam sabendo do passado que me levara até lá, passado sobre o qual nunca antes haviam me perguntado.

Ao final de todo o meu relato, ao parar para beber de uma caneca de vinho, a surpresa foi minha:

– Sabe que há, na vila lá embaixo, um pequeno grupo cristão?

– Como?

– Sim, poderei lhes apresentar. A você e a eles – disse Contardo Marcio apontando o casal que nos acolhia. – Eles se reúnem regularmente, comentam trechos do evangelho, alguns falam, principalmente certa mulher, que fala com uma inspiração que maravilha a todos. Devem se reunir amanhã e poderemos ir.

E isso foi feito. Parece-me agora que este pouco tempo isolado na gruta e depois a viver como pastor ao redor da família de Leonardo e Virgília foi apenas um tempo de transição e preparo. No dia seguinte a este encontro iniciei o que seria realmente a nova fase da minha vida.

Apesar de ser um visitante, foi Contardo Marcio quem nos apresentou a célula cristã da pequena comunidade, quando chegamos lá no dia seguinte. Claro que Leonardo conhecia a quase todos que lá estavam, mas por morar distante sua relação com eles era quase tangencial. Contardo Marcio contava vários parentes entre os participantes do grupo cristão, ao passo que logo Leonardo cochichava que havia pessoas de outras comunidades da região.

A célula cristã fora fundada há poucos anos, inicialmente por um senhor e sua filha, fugidos das perseguições de Roma que voltavam às terras da família. Já idoso e ferido, aquele faleceu em poucos meses e deixou o trabalho de disseminação do cristianismo e de fortalecimento do pequeno grupo para a sua filha, Cibele, a qual o cumpriu com extrema competência.

Eu procurei me manter quieto, à sombra dos dois, a um canto do pequeno galpão que abrigava as duas dezenas de pessoas que compareciam àquele fim de tarde. Utilizava-me das mesmas roupas que eles, a pele curtida do sol, como a deles, era forte e de estatura média, mas eles também. Deixara a barba crescer, o que não era comum nem nas montanhas; este era o único item da minha aparência que destoava dos outros homens ali presentes, pelo menos era o que eu achava.

Logo percebi que pequena agitação tomou conta do ambiente. Ao olhar em derredor, encontrei o foco de atenção em uma mulher de aproximadamente trinta anos, longos cabelos castanhos presos por uma tiara, olhar compreensivo, embora sério, sorriso discreto e gentil, gestos educados, mas determinantes.

– É Cibele – sussurrou-me Contardo Marcio. – Foi ela que fundou essa comunidade cristã com seu pai, já falecido.

Após alguns minutos em que ela cumprimentou a todos e deixou algumas palavras a cada um, Contardo Marcio se antecipou e lhe disse que trouxera alguns amigos. Mantivéramo-nos a meia distancia, mas conseguimos ouvir o que ele disse, ao que ela redarguiu que nos vira e logo estaria conosco.

Dessa primeira vez, já percebi o que era sua marca registrada, falar com a máxima gentileza, mas sempre com determinação e objetividade. Ainda nem de longe imaginava que trabalharíamos juntos nas próximas décadas, nem que eu a teria como uma irmã mais velha, apesar de mais nova, sempre acolhedora e inspiradora.

Esguia, passos ligeiros, ela trajava as roupas comuns às mulheres da região, logo seus pequenos olhos castanhos estavam à nossa frente.

– A casa é de Deus e está aberta a vocês.

Foi sua primeira e inesquecível frase, que já dava o tom da maneira como praticava o cristianismo, a todos.

Escutava atenta a Contardo Marcio apresentar-nos um a um, Virgília, Leonardo, Claudio e eu – ele teve a gentileza de apenas citar que eu era um amigo de Leonardo que morava logo acima deles. Completou ainda a lhe dizer que nos falara de Cristo e de Paulo e que nos interessaram por conhecer mais.

Sem afetação Cibele tomou a palavra:

– Nossos amigos espirituais nos profetizaram que receberíamos visitas e que estas ainda nos ajudariam. Mais uma vez fico feliz ao ver como nos respeitam, sempre a cumprir o que é dito.

Educadamente dirigiu-se a Leonardo, pai da família, deu-lhe as boas vindas e franqueou-lhe permanentemente as portas da pequena igreja cristã. Ao se virar para Virgília, sorriu:

– Que o esplendor do seu amor também atinja os corações dos que aqui se encontram.

Surpreendi-me deveras, ela nunca vira Virgília antes, como poderia saber sobre ela? Era tal a familiaridade com que falava que realmente transparecia que nos esperava.

Carinhosamente passou a mão pelos cabelos de Claudio, o qual, tímido, tencionou esconder-se atrás da mãe.

– Há muitas crianças pelas montanhas, mas Cristo nos determinou que trouxéssemos as crianças a Ele. Caberá a nós levar a palavra de Deus aos seus filhos menores, para que cresçam e deem bons frutos.

O interessante é que tudo dizia com tamanha naturalidade que eu, vindo da pompa e dos formalismos de Roma, espantava-me.

– Antonio, é com a graça de Nosso Senhor Jesus Cristo que o recebemos aqui.

Surpreso já estava, mais ainda fiquei. Agora me lembrava de Paulo, do que me dissera quando da primeira vez que nos encontráramos.

Virou-se e estendeu o braço em um gesto a demonstrar todo o espaço do galpão.

– De hoje em diante, isto também é de vocês.

– Agradeço muito, nobre senhora. É com muita surpresa e interesse que encontro tal grupo cristão nessas montanhas distantes da rota do comércio e dos viajantes.

– Antonio, e todos vocês, tomem-me apenas por Cibele, filha de Deus como vocês. Nesses tempos sombrios em que os homens que se acreditam poderosos, esquecendo-se da sua humanidade e da sua eternidade, dão vazão às suas animalidades, é uma bênção a existência desses pequenos recantos. Ainda a lembrar de que nos cabe dizer que, embora estejamos fora das rotas de comércio e dos viajantes, jamais lugar algum estará fora da rota de Deus.

– Sim, é verdade, recordo-me de Paulo a contar que esteve nas menores e mais ignoradas cidades e vilas, a nenhuma que havia em seu caminho deixava de dar a sua palavra.

Sem me dar conta, já começava a falar de Paulo, denunciando uma condição de amizade que não pretendia abrir inicialmente.

– Antonio, eu vejo pela palavra que é de Roma, ainda mais descubro que o apóstolo também conheceu, surpresa que me agrada muito, já que dele poderá falar a todos nós.

Vexei-me de vergonha e timidez. Eu, falar?! Isso jamais passara pela minha cabeça.

– Não se acanhe, meu amigo, a cada um a sua hora. Aqui ninguém é obrigado a vir e a colaborar, apenas esperamos a ajuda dos que podem nos ajudar.

Essas palavras foram ditas com tal ênfase na serenidade e na fraternidade que me tranquilizei. E assim foi.

Dispondo a todos em volta do pequeno espaço, alguns nos bancos existentes, outros nas toscas cadeiras, dois ou três preferiram ficar de pé, um rogou o conforto rústico e relaxado de se sentar ao chão, Cibele proferiu, em tom profundo, a oração do Pai Nosso; então, não era costume proferi-la dessa forma, ao iniciar uma reunião, eu jamais vira em Roma, onde predominava o simples "O Pai esteja conosco".

Os próximos dias correram céleres. Ao final da pequena reunião, retornamos discretamente às nossas casas, a noite já escurecia e nosso caminho era uma estreita trilha que demandava mais de hora de caminhada.

Quando retomei a rotina com as ovelhas, não era o mesmo. Como que imantado por aquele grupo, pela figura de Cibele e seu carisma, ressurgia em mim todo o interesse, a atração que antes, em Roma, levara-me aos cristãos. Após os primeiros afazeres regulares do dia, sentei-me na soleira da casa, abri o pergaminho que recebera de Paulo e, por impulso, comecei a lê-lo novamente.

Pensava: Deus está sempre conosco, isso é claro, dado, mas nós estamos com Ele? Questionava e entrava em mil conjecturas emaranhadas, até que, ao fim do dia, quando corria para que as ovelhas viessem a mim, secundado pelo meu cachorro, meu amigo na labuta, dei por mim. Não devemos nós também nos prestar a ser os instrumentos de Deus no arrebanhar as ovelhas? Ao tosquiar podemos apresentar o Cristo, explicar que Deus conosco será um dia nós com Deus.

Tomado de uma alegria juvenil, ao findar os trabalhos do dia, retornei ao evangelho a procurar pequenas lições nas passagens que lera e relera antes, sem atentar ao ensinamento que cada uma detinha. Sorri com frescor ao sentir com Jesus a imersão nas águas do rio Jordão quando batizado por João Batista, chorei ao imaginar Jesus na Galiléia a chamar aos irmãos, Pedro e André, Tiago e João, a convidá-los a serem pescadores de homens. Voltei a levantar a voz para ler o Sermão da Montanha, a conclamação aos que serão bem-aventurados por terem Deus consigo. Lembrei-me das palavras de Paulo, quando lemos juntos, e tomei-a para mim: "Vós sois o sal da terra". E considerei ter chegado a hora da labuta por Cristo ao reler: "e dá luz a todos que estão na casa". Compreendi que o mundo é a casa de Deus, habitada por seus filhos, e que cabe aos que têm Deus consigo levá-lo aos que se abrem para Ele.

A tarde estava linda, os raios de sol alcançavam-me a vista. Claudio chegava e chamava por mim. Eu, de olhos fechados, recordava-me a mesa com Paulo a contar-me das suas aventuras, de onde andara a levar a palavra do Senhor, do que sofrera, e pensava e custava a entender porque ele fazia tudo isso, porque aceitava sentir a dor. Talvez agora, imerso na beleza isolada dessas montanhas, começasse a compreendê-lo.

E Claudio aproximava-se e eu lia: "Então, disse aos seus discípulos: A seara é realmente grande, mas poucos os ceifeiros". Eu li e tive medo, porque entre seus discípulos houve Pedro, que conheci, mas também houve Tomé, o que duvidou, e houve ainda Judas, o que o traiu. Temeroso da minha fraqueza, percebia agora a grandeza do que Paulo fazia, diminuía-me ainda mais, pois Jesus afirmou: "E quem não toma a sua cruz, e não segue após mim, não é digno de mim".

– Minha mãe pede que desças, pois iremos até Cibele, haverá reunião hoje.

E assim foi feito, com eles desci ao grupo cristão e deles tornei-me mais um.

Para firmar a assertiva da minha resolução, Cibele convidou-me a tomar lugar perto dela, rogou-me ainda que lesse em voz alta pequeno trecho sobre a fé e a confiança, quando os discípulos temerosos e rasos de fé acordaram Jesus por causa da tempestade que sacudia ao barco. Com uma gentileza que não permitia a negação, ela me pediu que falasse algo sobre o que significavam essas palavras, ao que redargui:

– Aos que trazem Deus em si, todas as tempestades sacudirão o barco, mas a fé os manterá com Ele, pois Ele é o caminho.

Ligeiro burburinho correu pelo grupo de pessoas que se encontravam na nave do pequeno galpão. Até então, em si, apenas Cibele falava. Envergonhei-me e corei, sentia-me ignorante ao qualificar-me pelas palavras rústicas que acreditava ter dito, envergonhei-me mais ao saber depois que minhas palavras haviam agradado, então me lembrei de que os filhos de Deus daquelas paragens eram pessoas de alma boa, mas simples camponeses, analfabetos, em sua maioria, e com extrema dificuldade de compreender um raciocínio abstrato que não fosse atrelado a uma parábola que o clareasse.

As surpresas da noite continuaram. Pouco mais de meia hora depois, após Cibele ter alterado a voz e explicado calmamente aos que a ouviam sobre a importância da fé, da fé em Deus, as pessoas relaxaram, calmamente dividiam pães e vinho que haviam trazido e conversavam amenidades. Cibele aproximou-se e me chamou:

– Logo daremos voz a quem precisa falar contigo. Deixemos a casa esvaziar um pouco. Não que nossos amigos não sejam dignos de ouvir, mas talvez para que você se sinta melhor.

Assenti e esperei, temeroso e surpreso.

Quando só restavam mais seis pessoas além da minha nova família, Cibele chamou-nos a sentar nos bancos, próximos uns aos outros. Iniciou a oração:

– Deus, ofereço-me para que se utilize do meu corpo, do meu espírito, para melhor instruir aos homens. Que a minha boca seja digna de servi-Lo, assim como eu pretendo ser digna de amá-Lo.

Após alguns segundos de funda introspecção em que seu rosto alterava os traços fisionômicos, sua voz ganhou novo tom com uma entonação mais grave:

– Antonio, aqui estamos, juntos novamente.

Podem imaginar o susto que tomei ao ouvir meu nome.

– Não se assuste, meu amigo, não se assuste. Quanto mais aqui, entre amigos, fora da agitação e da falsidade de Roma.

Por alguns segundos sorriu discretamente, seus olhos brilharam.

– Oras, ainda não me reconhece? Antonio, sou eu, Paulo!

Agora, imaginem dobrado o susto que levara pouco antes, não sabia nem que Paulo havia morrido.

– Acalme-se, não há porque se assustar. Sei que você não foi informado que voltei para casa. Sim, pra casa, ao morrermos com a alma leve por algo ter feito por Deus e seus filhos, voltamos pra casa. Nosso lar é aqui, ao lado das almas amigas. Agora, não pensem vocês em repouso ou descanso sem fim, dobramos nosso trabalho cá estando, há muito que fazer pelos nossos irmãos e por todas as almas criadas por Deus.

Cibele respirou e Paulo continuou.

– Após sua partida, Antonio, a situação dos nossos irmãos cristãos tornou-se desesperadora. Milhares foram presos, centenas e centenas queimados vivos a fim de satisfazer a ânsia infantil do povo ainda ignorante e de Nero, também ele pobre filho de Deus, aturdido por desejos e paixões que o afundaram na noite mais escura. Em minhas tentativas de minorar a situação das igrejas cristãs, fui novamente preso e teve fim a vida daquele velho corpo que muito me serviu. Continuo a trabalhar por todos, Antonio, cristãos ou não, mas é importante agora que outros levem a palavra de Cristo aos que ainda não a ouviram. As sementes já foram dadas, cabe a vocês, meus filhos, plantarem.

Dirigia-se a todos os presentes que, como eu, ouviam calados e estupefatos, só Virgília chorava lágrimas infindáveis.

– Antonio – voltou a olhar diretamente pra mim –, é chegada a hora de semear. Para cá veio, isolou-se no espaço e teve tempo para que crescesse o homem novo em você, como lhe disse que eu mesmo fizera quando no deserto fiquei. Não se acredite simples e ignorante, pois não é, tem muito a ensinar e a ajudar àquela de quem me sirvo agora, todos nessa comunidade precisam de ti, e tu deles. Ensine o muito que aprendeu conosco e o muito que já sabia. Flavio estará contigo, tanto quanto sua mãe e eu. Faça desta comunidade uma casa de Cristo que sirva de exemplo a muitas outras, onde reine a paz e a concórdia, o amor e o ensino. Exemplifique que as lições de Jesus não devem se circunscrever ao espaço de sua igreja, mas nos acompanhar onde formos; onde estivermos, lembremo-nos do que Ele ensinou.

Depois de breve pausa, Paulo prosseguiu:

– Retiro-me agora, mas com vocês sempre estarei, a orar e ajudar no trabalho e nas dores. Que as sementes frutifiquem e que o trabalho de vocês multiplique a cinco por um, a dez por um, a cem por um. A paz de Nosso Senhor Jesus Cristo esteja com vocês.

Villagio fratello Gesù (Vilarejo dos Irmãos em Jesus)

A comunidade de *Villagio* já era uma célula cristã, a funcionar sob a supervisão e o incentivo de Cibele, quando os conheci e com eles passei a conviver. Denominada de *"Villagio fratello Gesù"*, em uma transcrição em italiano que se aproxima bastante da maneira como era chamada pelos seus no latim popular que dominava os arrabaldes; no cotidiano, referíamo-nos a ela como *"Villagio"*.

Fora da grande Roma, apinhada de gente do mundo inteiro, o cristianismo foi se alastrando pelo Império Romano e pela Europa através dessas pequenas células cristãs que eram fundadas onde passasse algum missionário ou devoto cristão. Nos séculos seguintes, a população da Europa tomou contato com o cristianismo paulatinamente, com idas e vindas, perseguições e testemunhos; o primeiro milênio cristão completou-se em pleno medievo europeu com um continente praticamente cristianizado.

Antes, porém, do primeiro imperador romano cristão e dos concílios que asfixiaram a naturalidade do testemunho e da vivência religiosa, vivemos o período do chamado "cristianismo primitivo", em que se leve em conta que aqui utilizamos o termo primitivo no bom sentido profetizado por Jesus, ao declarar "Deixai vir a mim as criancinhas", o sentido dos puros de coração.

Era um período em que os espaços das igrejas eram espaços comuns à comunidade cristã responsável por eles, não pertenciam ao bispo tal nem eram de paróquia alguma. As igrejas cristãs formaram-se a partir de pequenos espaços de vivência comunitária, principalmente quando isso se dava fora das grandes cidades. Mesmo abarcando Roma em nossas digressões, permitimo-nos afirmar que as células cristãs inicialmente fundadas eram locais para leituras dos textos evangélicos, para reuniões comunitárias e trabalhos de ajuda mútua, para a palavra dos que profetizavam e mesmo para o ensino dos que mal tinham as primeiras letras.

*

Voltemos àquela reunião. Ao voltar a si, após as palavras de Paulo, Cibele sorria cheia de angelitude. Todos a olhavam assustados, mas se mantinham quietos e respeitosos. Não só a ela, discretamente fitavam-me. Se eu próprio perguntava-me o que fora tudo aquilo, será que fora Paulo a falar, cheio de interrogações encontrava-me, imaginem aonde iria o pensamento dos meus amigos.

Ao retomar a postura que lhe era peculiar, logo ela nos alcançou e disse, alegremente:

– Ora, Antonio, não imaginava tal a sua proximidade com nosso querido apóstolo.

Apequenei-me ao sentir todos os olhos a me espreitarem. Sim, Paulo era meu amigo, pensava e relembrava, ainda sem nada dizer, mas nunca agigantara, jamais calculara o que isso significava entre os cristãos, até porque jamais me definira como cristão.

– Sim, eu o conheci. Durante aproximadamente dois anos e pouco o visitei várias vezes, conversamos muitas vezes.

Seus olhos gentis procuravam algo mais no que eu dizia.

– A amizade filial que eu senti eu raramente senti antes, é forte o laço que os une. De qualquer modo, a sua presença aqui, coincidência ou não, trouxe também a presença de um grupo altamente iluminado de almas de Deus. Se as palavras estão certas, o campo pede a charrua porque Deus já providenciou a chuva para a boa semente.

Após curto silêncio, arrematou a noite:

– Amigos, eu estarei aqui a trabalhar e a esperar quem queira conversar comigo.

Despediu-se e se retirou.

Silenciosamente, junto a Claudio e seus pais, retomei o rumo de casa.

Ao pastorear as ovelhas, no dia seguinte, foi que Claudio me interrogou:

– É cristão, Antonio?

Mais uma vez ressurgiu a tempestade emocional que me perturbava os passos e me impedia as certezas há muito tempo. Todo um mundo de receios e preconceitos, incertezas e orgulhos emergiram do meu eu e voltaram a nublar os meus pensamentos e sentimentos.

– Não sou bem cristão como Cibele. Interessei-me pelos judeus--cristãos ao me tornar amigo deste que chamam de Paulo, o Apóstolo. Digamos que sou um estudioso da filosofia cristã.

Oh, cruel, senti enorme pena do que fiz com as ideias do meu querido Claudio, as embaralhei quase como as minhas.

– Em casa, meus pais falam que o senhor foi muito importante antes de vir para cá, para as nossas montanhas. Minha mãe disse que viera para cá porque se tornou cristão e em Roma é perigoso ser cristão. Meu pai concordou com ela.

O que eu deveria dizer, não sabia. Verdade, não; em parte, sim. Roma tornou-se perigosa aos cristãos, mas não, não saíra de lá por ser um cristão, já que nem me tornara um. Lembrei-me de Caius, do seu ciúme da nossa amizade; naquela época, eu compreendia menos ainda o que era ser cristão.

Ora, voltava a refletir ao caminharmos, ser cristão será ser um dos bem-aventurados a que se refere Jesus no memorável Sermão da Montanha, a que adorava ler e reler? É, lia e relia e o que compreendia? Não conseguia forças para me definir como cristão, mas por quê? Essa resposta só o tempo iria tirar do âmago do meu ser.

Aos dias que logo passavam, era Virgília a me esperar para comer e logo perguntar se, naquela noite, iríamos novamente a *Villagio*. Ora, assustei-me, tomavam-me como guia ou algo assim, a lhes dizer se deviam frequentar a pequena igreja cristã que Cibele e seu pai fundaram. Parei apenas um segundo e lembrei-me de que, apesar de não conseguir definir-me como cristão, eu prometera que iria ajudá-la. Prometera? Prometera a quem e quando, podem perguntar. Talvez não tenha explicitado claramente nas linhas do capítulo anterior, mas ao ler e reler o pergaminho com as palavras de Jesus eu decidira ajudá-los, como Cibele dissera da profecia que as almas amigas haviam dito. Apesar de não conseguir definir-me como cristão sentia "Deus conosco" e queria estar com ele. Milênios depois eu posso perceber claramente as contradições do que pensava, sentia e falava, mas naquele momento as decisões e definições custavam-me, restava-me trabalhar.

À noite, como que intuída, Cibele respeitou-me a timidez e o modo de ser (ou não ser), deixou-me quieto, sentado a um canto. Nosso grupo não passava de poucas pessoas, algumas dezenas de cristãos, a própria região não era muito habitada e, como já lhes disse, a população vivia muito espalhada. Os camponeses e pastores eram pobres e a quantidade de escravos era muito pequena – apesar da relativa proximidade com a opulência de Roma, vivíamos em uma realidade social e econômica muito diferente.

Bem, voltemos a Cibele. Organizados em forma de um abraço, ela nos sentou a todos em um semicírculo, embora meio torto porque nossos olhos a colocavam em uma ponta. Além de Leonardo, Virgília e seu filho, ainda havia outro morador que passara a frequentar o grupo recentemente e estes quase nada sabiam de Cristo e do cristianismo. Com a calma e a placidez de que era dotada, Cibele começou a falar sobre Jesus, o Messias prometido. Contou-lhes que os judeus o esperavam, mas muitos desses não acreditaram quando veio, porque era um homem simples e falava das verdades eternas, porque era filho de um carpinteiro, falava a língua do povo e o povo acreditou nele, mas os sacerdotes o crucificaram. Jesus, porém, era filho de Deus e ressuscitou à vida, conforme o anjo do senhor disse às mulheres, a Maria Madalena, a Maria e a seus discípulos, porque o Cristo não fazia distinção entre os homens e as mulheres, sentava-se com todos que tivessem o Pai em si.

Como Paulo deve ter visto centenas e mesmo milhares de vezes, e eu mesmo vira acontecer, todos se espantavam ao ouvirem sobre a ressurreição de quem fora morto.

– Mas como é possível? – perguntava Leonardo. – Se ele estava morto, como pode viver novamente? Se isso é verdade, como disse, se as testemunhas são pessoas de dever e de honra, ele é sim Filho de Deus e a nós cabe adorá-lo também.

O interessante é que ele começou a frase em tom altamente questionador e, em poucas palavras, sua voz foi mudando até alcançar um tom melódico e suave, acredito que foi a conversão mais rápida e doce que vi.

Um silêncio de alguns minutos manteve-se no ar, nada combinado, todos O procuravam em seus pensamentos, investigavam a si próprios a procurar compreender o que sentiam. Cibele aquietou-se também, majestosa; pela experiência, já descobrira que o silêncio também tem a sua vez.

E Leonardo chorou, discretamente. Uma solitária gota a escorrer dos olhos de um bruto pastor de ovelhas comoveu-me. O que ele sentira? Sentiu o mesmo que sentem os que O sentem e O adoram e O adotam em si.

Eu impressionei-me mais que todos. Não esperava tal atitude de meu amigo, tinha enorme dificuldade de senti-Lo ou de escutar o que eu sentia. Todos observaram e nada falaram. Cibele, pouco depois, começou a falar sobre a fé, a fé que move montanhas, a fé que cura, a fé que nos faz amar a Deus e esperá-Lo, sempre a trabalhar.

Percebi, então, a facilidade com que se transformava ao falar. Com mínimas alterações de voz e de jeito, quase imperceptíveis, continuava as frases como as iniciara, a estender-se mais nas ideias do que estava a discorrer. E então falou do grão de mostarda que move montanhas.

– A fé é tê-Lo em si, é acreditar, é segui-Lo a cada passo dos dias que se anunciam. A fé é o que nos move a plantar, a regar e a esperar a colheita, porque com a fé somos seus filhos. A fé é a irmã mais velha da Esperança e da Caridade. Ela é grande e forte; aquele que a possui não teme nem o ferro e nem o fogo – é a prova de todos os sofrimentos físicos e morais, é ela que nos comunica a força e a vida. A fé não só eleva montanhas, como eleva o mundo.

Olhou para Leonardo e retomou a fala focada nele:

– A fé habita com a Esperança, a Caridade e o Amor, o mundo daqueles que procuram o Cristo; a fé sem as obras é uma aparência de fé; a verdadeira fé é a vida e a ação. Antes da revelação do cristianismo, a vida era estéril, era árvore seca pelos estrondos do raio que não produzia nenhum fruto. A fé dos cristãos será reconhecida pelos seus atos; a fé que temos em Jesus e no seu reino deverá começar ainda e agora entre os homens.

Falou-lhes da tempestade que se abatera sobre o barco dos pescadores enquanto Jesus dormia; os seus discípulos o acordaram assustados, ao que ele retrucou a chamar-lhes de “homens de pouca fé”.

– Há tempestades e há dificuldades, são as forças do aprendizado dos filhos de Deus; é nas situações de intempéries que Ele ensina. Se um filho é obrigado a se esforçar para superar o que passa sem deixar a fé cristã de lado, outro é levado a olhar e a ajudar, a demonstrar a fé no braço estendido.

Pelos olhares, percebia o quanto era grandioso o que ela falava para as mentes desses amigos das montanhas, tanto quanto a simplicidade e a delicadeza da sua evangelização.

– Ao tempo em que o inverno derrama nevascas profundas a soterrar e a matar de frio muitos dos que vivem nessas montanhas, percebe-se o cristão que olha ao lado, é aquele que larga os seus protegidos e socorre o vizinho mais necessitado, sem exigir pagamentos, apenas pela graça da ajuda.

Assustei-me; claro, ela falava de mim sem apontar a ninguém, mas focava em Leonardo e utilizava o que ele mesmo fizera como exemplo para a evangelização; o surpreendente é que ela nada sabia da história que nos envolvera, o que me fazia voltar a notar seus trejeitos alterados e a naturalidade com que profetizava.

Leonardo sorriu. Meu amigo, irmão de coração e fé, começava a compreender o que já sentia.

Ao finalizarmos aquela noite, ao estender a palavra aos que quisessem, um frequentador que eu ainda nem conhecia, rapidamente alterou-se de forma brusca e soltou algumas poucas palavras em uma língua desconhecida. Ela o respeitou e esperou; ao final, encerrou com uma prece de poucas palavras, agradeceu a presença de Deus entre os seus naquela noite.

E noites e noites se repetiram. Ao longo de alguns meses, ela esperou que eu me acostumasse com todos e que de minha parte mesmo crescesse a confiança e o relacionamento com os outros. Mais que isso, esperava que eu começasse a confiar nela, no que dizia, no que profetizava. Eu a ouvi dar voz a outras línguas, a profetizar, acalentar e aconselhar a vários; também a vi doar a palavra aos que haviam partido, sempre com discrição e didática, sempre a explicar, sempre a reiterar que a fé cristã deveria ser insistente, contínua, como a sombra a nos acompanhar rotineiramente.

Eu já conhecera muitas pessoas da região, já saíra do casulo em que me escondera e passeara pelas montanhas com Claudio, que crescia forte e com brilho invulgar. Era uma região pobre, ao me conhecerem e ao passo que eu os conhecia a relação com os naturais do lugar tornou-se mais espontânea e descontraída. Paulatinamente, eu ensinava algo do que sabia, desde técnicas básicas de organização até algumas rotinas que desenvolvera no trato das ovelhas. Ia conhecendo as famílias, as crianças que cresciam a imitar seus pais e nem recebiam as primeiras letras ou um parco conhecimento religioso que fosse além dos ritos populares romanos, deuses familiares reverenciados nem se sabia o porquê.

Ora, essa situação começou a me incomodar, algo gostaria de fazer por essas pessoas. Curioso, sentia-me tentado a algo realizar a favor dessas crianças, eu que nunca tivera filhos ou me interessara por crianças. Algumas vezes me surpreendera com tais pensamentos e tentava retirá-los da mente. Impossível, a força que me impulsionava a algo construir era muito forte, comparável ao magnetismo que me levara a procurar Paulo.

Um dia, cheguei mais cedo à reunião evangélica disposto a conversar com Cibele sobre isso. Eu a encontrei a ler Sêneca e parei, surpreso.

– Oh, Antonio, por que a surpresa? O Cristo jamais nos recomendou que restringíssemos nossas leituras, todos são filhos de Deus e merecem ser ouvidos. A sabedoria se encontra em todas as paragens criadas por Deus; onde não há maledicência, e sim a vontade de ensinar e compreender, há o Pai a escrever. Pois bem, já leu Sêneca, não é? O estoicismo reveste-lhe os passos de tal forma, como a pedra bruta a envolver a montanha, que a seda do cristianismo tem dificuldade para lhe alcançar o coração.

Ora, essas palavras que brotavam da sua boca, ininterruptas, encontravam lugar no fundo da minha alma e a tocavam. Esse era eu, sem dúvida alguma, bastou-me sorrir para confirmar o que ela dizia, algo que não fazia com muita frequência.

– Sim, Cibele, li muito a Sêneca e a outros, magníficos, embora sem a beleza e o alcance de Jesus a falar na montanha.

Agora era ela a sorrir.

– Mas Sêneca também escreveu muito sobre conhecer e ensinar. Seus textos discorriam sobre isso, aos que possam ensinem, exemplifiquem.

– Meu pai teve um grande amigo, Flavio, o qual foi uma espécie de meu tutor. Apresentou-me os filósofos, sim, mas falou muito do mundo, até dos plebeus e escravos, foi meu pai no ensinar-me a olhar e a ler, o primeiro a me enxergar e a falar de mim, a perceber a minha dificuldade de aceitar o mundo como ele se apresenta, dominante, cru, bruto e belo.

– Ele esteve aqui.

– Como? Aqui? Quando? Flavio morreu há vários anos.

– Sim, é claro, mas ele continua vivo, como você sabe. Da primeira vez que veio a nossa igreja, disse-lhe que, quando entrou, muitas almas de luz entraram juntas. Dias depois, Paulo esteve aqui e me apresentou a Flavio, junto com mais alguns amigos.

– Como isso é possível?

Sentei-me aturdido e tentava compreender algo do que ela dizia.

– Pela graça de Deus, algumas pessoas apresentam o dom das línguas, outros da cura, outros profetizam. Por uma razão que desconheço e que só posso interpretar como uma ajuda na escolha de vida a que me propus, tenho em mim o dom de ver e conversar com muitas almas amigas que me procuram; não todas, que fique isso claro, mas muitas.

Assombrado, tentei interrogá-la:

– E como você os vê, eles lhe aparecem de onde?

– Ora, surgem onde estou, entram como você entrou. Vestem-se de forma semelhante a nós, a roupa a cobrir-lhes o corpo de almas de Deus. Ensinam-me muito continuamente, principalmente a não julgar os homens, a ensiná-los pelo exemplo, a deixar que o tempo passe ao tempo de ensinar, a deixar que no tempo de cada um compreenderão e chegarão a Deus. Eu aprendi, Antonio, que se os mortos são invisíveis, jamais serão ausentes.

Sem ainda conseguir compreender claramente o que significava tudo que dizia, lembrei-me mais uma vez de Flavio a me falar para que olhasse o mundo, vasto, muito maior do que Roma e seu império.

– E Flavio, como está?

– Ótimo, ele está muito bem e contente com você, vê que agora está a tentar trilhar um caminho.

– Mas Flavio não conheceu Paulo. Ele não era cristão. Como pode estar com eles, agora?

Interrompi, sério, como a dizer algo importante, imperativo.

– Antonio, como todas as crianças que crescem a aprender sempre, nós não ficamos estanques ao deixarmos este corpo. Na vida que continua, o que não aprendemos antes, iremos aprender depois e até ajudar a ensinar.

Ensinar, essa palavra que ela martelava sem parar, lembrei-me então de porque fora lá.

– Flavio me ensinou, eu ainda era criança. Ora, tenho andado muito e vi muitas famílias pobres, com pais e crianças que não sabem as letras. Questiono-me: quem as tem ensinado? Quem as ensina a ler? Como elas mesmas poderão ler no pergaminho as palavras do Cristo, como entenderão, se seus pais também mal compreendem e mal leem?

Agora era ela a sorrir, angelicalmente, hoje posso adjetivar assim ao lembrar. De uma suavidade infinita, um aroma perfumado irradiou-se no ambiente. Posteriormente, muitos e muitos anos depois, soube o quanto o recinto estava cheio de espíritos amigos a cercarem-na.

– Antonio, somos pobres, a região é isolada de Roma pelas montanhas. Não há nada que traga até aqui as moedas que correm soltas na capital do Império. Ainda preciso dizer que, apesar da gentileza de todos daqui, não há quem possa me ajudar nesse labor. Ensiná-los a sentir o Cristo e a Deus, evangelizar, este é o passo que pude dar até agora. Organizar a nossa igreja de *Villagio* enquanto comunidade de irmãos, de cristãos, é demanda que ainda levará tempo e braços.

– Mas quem lhe ajuda normalmente no preparo das reuniões?

– Ora, há este pequeno e simplório espaço, há os dois amigos da comunidade que você já conheceu e que têm algum conhecimento de leitura. Um se chama Paulo, também alterou seu próprio nome ao conhecer o apóstolo que você conheceu, outro é um judeu fugido de Roma, de nome Salomão. Conhece os rituais do seu povo, lê muito bem, aprendeu os novos rituais da simplicidade e da camaradagem das casas cristãs fundadas em Roma antes dos ataques de Nero. Ainda é moço e forte, porém sem família; quando das perseguições, acabou por vir até aqui, indicado por um amigo de meu pai. Trabalha a preparar o pão que vende esparsamente e troca rotineiramente com os camponeses, além do que fornece gratuitamente a alguns desfavorecidos. Eles são o braço da igreja de *Villagio*.

– E você é a cabeça?

– Apenas o coração, a cabeça é Deus.

Respondeu gentilmente e inclinou a cabeça educadamente.

Breve silêncio permaneceu entre nós, procurávamos os próximos passos e as falas para continuar.

– Sabe que não sou cristão, apenas um estudioso dessa filosofia, isso apesar da minha amizade com Paulo e com outros do movimento apostólico. Considero com muito respeito os textos dos pergaminhos que Paulo me apresentou, magníficos, esplêndidos na beleza que constroem, mas talvez ainda me falte construir o espaço deles em meu coração.

Respirei para continuar. Cibele mantinha-se quieta e com o olhar postado em mim a esperar.

– Bem – lentamente tentava continuar a falar, embora me enroscasse no cipoal dos pensamentos –, gostaria de ajudar as crianças de alguma forma, aos outros também, é claro, embora sempre manifeste as minhas dificuldades nesse sentido.

– Sua presença será sempre bem-vinda.

Sintética, considerou que era hora de alegrar-se pela minha iniciativa, sem questionar-me ainda o que faria.

Logo chegaram outras pessoas e nosso diálogo foi interrompido. A noite chegava e nos encontramos no pequeno espaço onde Cibele reunia nossa comunidade. Mais uma vez eu vi aquele espetáculo de camaradagem e gentileza que me encantava naquele cristianismo. Após a prece inicial, ela lia algum trecho da Boa Nova ou pedia que alguém lesse e oferecia a oportunidade do entendimento a todos lá presentes. Permitia o tempo para que conversassem com ela ou mesmo só entre pequenos grupos sobre algum assunto da noite, intervinha a direcionar algumas conversações, voltava a chamar a atenção de todos ao grupo.

Em geral eu ficava quieto, apenas escutava, algumas vezes conversava com os meus sobre algum ponto levantado; Virgília era profundamente interessada, sentia a sua dor de não conseguir ler. Já esboçara iniciá-la na leitura, mas não sabia por onde começar. Eu aprendera cedo, bem criança, com extrema facilidade, mas e a ação inversa, ensinar, como deveria fazer?

As intervenções de nossa querida Cibele eram feitas sempre com muita delicadeza, cuidadosa na intenção de não magoar a ninguém, meticulosa ao procurar jamais humilhar ao ensinar. Em geral, porém nem sempre, ao final das conversações ela dava voz a alguma alma amiga que vinha esclarecer melhor algum ponto. Em pouco tempo já reparara que esses espíritos que a ajudavam na sua obra didática não passavam de três, com uma linguagem mais propícia a tal intento. Terminada a reunião, algumas vezes recebia um espírito amigo a falar de forma um pouco mais complexa.

Isso também não era rotina, que seja dito que o principal das reuniões era o estudo comunitário e ainda mais importante o congraçamento dos cristãos daquele núcleo, o crescimento de uma solidariedade espontânea entre estes, o tornarem-se irmãos.

Naquele dia em especial, ao se encerrarem as conversações, a expressão de seu rosto alterou-se e virou para onde eu estava. Sorriu e disse:

– Meu filho, que bom que está aqui. Que bom que trabalharemos juntos! Que bom estar em Cristo!

Meu susto foi grande. Minha mãe estava morta, sabia que Cibele dava a palavra aos mortos, como fizera com Paulo, mas quando surge alguém muito próximo de nossos sentimentos, a surpresa atinge a emoção.

Eu a olhei fixamente, como se tentasse ver minha mãe através dos olhos de Cibele. Qual nada! O que via era o sorriso discreto e gentil a emoldurar o rosto que me observava.

Minha mente soprava mil questionamentos travados pela garganta fechada:

– Não há porque se surpreender tanto, Antonio. Sim, sou eu mesma que lhe falo e venho dizer-lhe da minha felicidade de vê-lo aqui, da minha alegria de ver a transformação dos seus sentimentos.

Queria lhe perguntar de meu pai, de Roma, dos cristãos, como estava ele, mas não conseguia. Como que adivinhasse meus pensamentos, respondeu:

– Antonio, foi ao seguir-lhe os passos depois de minha morte que tive contato com os cristãos. Graças a você cheguei a Paulo e à imensidão de almas amigas que lhe seguem. Contaram-me do Cristo, de seus milagres, falaram-me sobre o cristianismo cheio de devoção pura, disseminado por Paulo, Pedro, João e muito outros. Conheci a filosofia do amor, vi como seus discípulos ensinam, a pregar o amor de uns aos outros e a Deus acima de tudo. Hoje, meu filho, sou cristã, trabalho com eles a doar a paciência e as bênçãos aos filhos perseguidos pelos desatinos dos homens. Procuramos balsamizar as dores dos que aqui chegam revoltados e feridos, a acreditarem-se esquecidos por Deus. Compreender as palavras de Deus em nosso coração é diferente de imaginar um exército de carruagens celestiais a bater às portas dos palácios, entregando-nos suas riquezas. Se seu filho pôde ser crucificado para ensinar-nos pelo exemplo, devemos nós algo fazer pelos nossos irmãos, mas da mesma forma, utilizando-nos dos mesmos métodos de exemplo e amor.

Apesar de guardar-lhe as palavras por toda a eternidade, esforçava-me em vão para compreender a extensão de tudo o que dizia.

– Em toda pequena igreja fundada em nome de nosso Pai, seus filhos de amor devem receber os que O procuram para iluminar suas angústias, para alimentar sua fome, para clarear seu caminho. As igrejas cristãs são a bóia atirada aos náufragos; independente deles a pegarem, nós a devemos mantê-la sempre ao alcance dos mais infelizes.

O que ela queria dizer com tudo isso?

– Seu pai, meu filho, está bem envelhecido, é breve o tempo em que virá para onde estou. Você o conhece, sabe que é um bom homem, mas muito preso aos estigmas do mundo. Ele jamais esqueceu seu mais velho, tem dificuldade em entender-lhe os passos, embora tivesse visto o que se transformou Roma sob Nero. Não o esqueça, também. Ele ainda pode ajudar na sua intenção. Sei que esteve muito a pensar em como fazer, como ensinar às crianças e como ajudar a *Igreja dos Irmãos em Jesus*. Há a hora de se isolar para fazer renascer o homem novo, mas também há o tempo tanto de estender a ajuda quanto de estender a mão para receber a ajuda. Saberá o que fazer quanto a ele.

Começava a algo compreender.

– Por fim, digo que não se preocupe tanto sobre como irá lhes ensinar, não se julgue tão incompetente. Sabemos o quanto ensinou na Legião, por anos e anos instruiu aos legionários mais diversos, em geral sem perceber, naturalmente, isso porque se importava com eles, amava-os; preocupava-se, portanto, em ensiná-los, e da mesma forma fará. Estarei contigo em todos os momentos em que precisar do professor das primeiras letras em você, mas não se esqueça de que tem a didática do amor, o caminho que Jesus indicou.

Cibele fechou os olhos e, minutos depois de profunda introspecção, em que lentamente seus traços retomavam o lugar, voltou a si. Só mais tarde, quando estávamos quase que a sós, apenas com minha nova família a nos acompanhar, foi que ela me falou da beleza que imantara todo o ambiente nessa noite. Reiterou ainda que passara a ter certeza de que a professora das crianças já chegara, eu precisaria apenas me dispor a ser a ferramenta dela.

– Antonio, eu sei que ainda há um longo trabalho a nos esperar nessa seara de Cristo, mas acredito que o caminho a percorrer já nos foi indicado.

*

Decorreram apenas três dias para que fizesse o que deveria, esperava apenas a coragem tomar-me pelas mãos. Ah, como é mais fácil enfrentar inimigos com a espada na mão...

Ao final dos trabalhos do dia, aparelhei-me com a pena e o pergaminho e escrevi a meu pai. Contei-lhe resumidamente onde morava, de forma genérica expliquei como trabalhava e como era feliz com a gente simples das montanhas; perguntei-lhe como estava, a saúde, os negócios, a família, meus irmãos; por fim, roguei-lhe se poderia enviar-me algumas moedas de ouro para que estruturasse melhor a nova vida que escolhera. Não, não tive coragem de lhe falar mais franca e detalhadamente.

O passo seguinte foi conseguir quem fosse até a *Villa* de meu pai, de lá alguém levaria até ele. Passou um mês, mês e pouco, Cibele, a quem eu contei o que fiz, apenas me dizia que esperasse; impacientava-me no aguardo de alguma resposta, qualquer uma que fosse, ansiava por algum sinal de vida por parte daquela minha família.

Certo dia, um empregado de meu pai chegou ao grupo de pequenas casas que formavam o núcleo dessa comunidade rural. Procurou-me e logo algum amigo foi chamar-me. Ao encontrá-lo, eu não o conhecia, entregou-me uma bolsa com um pergaminho e um saco de moedas. Alimentei-o, deixei que descansasse e partisse no dia seguinte.

Meu pai escreveu poucas linhas. Dizia não conseguir aceitar o meu desprezo pela honra e deveres de todo cidadão romano, especialmente por parte de alguém com a minha estirpe e a minha folha honrosa de centurião. Para minha surpresa, ainda disse que se lembrava de minha mãe a lhe falar insistentemente que deixássemos cada um procurar seu caminho e sua felicidade da maneira que melhor lhe agradasse. Acusou-me de tolo ao deixar meus bens aos escravos de minha casa, esquecendo-se de minha família, ao que completava que a família honraria as tradições romanas e não esqueceria seus filhos. Enviava-me um saco com várias moedas de ouro, ressaltava que, já velho e doente, deixaria o resto dos seus bens aos meus irmãos. "Que os deuses o protejam", foi a frase final, última frase que soube de meu pai naquela vida.

Realmente, a quantidade de moedas de ouro naquele saco compraria a vila toda.

Após refletir, entreguei parte das moedas a Cibele, para que aplicasse no conserto do galpão onde nos encontrávamos para estudar e evangelizar. Ela também providenciou a ampliação do espaço e o reforço de sua proteção para invernos mais rigorosos. Tempos depois, construímos uma pequena padaria para que pudéssemos fornecer pão aos mais pobres e ainda uma nova extensão onde foi erguido um dormitório a receber viajantes e, principalmente, aqueles alcançados pelos acidentes da vida.

Demorou alguns meses para que começássemos a erguer esses melhoramentos e mais de um ano para que entrassem em funcionamento. Três anos depois, também compramos, para a nossa igreja, uma extensão de terras a meia légua de distância de nosso núcleo cristão. Iniciamos uma horta, que foi ampliada ao tempo em que muitos moradores da região, cristianizados, ofereceram-se voluntariamente a trabalhar também nessa terra. Alguns doavam um dia ao mês, outros até um dia a semana, e assim por diante.

Com o correr dos anos, chegamos a possuir algumas ovelhas e outros animais para o leite das crianças da escola. Alguns homens e mulheres da comunidade aprenderam o ofício de manejar o tear e, com a ajuda de Cibele e um pouco de dinheiro da igreja, construíram uma pequena oficina de tecidos e reparos nos calçados e roupas. Essa oficina, por sua vez, não era da igreja, apenas recebera ajuda inicial, pertencia ao grupo que nela trabalhava. Decisão de Cibele que surpreendeu a todos, só depois compreenderam.

Como ela nos ensinou:

– É importante propiciar as condições para que todos tenham a oportunidade de decidir e operar suas vidas por si. É bom que estejamos aqui a evangelizar, mas melhor que os cristianizados provem a si o quanto são cristianizados.

E assim foi feito.

Apesar de algumas rusgas entre eles, um ou outro que, contrafeito, acabou por largar a oficina, a maioria dos que a ergueram acabou por se entender e dar um rumo ao trabalho.

*

Foi em um fim de tarde de verão quente que, pela primeira vez, reuni uma dezena de crianças da região. Conversara com algumas famílias, comprometera-me a logo também organizar o ensino da leitura aos mais velhos; os pais, por sua vez, enviaram-nos seus filhos. Eram crianças de seis, sete, até treze anos.

Da primeira vez, cerquei-me de Cibele e de Claudio. Ele já os conhecia, chamava-os pelo nome, brincou um pouco com eles, enquanto ela apenas observava. A minha experiência prévia em reunir e ensinar vinha da Legião, onde os organizava e os instruía. Mas como fazer isso com as crianças? Organizá-las em centúrias separadas por fileiras de colunas? Impraticável. Ora, mais uma vez Cibele salvou-me.

Aproximando-se de mim, disse, discretamente:

– Por que não oramos antes de iniciar?

Sorri e abri espaço para que ela reunisse a todos. Com dois ou três gestos suaves, agrupou-os e propôs que todos nos sentássemos no chão. Começou, então, a contar-lhes que havia um Deus maior que criou a tudo.

– Somos seus filhos. Ele nos mandou seu primeiro filho para que nos ensinasse e nos servisse de exemplo, deixando-nos as lições de como proceder uns com os outros. Falou-nos da caridade para com os nossos irmãos e deu a vida por todos nós – dizia Cibele.

Dessa forma, ela começou a demonstrar como alfabetizar ao evangelizar. Falou das leis dos homens e das leis de Deus, mostrou-lhes pergaminhos com cópias do *Evangelho,* pergaminhos com livros outros, inclusive com leis de Roma. Disse que devemos respeitar todas as leis que coloquem o amor a Deus e ao próximo em primeiro lugar, mas para que pudéssemos fazer isso deveríamos, antes, conhecer as leis dos homens e as leis de Deus. E para não dependermos do que os outros falam a nós, devemos aprender a ler o que dizem essas leis, para que nós mesmos possamos entendê-las.

Tocadas pela graça proporcionada por Cibele, todas as crianças se encantaram. Pegaram nos pergaminhos, olharam as letras que nada entendiam, perguntaram de Deus, de Roma, do que eram as leis e falaram, falaram e não pararam de falar durante algumas horas. Essa reunião de almas foi de uma alegria contagiante, ao ordenar que voltassem para suas casas porque a hora já ia alta. Senti uma leveza que jamais me alcançara.

Após Cibele começar a falar, sentara-me no chão com eles. Eu a ajudei a conversar e a responder à infinidade de perguntas feitas, consegui até brincar um pouco, foi maravilhoso.

Nas semanas seguintes, eu os reuni regularmente. Cibele continuou a auxiliar-me nas orações iniciais e a acalmá-los, mas logo saía e deixava o trabalho de educador comigo. Apresentei-lhes as letras e escrevia com eles na terra com gravetos. Vagarosamente, semana a semana, durante anos, estive a ensiná-los e a várias outras crianças que se aproximaram. Alguns me ajudaram com os menores, descobrimos que a diferença em ensinar a crianças e adultos é pequena; cabe, ao que ensina, adaptar a palavra. Vezes sem conta, surpreendi-me a lhes falar de forma tão natural e corriqueira que nem me reconhecia. Com o tempo, as informações que recebi e aprendi, eu as interiorizei, passei a ensinar com mais tranquilidade, embora ainda a dificuldade de alcançar a gentileza doce, que Cibele demonstrava, acompanhasse meus passos por toda a vida.

Quando Claudio cresceu um pouco mais, passou a me auxiliar no ensino aos adultos mais velhos. Houve também outro menino que se sobressaiu pela facilidade com que aprendeu a ler e a escrever, um pequeno loirinho, filho de Rufius, de quem herdara o nome.

Nos anos seguintes, passamos a visitar algumas famílias em suas casas. Várias pessoas, por razões as mais diversas, como distância e certo desconforto cultural, não frequentavam nossa escola, se assim a podemos chamar. Ainda que vez ou outra aparecessem na Igreja de *Villagio*, já que essa se tornou conhecida em uma área cada vez maior, a evangelização era por meio oral, algo que, do meu ponto de vista, era limitante.

Vagarosamente, já que tínhamos nossos compromissos de trabalho no pastoreio, jamais largado com a finalidade de não onerar a comunidade, Claudio e Rufius passaram a estabelecer o contato com essas famílias. O primeiro passo era atingir os pais que tinham filhos a aprender na escola, mas à qual eles próprios não compareciam. Virgília os acompanhou até as casas, conversou com algumas senhoras, falou sobre a sua própria experiência, contava como se alegrou ao aprender a ler, ao poder abrir por si própria o pergaminho com o Livro Santo; nessa altura, cópias das cartas de Paulo já circulavam por toda a comunidade cristã da Itália e do Oriente, sendo lidas e comentadas. Nós também copiávamos continuamente trechos do *Evangelho* e dávamos aos que aprendiam a ler.

Ao conseguir que fossem aceitos em alguma família, Virgília passava a vez a Claudio, a Rufius e a mim. Pelo respeito que granjeara pela região, era eu que iniciava o trabalho de alfabetização com os adultos da família. Quando já conheciam o cristianismo, por comparecerem a nossa *Igreja dos Irmãos em Jesus*, mesmo que ocasionalmente, o trabalho era mais fácil.

Os que moravam mais distante ou que ainda tinham raízes culturais mais profundas nas tradições locais eram os mais recalcitrantes, algumas vezes demandavam muitos meses de abordagem delicada. Houve, inclusive, algumas vezes em que tivemos de desistir, tal a forma como fomos refutados, quase com violência.

Os dois jovens, indicados por famílias com parentes em outras comunidades do Lácio, algumas vezes atravessaram as pequenas montanhas que demarcavam a nossa região. Rufius, mais atirado, em certa oportunidade foi sozinho a pequena cidade no caminho para Roma visitar a casa de parentes de seu pai, falando de Cristo e de nossa igreja. Acredito que não teve o cuidado devido na abordagem, jovem e afoito; precipitando-se em subestimar os costumes religiosos tradicionais, acabou por apanhar ligeiramente, ouviu muito, foi interrogado por autoridades e só não foi preso por causa da intervenção dos parentes. Esse infeliz acidente foi o prenúncio de certas dores no futuro.

Claudio adorava cultivar a terra, a horta comunitária, e seu maior prazer era convidar os jovens a acompanhá-lo, ensiná-los a trabalhar da forma como aprendeu. Quando o inverno se aproximava, rude e forte, ou mesmo em caso de falta de chuva ou algum acidente que atingisse certa família de forma mais grave, reunia o seu pequeno grupo e lhes levava provisões, leite, pão, além das orações e da palavra amiga. Apesar de não ser muito falante, a sua sociabilidade se dava pela gentileza no trato. Anos depois, ao casar e constituir família junto a Leonardo e Virgília, ele passou a ser acompanhado pela gentil esposa, Valeriana, espírito brilhante muito achegado a Cibele e que demonstrou a sua paixão pelo exemplo de Cristo em si própria.

Mas o verdadeiro ícone de nossa igreja era Cibele. Espírito que já se enchera de amor em várias vidas anteriores, com os testemunhos que se fazem necessários, magnetizava aos que a rodeavam. Mais do que nos cultos, onde todos falavam e opinavam, de forma amigável, mas que chegava à algaravia, era nas conversas íntimas, tranquilas, que Cibele encantava aos que a procuravam.

Sempre respeitosa, ela não praticava uma evangelização mais incisiva, no sentido de Paulo; exemplificava e falava calmamente com todos. Exaustivamente nos recomendava tato, respeito e educação ao abordar as famílias; pregava o que se poderia batizar, em termos atuais, de uma evangelização suave.

– O cristianismo, Antonio, deve entrar nas casas das pessoas como a brisa da primavera ao entrar pela janela a refrescar os corpos cansados. Deve ser recebido com alívio, a água gelada a refrescar o sedento. Jamais arrombe a porta de casa alguma ao evangelizar, lembre-se de que representa Deus. O que disse por seu filho que amemos uns aos outros, não nos recomendou a nos impormos a ninguém.

Oh, Deus, Deus, reflito agora ao escrever estas letras e descortinar minhas pretenciosas vidas que decorreram após esta, o quanto eu e meus pequenos companheiros erramos ao não conseguirmos compreender essa mensagem. Quantas vezes esquecemos que o Pai pede o exemplo e o amor, jamais a imposição. Quase dois mil anos depois que evangelizávamos pelo Lácio, ainda buscamos aprender a amar e a ensinar como Jesus recomendou.

Ao recomendar a oração e ajudá-los a entender melhor as palavras de Jesus e de Paulo, Cibele buscava muito mais que do que fazê-los aceitar as agruras da vida: procurava incutir-lhes ânimo e gosto pela vida, ensinava-lhes a dizer bom dia a Deus nos dias frios ou ensolarados, insistia que conversassem com as almas amigas através da oração e do silêncio, a ouvi-los nas dobras do coração.

– Por mais que sofram as dores do aprendizado, devemos orientá-los a construir o cristianismo em seus corações, procurar a felicidade em cada dia, em cada ação, em cada pão.

Ela disse e repetiu muitas vezes isso ao conversarmos nos anos contínuos em que trabalhamos juntos:

– Ante a penúria de nossos valores, declaramo-nos sem mérito para receber a ajuda Divina. Perante a extensão de nossas folhas, açoitamos a consciência com lancinante sentimento de hipocrisia ao repetirmos os mesmos desvios que já gostaríamos de não nos permitir. Essa é a estrada da nossa perfeição. A busca da felicidade, tão legítima que todos intrinsecamente a buscam com tanto afinco, é certo que ela existe, se não aqui, em algum lugar. Não nos martirizemos.

Envelheci nessas montanhas ao lado desse espírito maravilhoso, sempre a ratear e a tatear no que ensinava.

*

Ora, em meio a isso tudo, a par de ajudar a organizar a pequena célula cristã de *Villagio* e desencadear um movimento de alfabetização e evangelização cristã por toda aquela região com sucesso significativo, ainda não conseguia me considerar de todo cristão. Ora, ora, como é possível, podem me perguntar. Só lhes posso responder apontando o conjunto das influências culturais romanas, do estoicismo e, principalmente, dos meus preconceitos de alma, orgulho e egoísmo do espírito que lhes escreve, dificuldades de se entregar ao Deus que alcança a todos os homens.

Nesse ponto, mais do que nas centenas de cultos na *Igreja de Villagio* de que participei, onde meu espírito crescia e sentia o calor a inundar-me o coração era no trabalho com os pequenos e no alfabetizar os velhos camponeses. Lembro-me principalmente de certa camponesa, já viúva, que soube do nosso trabalho e nos procurou, queria porque queria aprender a ler.

Bem idosa, a muito custo vinha às aulas, algumas vezes também íamos a sua casa; foram meses, vários meses. Ela tinha dificuldades bem maiores do que as crianças; ao despertar da escuridão das letras, quando pela primeira vez conseguiu ler corretamente, sozinha, e compreender o que lia, sua felicidade transbordou em lágrimas a todos nós que a ladeavam. Então, eu sentia Deus.

Quando mais eu relaxava e brincava era ao sorrir com os pequenos. Interessante lembrar que eu era um soldado, de família de posses, jamais cultivara a terra antes, aprendera com Leonardo e outros camponeses; agora, era quem ensinava o cuidado amoroso aos menores. Com o tempo nos organizamos melhor: Claudio ensinava aos jovens mais velhos, com mais de treze anos, sua esposa o ajudava com as meninas e eu me dedicava aos menores. Sem dúvida, há razão ao apontarem que adorava a passagem em que Jesus dizia "Deixai vir a mim as criancinhas", eu as levava a Ele através do cultivo das flores e dos vegetais a crescerem na horta comunitária. A água a regar as plantas no verão escaldante era a benção de Deus sobre seus filhos, minha pedagogia predileta.

*

Ainda me resta escrever mais sobre nossos cultos e como, ao estudar o Evangelho conosco, Cibele evangelizava.

Com o tempo, passamos a nos reunir em maior número uma vez por semana. Ainda vinha encontrá-la em estudos e conversas com grupos menores outras duas noites. Era nessas ocasiões que. algumas vezes. dava voz a almas amigas do pequeno grupo reunido, grupo menor que também variava muito.

Semanalmente, realizávamos o culto de maior dimensão, com o dia ainda claro, com o comparecimento de um número maior de pessoas à *Igreja de Villagio*. Nosso espaço chegou a ser ampliado três vezes, isso para que comportasse com ligeiro conforto mais do que as vinte ou trinta pessoas que compareciam inicialmente. Ao final, conseguíamos agrupar e dispor bancos para até oitenta pessoas, além de outras tantas a se perfilarem de pé nas paredes.

Escolhido o trecho do pergaminho ou tema do dia, Salomão lia de forma a que todos ouvissem. Após ligeiro comentário de Cibele, ao final da leitura ela oferecia a palavra aos que desejavam falar ou mesmo só perguntar ou contar algo; a destacar que pedia que, naquele momento, as perguntas e comentários fossem mais atinentes ao tema do dia. Claro que era comum que, de um breve comentário sobre a leitura, outras interjeições levassem longe o enfoque do trecho lido. Conforme o correr do tempo, se os ânimos se mantivessem tranquilos e as diversas interpretações fossem aceitas no seu direito de exposição, ela deixava que falassem à vontade; contudo, ao subir a exaltação e a divergência tencionasse transformar-se em animosidade, ela se levantava e abria os braços como a abraçá-los a todos e começava a falar baixo. Destaco um exemplo:

– Como o Pai maior nos ensinou, vale mais o que sentimos e o que fazemos de bom ao nosso irmão, ao nosso mais próximo, independente dele estar de acordo com as nossas opiniões. Se ajudássemos apenas aos que concordam conosco, que mérito teríamos? Amar aos que nos amam não é graça, é dever mínimo! Sorrir aos discordantes, respeitá-los e oferecer o abraço do braço estendido é dever de cristão. Desta feita, meus irmãos em Jesus, peço-lhes receber como um ósculo o que fala cada filho de Deus à direita de nossos ombros.

Após ligeiro silêncio constrangedor, enquanto ruborizávamos de vergonha como alunos que nunca aprendem, ela continuava:

– Se não nós é possível manter o apreço e a fé ao que nos está mais próximo, como iremos espalhar a palavra de Cristo aos romanos mais distantes que se regalam nas arenas? Como, meus irmãos, pretendemos convidar outros do Lácio a nos visitarem se não sabemos conviver entre nós? Aprendamos a ensinar a sorrir àquele que procura compreender à sua maneira. Sejamos todos filhos de Deus!

Assim ela agia. Antes de torná-los cristãos, pretendia ensiná-los a se amarem, a se tornarem irmãos, a aceitar o outro com naturalidade. Feito isso, ao evangelizar, já eram cristãos.

No mesmo sentido, surge a recordação de uma reunião com a participação de Claudio e sua esposa, Rufius, Salomão, Leonardo e Virgília. Rufius, nosso querido e dedicado irmão de fé, na impetuosidade de divulgar a palavra de Cristo a todos, arguia sobre a necessidade de organizarmos expedições de cristianização por toda a região. Um grupo que sistematicamente iria ao encontro das pessoas falar sobre quem foi Jesus, visitaria as famílias nas suas casas e falaria nos espaços coletivos, nas feiras comunais. Falava com tal ardor que seus olhos brilhavam, expunha a perigosa paixão do religioso dominado pela fé.

De início sorria ao ouvi-lo; surgia à lembrança a criança que me olhava fixamente ao me ouvir contar das pregações de Paulo. Ao crescer, ensaiava com os amigos um pequeno teatro cristão em que sempre insistia em ser Paulo a falar de Cristo aos incrédulos, inventava argumentos mil a convencê-los, discorria sobre a famosa visão a caminho de Damasco com uma ênfase que juraríamos tivesse sido com ele o ocorrido.

Eu ainda sorria, mas me preocupava. Tito morrera e seu irmão Domiciano era o novo Imperador de Roma. Uma alma mais perturbada do que a do irmão, consumida por uma inveja que lhe destruíra a moral e o respeito. Em pouco tempo, surgiram notícias de que as perseguições aos cristãos haviam recomeçado. Apesar de separados de Roma pelas montanhas, a distância para a capital do Império era relativamente pequena.

Rufius me preocupava em seus planos de uma evangelização agressiva e expansionista. Para ser mais exato, meus temores não se focavam especificamente nele, e sim que viessem a descobrir nossa comunidade. Meus pesadelos prenunciavam o medo de que algum destacamento de legionários chegasse a *Villagio*.

Cibele esperou que acabasse de falar. Gentilmente nos disse que havia um recado para nós. Olhos fechados, a denotarem imersão e concentração, falou:

– Meus filhos, nós daqui estamos sempre a respeitar-lhes os desígnios, a cada um cabe seguir, com os próprios passos, a luz do caminho já receberam. No entanto, cabe-nos adverti-los de que o afã de demonstrar a fé no Cristo precisa ser acompanhado com a coragem do testemunho.

Esperou mais de um minuto, para que depurássemos o que dizia, antes de continuar.

– Pergunto-lhes: estarão prontos a testemunhar o Cristo? Exaltamos o exemplo do irmão Paulo de Tarso; teremos também a sua coragem? Lembrem-se disso e, resolvidos os passos a dar, sigam em frente, sempre certos de que contarão com o nosso apoio e nossa retaguarda.

A mensagem era clara pra mim, acreditei logo que também seria para todos. Ledo engano, cada um digere conforme seus olhos. Surpreendi-me rápido.

Rufius levantou-se e bradou:

– Tenho a certeza de que cada um aqui é cristão para testemunhar o Cristo, seja onde for.

Após o brado explosivo, olhou-nos fixamente, o olhar da fé obsessiva que ainda iria acompanhá-lo por muitas existências. Pelo susto preguei-me no lugar, nem bem cristão ainda me considerava; sair a falar de Cristo por aí, isso era algo inconcebível para mim, não era Paulo.

Cibele, ao voltar a si, espelhou um vermelho nos seus olhos que eu jamais vira antes, quase poderia dizer que era uma mãe a antever as dores dos filhos.

– Conforme foi dito, respeitarei a todos em seus propósitos, no entanto rogo que seja respeitada a integridade do espaço aqui construído. Não pretendemos nos enclausurar protegidos pela natureza que nos resguarda no vale emparedado pelas montanhas. Acredito, porém, que não vale destruir a casa bem construída de paredes fortes para construir outra incerta acolá. Que o trabalho seja feito onde a terra seca pede água.

Falou diretamente aos jovens, o que dizia não admitia discordâncias.

– Ao finalizar, ainda gostaria de lembrá-los de que devemos aprender com o apostolado de Paulo, com a sua rota, o seu caminho.

Olhou a todos e voltou a sorrir, tomando ares professorais:

– Paulo era judeu, educado nos seus rigores e nos seus cultos, preparado para o rabinato, educado a discursar e a estudar os livros sagrados do judaísmo, pai do cristianismo. Preparado como ninguém, ele sabia responder aos detratores da fé, judeus ou não; falava do que vira e sentira, do que passara e do que experimentara. Ao sair a caminhar e a falar de Jesus, ele procurava inicialmente os agrupamentos judaicos, onde sabia o que encontrar, testemunhando de si aos que já esperavam o Cristo. Ora, ao adentrar os espaços gentios, ao encontrar os homens com raízes nas tradições dos deuses locais, inicialmente procurava ganhar a confiança dos que o acolhiam, tencionando ganhar crédito a si para que tivesse valor a sua palavra. Mesmo em Roma e nas suas províncias, sempre procurava os que o introduzissem no seio da comunidade; aprendia e respeitava os costumes o quanto podia, apresentava o Cristo e falava de Deus, não pretendendo destruir antes de construir.

Após curto fôlego, agora a olhar pra mim, Cibele prosseguiu:

– Em Roma, preocupou-se também com o bem-estar de todos os cristãos, ricos ou pobres. Não pediu a ninguém que se sacrificasse por ele, sempre e apenas por Deus, que O tivessem em si. Cabe a nós estudar o seu exemplo de apostolado e saber onde caminhar e de que forma, a lembrar sempre de que, se pretendemos falar de Cristo, também devemos nos fazer dignos dele.

Quando nos fechamos, as palavras alheias não recebem acolhida, foi o caso. Logo Rufius combinava com Claudio como iriam se organizar, a quem mais iriam convidar e se amanhã ou depois começariam.

E assim foi feito. Formado um grupo de cinco pessoas, eles dois, a esposa de Claudio e mais dois jovens, algumas vezes ainda acompanhado de outra jovem, abandonaram seus afazeres aos encargos de outros da comunidade, que aceitaram se sobrecarregar por eles, já que se apresentavam de uma forma quase heroica aos olhos terceiros. De dois a três dias, despediram-se e rumaram ao norte. Pediram a bênção de Cibele e saíram da comunidade como soldados indo à guerra.

Cibele se calara. Beijara-os docemente e os deixara ir, não havia como pará-los, não a entenderiam. Lado a lado, os víamos desaparecer de vista a subir a trilha.

– Sabe, Antonio, ao pregar a palavra do Cristo, nem sempre agimos como cristãos e nem sempre obteremos o Cristo em nós, muito menos o espalharemos aos outros.

Claudio era um rapaz quieto, de índole retraída, já lhes escrevi isso mais de uma vez; sua esposa o seguia pelo amor, sempre gentil e de uma doce submissão. Apesar de ser mais velho do que Rufius e os dois outros amigos que os acompanharam, a personalidade enfática e dinâmica de Rufius lhe dava a liderança e a decisão dos rumos a tomar e da palavra a desembainhar.

Saíram a parar nas pequenas comunidades mais próximas à nossa; descarregavam a palavra e falavam de Cristo a quem encontrassem, sem o cuidado de contextualizá-lo religiosa e culturalmente. Rufius não compreendera que Paulo inicialmente pregara a um povo que esperava um Messias; de outra feita, com os gentios, procurou como abordá-los ou decepcionou-se, como em Atenas; os romanos não esperavam a nenhum salvador, nem sabiam o que salvar e do que seriam salvos, não compreendiam a mensagem colocada dessa forma.

Em pouco tempo soubemos das suas dificuldades iniciais. Claro que muitos dos detalhes que lhes conto só soube depois, já que não presenciara. Vale ressaltar que nosso grupo não tinha nem de longe a bagagem cultural e nem o testemunho de vida de Paulo, nem ao menos a de muitos romanos. O apóstolo sabia como conversar com eles, o que eu várias vezes vira em Roma; os outros discípulos de Jesus, por sua vez, alguns simples pescadores, falavam a língua do amor, linguagem que os de nosso grupo ainda também mal conheciam.

Inúmeras vezes foram ignorados, muitos apenas lhes viravam as costas, deixando-os a falar sozinhos. Irritavam-se com tal comportamento alheio. Rufius não aceitava que o ignorassem, mas era o mal menor. Um ou outro reagia mais violentamente, discutindo e até injuriando; Claudio corava e se calava enquanto seu parceiro debatia, discutia e se alterava. Poucos aqui e lá os ouviam, perguntavam algo, interessavam-se por uma questão ou outra. Algumas mulheres adoravam ouvir a esposa de Claudio, angelical menina a discorrer o que aprendera sobre o amor de Maria ao seu filho; falava com tal delicadeza que quase hipnotizava. Por outro lado, Rufius enchia-se de ciúmes pela cena, chegando a interrompê-la em duas oportunidades.

Em *Villagio*, ao procurar Cibele em busca de notícias, só a encontrávamos a rezar. Uma vez a vi chorar, mas jamais reclamava, sempre os compreendia.

– Ah, como temos dificuldade de compreender o papel das pedras do caminho, como temos.

*

Acredito que não tenham passado mais que três meses, estava ao lado de Cibele e de Salomão a conversar. Uma tarde de primavera estava a se extinguir, a coloração amarela daquele momento era de uma beleza que nos fascinava e o diálogo entre nós corria leve, encantado com o cenário. Foi uma das meninas da comunidade que viu primeiro e gritou ao apontá-los. Claudio e Rufius, só os dois, desciam correndo a trilha até nós.

Rufius tomou a dianteira e, muitos metros à frente de Claudio, já demonstrava o desespero que carregava. Ao chegar até nós, caiu aos pés de Cibele, chorando e falando de forma incompreensível. Foram minutos angustiantes para todos, Claudio também já chegava, mudo e sério; aparentava uma palidez e traços cadavéricos riscavam-lhe a face. Ainda não entendêramos nada do que Rufius tentava nos dizer, só chorava, pedia que Cibele o perdoasse, enlaçava-lhe as pernas, recusava-se a levantar, não ouvia os apelos para que se acalmasse e nos contasse o que ocorrera. Foi Salomão quem perguntou a Claudio sobre os outros:

– Eles a mataram, os dois estão presos, foram chicoteados e serão julgados.

Sua voz, a maneira como disse, não era o jovem que eu conhecera menino, estava em choque. Não chorava, não explicou mais, sentou-se de alma morta e olhos sem vida a olhar para o nada, a olhar para *Villagio*, onde fora tão feliz e de onde saíra.

Cibele, a muito custo, conseguiu que Rufius se aquietasse um pouco. Ajoelhara-se ao seu lado e o aninhara ao colo; ele retornava à criança que nunca deixara de ser. Ela nos sinalizou para que nada mais falássemos, déssemos o tempo a eles. Demos água, pedimos aos outros amigos que se aproximaram que providenciassem algo para comer e esperamos. De uma a duas horas haviam se passado quando alguma cor começou a retornar ao rosto de Claudio, enquanto Rufius torturava-se e emudecera.

O grupo dos cinco havia chegado mais perto do que supunham de Roma. Em uma das inúmeras comunidades do caminho, pararam em meio à feira, a qual estava cheia de gente àquela hora do dia. Empoleiraram-se em um pequeno degrau e Rufius começou a pregar. De início ninguém lhes deu atenção; nosso amigo voltou a se enfurecer com tal atitude e começou a ser mais incisivo e quase rude em suas frases. Alguns que o ouviam incomodaram-se, dois homens que lá trabalhavam questionaram-no a maneira de falar e provocaram uma discussão acalorada.

A discussão, a briga, chamou mais atenção do que qualquer pregação chamaria, um círculo grande logo se formava em volta deles, a gritaria crescia. Em pouco tempo, Rufius agredia tanto quanto era agredido; proclamava Jesus como filho de Deus vociferando, quase a cuspir-lhes uma divindade, mas aos romanos era tudo tão distante, o que dizia a importar cada vez menos do que a forma com que falava. Claudio, quieto, postara-se ao seu lado apenas para protegê-lo fisicamente, era mais alto e bem mais forte, ombros largos de muito trabalho. Sua esposa e os outros haviam sido engolidos pela pequena multidão que cercara os gladiadores da palavra, não sabiam nem como, mas acabaram se afastando muitos metros deles.

Ao apito da guarda, Claudio, ao olhar por cima dos ombros alheios os viu sendo presos. A multidão dispersou-se por vários lados, ele e Rufius foram empurrados e correram com outros, perdendo-se pelas ruelas e caminhos do entorno. Os dois esconderam-se no mato, a esperar a noite cair.

O nascer do dia superou o pavor que os dominara e assim que a claridade iluminou as ruas, saíram atrás dos três. Rufius procurava disfarçar-se de alguma forma; esfriada a paixão missionária e o ardor violento da contenda, o susto trouxera à tona o medo da criança inconformada. Por que não o amavam? Por que não amavam o que dizia? Não compreendia, em seu íntimo realmente acreditava no que fazia e esperava louvores das pessoas por lhes trazer a palavra de Cristo. Claudio, se temeroso, ansiava mais pela esposa do que por si, abnegação ainda distante do rol de sentimentos do amigo de infância.

As pessoas com que cruzavam nem reparavam neles, a confusão do dia anterior, tantas pessoas em volta a falar e gesticular, mal lhes fixaram os traços, apenas uma ou duas poderiam apontar-lhes. De outra feita, não se encorajavam a perguntar a ninguém sobre os que foram presos, andaram por várias quadras até encontrarem o posto da guarda local. À distância, o temor e o desejo se interpuseram entre eles, a contenda se formou.

– Devemos perguntar por eles, não fizeram nada errado, eles estavam ao largo a vê-lo falar e depois discutir, não entendo porque teriam sido presos. Temos que procurá-los, mesmo que à custa de nos desculpar por algo. O que pode estar lhes acontecendo, precisamos saber, e se correm algum perigo, vamos até lá.

Protegidos pela sombra da parede de uma casa a uma jarda de distância, Rufius o impedia:

– Claudio, não. Podemos ser presos. E mais, o que iríamos falar? Somos cristãos atrás de cristãos que vocês prenderam? Nem o Cristo se ofereceu, foi preso ao ser denunciado. Devemos esperar e ver se serão soltos. Afinal, os discípulos divulgaram o cristianismo ao continuar a obra de Jesus, não se ofereceram para serem crucificados juntamente com ele.

Arguindo uma lógica maniqueísta e quase incompreensível, ainda mostrava-se superior na retórica e, pela personalidade, impôs-se a Claudio. Esperaram horas, o sol quente tostava e provocava sede. Procuraram água e saíram a comprar pão e a comer. Rufius, ao retomar os rituais exteriores, propôs que encontrassem um canto escondido para que rezassem, ao que Claudio concordou, embora retrucasse que poderiam rezar onde estavam, a espreitar o posto da guarda. Contrariado, Rufius concordou, embora resmungasse que não poderiam ajoelhar e expressar a intensidade da oração a implorar pelos seus companheiros.

Ao caminharem de retorno para onde estavam, encontraram três homens a conversar; pretextando que paravam a comer o pão que compraram, sentaram-se perto e tentaram escutar. Animados, apontavam a guarda, um deles repassava os acontecimentos da véspera, falava de um cristão que aparecera a insultar e provocar, a maldizer os costumes e os deuses, ele teria fugido e só os três que os acompanhavam foram presos. Ao ouvi-los, Rufius procurou esconder-se em si mesmo, o pavor voltara a lhe estampar a face, reconhecera-se e, desgostoso, ouviu como a ele se referiam.

Outro homem lembrou a notícia que chegara de Roma. Domiciano estava a prender cristãos, acusava-os de crimes diversos, principalmente de não lhes honrarem a divindade que julgava personificar, dizia-se a boca pequena; a qualquer pretexto os cristãos poderiam ser presos e enviados a Roma.

– E desses, será feito isso?

Era o mais velho que perguntava.

– Parece que só a mulher se disse cristã, os outros disseram só conhecer de vista aquele que falava. Receberam chibatas pela desordem e devem ser soltos daqui a alguns dias.

Claudio virou-se, pálido, a olhar para Rufius; este se virou e levantou, desandando a andar ligeiro para longe dali. Alcançado pelo amigo, reafirmou o perigo que corriam:

– Cristo não pede que morramos por ele, apenas que divulguemos a sua palavra.

Foi então que Claudio deu vazão à cólera que despontava de sua garganta, rompendo a docilidade de seu caráter:

– Ora, não foi você que disse todos nós poderíamos ser como Paulo? Não foi você também que insistiu que irrompêssemos abruptamente à frente das pessoas, a falar de um Deus a quem nem jamais ouviram falar? Não foi você que ridicularizou nossas intenções de criar laços pessoais com os locais antes de lhes falar da religião do Deus que fala à intimidade? Ora, onde estavam seus ouvidos quando Cibele falou sobre sermos exemplos de Cristo em nós mesmos antes de falar de Cristo?

Rufius reagiu agressivamente, com um movimento abrupto afastou-se e, denotando o desespero que lhe surgia aos olhos, ligeiro, sumiu de vista. A noite já caía quando Claudio o encontrou escondido no mato, no mesmo local onde passaram a noite anterior.

Claudio não lhe dirigiu a palavra amiga, apenas relatando o que descobrira:

– Valeriana já foi enviada a Roma, foi posta em um carro com ferros junto a um prisioneiro comum que apelara aos juízes de Roma. Seus amigos – disse em tom sarcástico – já receberam as chibatadas a que foram sentenciados e, de dez a quinze dias, serão soltos. Agora, vou a Roma; se quiser, venha comigo.

Sem mais palavras, Rufius o seguiu. A noite passou e o dia seguinte os encontrou na entrada da cidade, gigantesca perante o pequeno mundo de algumas centenas de pessoas em que foram criados. Chocados e surpresos pelo ritmo da cidade e a indiferença dos que passavam em quantidade sem fim, chegaram às portas da prisão pretoriana da qual eu fora um dos comandantes. Sem perguntar-lhe opinião, Claudio se dirigiu à guarda externa a inquirir sobre suposta prisioneira, mas nada soube. A imensidão da prisão e a entrada constante de prisioneiros, agravada pela burocracia operosa, dificultava os informes e a localização dos presos sem origem que os destacasse.

Três dias passaram às portas da imensa prisão, tornando-se até conhecidos de alguns guardas tal a intensidade de vezes que pediam informações sobre uma prisioneira. Tocado de simpatia por eles, um dos pretorianos procurou levantar informações e retornou ao quarto dia com um informe real sobre Valeriana, a esposa de Claudio.

– Vocês são cristãos?

Ele os inquiriu diretamente, até com certa rudeza.

– Essa mulher que vocês procuram é cristã, foi presa acusada de participar de desordens. O chefe do grupo do qual fazia parte insultava aos nossos deuses, dizia-se cristão e que seu rei tomaria o poder; ele não foi preso, fugiu, ela é acusada de tramar contra o trono do imperador, já que proclamavam um rei em Roma.

Ouviam espantados, jamais pensaram na interpretação que poderiam tirar de suas palavras, principalmente ouvidas e repetidas fora de contexto. Rufius estava pálido, suas pernas fraquejavam.

– Afinal, vocês também são cristãos?

– Não... não!

Responderam rápidos em dueto quase perfeito.

– Hum. Eu não os prenderia se fossem, mas o centurião poderia querer interrogar-lhes.

– Por que a procuram, então?

– Somos parentes meio distantes, mas a conhecemos desde criança.

– Não acho que podem fazer muito por ela, a menos que conheçam alguém de muita influência para tirá-la rapidamente daqui. Há jogos marcados para daqui a nove dias, os cristãos devem ser levados para abrir os espetáculos.

– Aqui em Roma não conhecemos ninguém, mas sabemos que tudo deve ter sido um engano, é uma moça de boa família que sabemos nunca fez mal a ninguém. Sempre pacífica de coração e de devoção ao imperador.

– É mesmo, concordo. Pelo que vi dela pareceu-me mesmo alguém incapaz de ferir a quem quer que seja.

Silenciaram por breves segundos. Claudio rogava forças a Deus para que conseguisse continuar a conversar, pois aquele guarda era a única pessoa que conheciam em Roma e a última oportunidade para que a salvassem. Rufius, ainda pálido, afastara-se meio metro.

– Perdoe-me, mas se puder algo fazer por ela, poderia pagá-lo da maneira que fosse. Até a minha escravidão ofereceria.

O guarda espantou-se com a oferta.

– Ora, mas o que é mesmo dela para que ofereça tanto?

Claudio abaixou a cabeça e murmurou a resposta:

– Sou seu marido.

O guarda os observou e compreendeu toda a verdade; fosse outro poderia prendê-los, mas ele já fora tocado pelas palavras e pelos sentimentos de Claudio. Sem saberem, é claro, as almas amigas os cercavam nesse momento de sensibilidade e dor.

Ele os olhou, observou por mais de um minuto. Rufius transmitia-lhe certa antipatia, mas em Claudio sentia um irmão.

– Farei o que puder.

Mais três dias se passaram. Dormiam ao relento, abençoados pelo calor do verão romano. As moedas se extinguiam, trocaram o pão que compravam pela sopa rala oferecida aos presos e mendigos da cidade. Entre eles mesmos quase não se falavam – era o início de uma inimizade que os uniu por algumas existências.

– O centurião responsável pela guarda autorizou-me junto ao responsável pelos processos, após alguma conversa em que argumentei que ela era parente de amiga de minha mãe que pedia por ela, e disse que poderia conseguir a sua libertação da mesma forma que conseguira de alguns outros, através de uma autorização informal da corte para que os que abjurassem de seu Deus, de chamarem-se cristãos. De outra forma, só a peso de várias bolsas de ouro.

As duas alternativas ouvidas aterrorizaram Claudio: sobre ouro, nem poderiam pensar; mas, e se Valeriana não abjurasse? Ah, precisava lhe falar, escrever, de alguma forma comunicar-se com ela.

Expôs ao pretoriano amigo o que o angustiava.

– Sim, poderia lhe colocar lá dentro a fim de que fale com ela, mas temo, pois o risco é grande. Caso meu centurião desconfie de que você é um dos que fugiram, seria preso imediatamente. Escreva-lhe, é melhor, eu conseguirei lhe entregar.

Após alguma dificuldade para conseguir o necessário para que escrevesse, Claudio entregou pequeno pedaço de pano com um ligeiro texto:

> *Valeriana, viva! Viva para que Deus viva por você, viva para que possa ensinar, faça o que ele pede e sairá. Viva para nós e viveremos para Deus.*
> *Claudio*

*

A manhã seguia seu curso e o sol forte consumia as suas forças. Deixaram-se ficar encostados à sombra de uma fonte de água que havia perto. Um dia e meio depois, a noite já ia alta, o tempo fechara e a chuva prenunciava a tempestade a abater-se sobre os jovens corações.

O pretoriano foi lhes encontrar no vértice de parede que lhes fazia o papel de cama nos últimos dias. Sua aparência denotava terror:

– Conversei com Valeriana, Claudio. Eu tenho a dizer-lhe que foi homem de sorte a encontrar mulher de tal fibra e honra. Pediu-me que lhe dissesse que sempre viverá pelo seu Deus e a ti pede o mesmo, e ainda pede que lhe lembre de continuar as tarefas que começaram. Pede que não abandone os planos traçados. Rogou-me que o ajudasse a compreender sua atitude e que não odiasse a quem fosse, e que ela nunca trabalhou tanto por Deus quanto nesses dias em que esteve presa.

Só conseguira que ela escrevesse duas linhas rapidamente, era escuro e perigoso o que fazia, suas contínuas conversas com ela já despertavam atenção na prisão:

> *Claudio, eu estou em ti, estou contigo, estou com Deus. Que nós O amemos e O tenhamos sempre junto a nós.*
> *Valeriana*

Um instante bastou para que ele entendesse, ela jamais abjuraria a Deus, O amava com tal profundidade na delicadeza que O personificava no dia a dia, renegaria a si própria se abjurasse. Alguém que nunca mentira não saberia como mentir, mesmo que fosse para salvar o próprio corpo.

O pretoriano continuou a falar. Durante meia hora lhes contou o horror em que estavam apinhados mais de uma centena de cristãos. Muitos choravam, desesperados. Alguns, temerosos de si, corajosos apenas na fraqueza, procuravam os guardas a pedir por eles próprios, diziam que não eram cristãos, pediam que avisassem aos centuriões que abjuravam e eram recebidos com risadas. Tal forma de libertação só era possível aos que fossem procurados por alguém, especialmente alguém com posses ou que não fosse da plebe desqualificada e sem cidadania que se exilava cada vez mais em Roma.

Ele lhes contou que Valeriana e mais alguns se esmeravam em atender e amparar a todos, sempre consoladores, orando pelos que temiam. Clamavam a lembrança de Deus aos que O negavam constantemente e até rudemente, revoltados com o destino. Esforçavam-se por pacificar as almas temerosas da dor, cantavam os louvores que os esperavam junto a Deus e acalentavam como filhos os feridos que sofriam de corpo e alma.

Desse trabalho constante, diário, tiveram frutos. Na véspera dos jogos marcados que seriam inaugurados com as vidas alheias de jovens crentes, esses cristãos esperavam a hora com calma, oravam e pediam que o Pai perdoasse aos que lhes feririam. Quando as portas das celas foram abertas para que fossem levados ao circo que os esperava, um perfume suave inebriava todo o ambiente. Legionários espantados observavam a ordem e a obediência daqueles cristãos que cantavam e oravam ao Deus que amavam.

Claudio e Rufius observaram de longe o cortejo de carroças que saíam da prisão, mas não lhes foi possível distinguir Valeriana. O amigo pretoriano insistira quase a rogar que não se aproximassem deles, o risco de serem presos era real. Rufius esboçara a ideia de irem ao circo assistir ao espetáculo tétrico, talvez pudessem vê-la. O pretoriano, novamente, foi enfaticamente contra, conhecia aquilo e sabia que as dores que as visões lhes causariam poderiam lhes provocar reações inesperadas – se a maioria do público vibrava com a matança, almas sensíveis desmaiavam e não a compreendiam. A ascensão ao império destruíra o civismo e os costumes da Roma republicana, cochichavam.

Elaborando pretextos familiares, o pretoriano conseguira a dispensa de trabalhar no espetáculo circense de Domiciano e os levou a sua casa, onde os hospedou por três dias junto a sua mãe e irmã. A mãe, levemente doente, compadeceu-se de Claudio e, ao saber do ocorrido com sua esposa, aninhou-o como a um filho distante. Procurou saber mais sobre os cristãos e maravilhou-se com a prosa do rapaz e com o verbo de Jesus contado por ele. Três dias mais tarde, quando o amigo voltou a sua casa para confirmar aos dois o que se previa, a morte sanguinária dos cristãos, encontrou a mãe com uma disposição de espírito que há muito não via, desde a morte de seu irmão mais novo. Ela perdera o medo da morte e só se entristecia ao reconhecer a necessidade que os dois tinham de voltar às suas famílias. Informaram aos novos amigos a localização de sua comunidade cristã, falaram a eles de Cibele e de *Villagio*. Presenteados com uma bolsa com algumas moedas e alimento para a viagem, seguiram viagem de volta a casa.

*

Foi uma jornada de muitas horas em que os dois mal se falavam, Rufius só o acompanhava; não perdera a docilidade para com os outros, mas com ele, Claudio, era só irritação. Desviaram de onde Valeriana fora presa e seguiram noite adentro. Rufius desesperava-se, tocado nos brios da majestade que sonhara, começando a sentir a escuridão amarga que resulta de nossos atos impensados.

Ao se aproximarem dos pequenos morros que cercam o vale onde se encontrava *Villagio,* passou a preocupar-se com o que e de que forma Claudio contaria sobre o acontecido.

– Culpa-me pelo ocorrido?

Perguntou em tom murcho, quase vítima.

– Com certeza eu não culpo a Deus.

Rufius silenciou só alguns segundos e voltou a dar carga:

– Eu apenas fazia o que cabe a todo cristão, pregar a palavra de Deus aos que a desconhecem, bárbaros de alma.

– Jesus não nos ensinou a impor a sua palavra, falava de caridade aos pobres e amor a todos.

– Ora, o que mais poderia eu fazer, até Paulo foi preso ao pregar, nós não somos melhores do que ele. Por que os nossos escapariam da prisão?

Claudio parou e virou-se, enorme, a ponto de agredi-lo fisicamente:

– Não se faça amigo do inferno em suas palavras, foi você quem agrediu ao povo daquela comunidade, Paulo jamais pregou de tal forma; ele cultivava amigos. Jesus, por sua vez, procurou aos pescadores e convidou-os, não os desrespeitou ou condenou a quem não o seguiu. É a boca de Judas, já que trai a palavra de Deus nas suas atitudes majestosas; Jesus jamais quis ser imperador, rogou aos seus mais pobres discípulos que fossem caridosos para com os mais necessitados, os fracos de corpo e pobres de alma; foi para esses que Pedro construiu sua obra. Pregava aos que o procuravam, sua palavra era seu trabalho, não criava discípulos, e sim cristãos.

Naquele momento, vários espíritos amigos cercaram-nos e interpuseram-se entre eles; até Valeriana, ainda mal refeita do choque da morte violenta, foi levada junto a Claudio para acalmá-lo. Sua voz foi baixando, ao final das palavras não brigava mais, quase que era ele a pregar a Rufius. A presença de sua esposa o emocionou e lhe alterou as quase intenções, muito perto chegara de acabar com a vida de seu amigo de infância.

Rufius diminuirá ao ouvi-lo com tal intensidade, fora se abaixando e se apequenara de medo, sentindo um pavor inédito de quem nada mais esperava, além de carinho e obediência.

Ao perceber que Claudio parava de falar e procurava se recompor, ele desandou a correr em fuga desesperada que só parou ao abraçar as pernas de Cibele, em cena que já lhes narrei.

Horas haviam se passado quando Claudio acabou de nos contar seu testemunho dessa história. Rufius refugiara-se em sua casa, onde se exilou por quase um mês até conseguir retomar a postura que lhe era própria. Seus dois "discípulos", soltos com as marcas de algumas chibatadas nas costas, rebelaram-se contra o Cristo pela falta da proteção que esperavam receber. Um nunca mais apareceu, passou a morar com outros parentes em outro ponto do Lácio; o outro, voltou a sua casa logo, embora demorasse mais de dez anos a voltar a nossa igreja.

Cibele organizou um culto especial por Valeriana em que, no final, ouvimos a palavra clara e instrutiva de Paulo a exortar-nos à vida, ao

Cristo e aos mais necessitados. Rogou que não fortalecêssemos qualquer sentimento rancoroso e compreendêssemos o exemplo de Jesus.

– Não é necessário que procuremos a dor e que soframos, mas quando ela nos procurar, saibamos estar preparados. Os pássaros também cantam no outono. Guardemos a sobriedade e expulsemos o rancor de nossos pensamentos, para que não nos tornemos prisioneiros dele. Conviver ao lado do Cristo não nos permite impor condições. A cada um o caminho que construiu. Que a nossa fé não desfaleça diante desse quadro. Nossas conquistas não poderão ser edificadas por enquanto, dentro do espírito de paz que o Cristo prega. E por algum tempo, virtude nenhuma há de florescer sem os martelos da dor que apara arestas e poda os espinhos de nossas imperfeições. A grande palavra que nos chega no momento, como benção infinita em qualquer tempo, é o recomeço. Recomeçar quantas vezes for necessário; a grande virtude que devemos começar a cultivar desde já é a de resistir aos apelos que nos chamam para o abismo, a queda ao desalento.

"Não desistamos jamais do ideal cristão que acalentamos, trabalhando mesmo que cansados, sorrindo mesmo que estejamos tristes, doando mesmo que nada possuamos e, sobretudo, aprendendo. O sol, a cada manhã, mostra a bênção de Deus no recomeço da jornada, na construção de novos sonhos e ideais. Temos o que merecemos e somos aquilo que pensamos, o que sentimos. O lírio muitas vezes nasce no lodo do pântano, o sândalo costuma perfumar o machado que o fere. Sob o peso das muitas perseguições, estamos todos a construir a maior fortaleza de todas: o amor.

"Sigamos mesmo que nossos pés estejam sangrando; sigamos em frente, sem expectativas de angelitude que por ora não temos como alcançar. Não ser o que gostaríamos é o mais alto preço tributado àquele que optou pelos descaminhos do egoísmo.

"Tenhamos em mente que, se não fomos os eleitos para a obra do Cristo, ao menos fomos os seus escolhidos para esquecer o mal e construir o bem que já pudermos."

*

Em análise íntima, a tormenta de todos nós, narrada por Paulo, consistia em sua eterna lição: *"Porque não faço o bem que quero, mas o mal que não quero esse faço".*

*

Esse acontecimento foi um marco na história de nossa comunidade, o medo chegou aos cristãos com a volta do grupo que pretendia evangelizar o império. As pessoas se retraíram mais, a frequência à casa de culto diminuiu durante alguns meses e, principalmente, fora dos arredores em que vivíamos, todos passaram a temer e a negar que fossem cristãos.

Cibele e eu também nos abatemos, talvez não esperássemos tal retraimento por parte dos amigos que conviviam conosco há muitos anos. Certa vez, a encontrei a chorar:

– Oh, Antonio, desculpe, estou aqui a... deixe-me ver... a trabalhar, a procurar algo que não lembro onde guardei... – surpreendida, parou, constrangida.

Olhei-a, compadecido.

– As mães também choram – disse suavemente, a querer que as minhas palavras lhe acariciassem os sonhos trincados.

Parou a me olhar; foram longos segundos em que, através do meu rosto, via a todos da comunidade, repassava a vida de um a um que conhecia.

– Talvez devêssemos mudar nossa forma de lhes falar sobre a evangelização, o que significa a cada um e aos que conhecemos. Ainda não sei, Antonio; os que consideramos mais fortes e capazes fraquejaram no excesso de sua força. Confundiram a força do caráter com a força da imposição. Será esse o futuro do cristianismo? Espero que não, cabe a nós ensinar de outra maneira a mensagem de Cristo. Não sei se conseguiremos, tenho dificuldade em fazê-los compreender que não lhes pedimos que trocassem uma crença por outra, apenas, que cultuem a Jesus e a Deus cegamente. Gostaria que percebessem Cristo a convidar-nos a amar uns aos outros, não enxergassem uma outra divindade poderosa a lhes ordenar que se tornassem todos cristãos.

Parou para respirar e chorar discretamente por mais alguns minutos. Rapidamente percebi que, dessa vez, conversava mesmo com Cibele, era ela a falar, chorar e desesperar-se; era uma filha de Deus a perceber a dificuldade de semear em terreno pedregoso.

– Antonio, como dizer se as palavras não bastam, como exemplificar se o exemplo do outro é sempre menor, como lhes fazer sentir Cristo, não obedecer a Deus, mas O amar, retendo-O nos próprios sentimentos e no amor aos outros? Como, como fazer isso, Antonio?

Calei-me. Mesmo hoje, considero que realmente ela não me perguntava nada, eu era o interlocutor das suas dores, talvez um dos únicos em *Villagio* que conseguisse dialogar com ela transbordando os horizontes de nosso espaço físico e cultural.

– Acredito que seja hora de pensarmos menor. Eduquemos, evangelizemos, falemos de Deus com mais vagar e mais cuidado. Procuremos olhar mais a cada um, a cada criança, poucas que sejam, e criar o espírito de Cristo nelas, talvez nos abdicando de espalhar o cristianismo pelo império antes de nos tornarmos cristãos em nosso pequeno espaço.

Eu engolia a seco na insignificância a que me delegava, ainda não me decidira a me chamar cristão e via aquela a quem considero um exemplo de amor e dedicação criticar-se pelos erros alheios e chorar porque sua pedagogia cristã incutia as palavras de Cristo em todos, mas não os sentimentos cristãos.

– Passemos a dedicar mais de nossas horas a falar aos sentimentos de cada um, mais do que a lhes contar quais foram as palavras de Jesus. É preciso, Cibele, por agora, narrar a epopeia de Pedro na Casa do Caminho mais do que o roteiro das palavras cristãs de Paulo. Ainda demorará muito para que todos entendam que, antes de falar de Cristo, Paulo o colocou dentro de si.

Devagar, Cibele passou a agir e a cristianizar com passos mais curtos, muitas e muitas vezes um a um, a dialogar com cada pequeno, cada pastor e cada idoso que nos procuravam. Não insistíamos e nem necessariamente convidávamos de imediato a que viessem participar dos cultos em Villagio, importava-nos mais lhes falar aos sentimentos. De início alguns estranharam, mas logo se acostumaram porque se beneficiaram de mais atenção, a todos comprazia o carinho particular de Cibele por alguns minutos.

Também foi estranho pra mim. Acostumara-me e mesmo adorava aquelas reuniões cheias na *Igreja de Villagio*, confesso mesmo que me divertia com os que insistiam em profetizar em outras línguas, com outros que se estertoravam em trejeitos ao dar a palavra às almas amigas, dificultavam-se e pretendiam tanto que se perdiam em conceitos que nada exprimiam, tudo para, ao final, ouvirmos a palavra limpa e clara de Cibele a explicar pacientemente. As reuniões tornaram-se menos espalhafatosas, mais curtas, líamos e conversávamos mais tranquilamente; ela interrogava, respondia e voltava a perguntar, preocupava-se agora, enfaticamente, com o que e de que forma cada um compreendia o que era lido e ouvido. A interpretação, o que ia à mente e no coração de cada um, era objeto de seu principal interesse. Eu a auxiliava o quanto conseguia nessa labuta professoral, esforçava-me intelectualmente de tal maneira que passara a chegar exausto em casa. Compreendia, agora, que era diferente falar de Cristo e fazê-los entender e sentir a Deus.

Para me refazer, voltei a procurar os cantos isolados das pequenas montanhas da região, o caminho da "Gruta de Antonio" onde morei. Passei a convidar a Claudio para que voltássemos a andar juntos nas trilhas que percorríamos só os dois quando, ele era uma criança e eu, o centurião que abandonara Roma.

Claudio emudecera de saudade de Valeriana, fechara-se tanto que retornara ao menino acanhado e quieto que conheci e a que me afeiçoei. Nos primeiros meses, tanto Cibele quanto Virgília revezaram-se no carinho e na dedicação para cicatrizar-lhe o coração ferido. Várias almas amigas lhe falaram como Valeriana estava bem, como Jesus olhava por ela e por ele próprio, mas, acabrunhado, procurava as vozes do vento e dos pássaros para lhe confortar a dor. De Rufius não podia ouvir nem referência: fechava a cara, seus olhos crispavam fogo e o rancor lhe reforçava as grades que o prendiam.

A amizade de irmão e pai que nos unia foi a única ponte a sustentá-lo vivo, a fazê-lo falar. Voltamos à rotina de pastorear juntos e observar os últimos raios de sol a despedirem-se. Ao seu lado, quieto, esperava-o; podíamos passar mais de meia hora sem trocar palavra, os comentários eram breves. Certo dia, culpou-se:

– Eu neguei a Cristo, na frente do quartel dos pretorianos; neguei ser cristão e perdi a chance de estar ao lado de Valeriana.

Não falei nada, esperei que continuasse.

– Não pensei, respondi de imediato, de susto, o medo me dominou. Depois o pavor da prisão e o pavor do que fizera dominou-me ainda mais do que a vontade de resgatá-la. Fui fraco e a perdi, ou ao menos perdi a chance de estar com ela, agora.

Dessa vez ele chorou. As lágrimas estancadas puderam sair e expandir toda a dor que sentia, o luto por si e por ela. Considerava-se o pior dos piores, perdera a mulher que amava e fraquejara na hora do testemunho; traíra ao Cristo que aprendera a amar, ou assim imaginava.

– Claudio, Pedro também negou a Cristo, e três vezes; lembra-se dessa história, não?! Então, não se desconsidere assim. Ouviu que Valeriana está bem e contente contigo... ou não acredita nas palavras de Cibele?

Senti que algo acendera em sua alma, a referência a Pedro, a Cibele e a suas palavras, ao tempo.

– Pedro, mas ele foi um escolhido do Cristo, você mesmo me disse, além do que construiu em Jerusalém o abrigo aos pobres e aos que nada tinham. Você o conheceu, contou-me várias vezes da aura maravilhosa que emanava. Quem sou eu, perdido por entre as ovelhas do Lácio, tolo ao convencer a outros antes de convencer aos que nos cercam; pretensioso e burro ao aceitar seguir com Valeriana um rufião que conhecia de criança e se arvorava a ser como Paulo? Mas Cibele, sabe que me encanto com ela desde que a conhecemos juntos, sabe que foi ela que me uniu a Valeriana. Não me considero em condições de ajudá-la agora; sou fraco, um pastor que nada sabe.

Após fazer breve pausa, Claudio continuou:

– Por outro lado, soube por meus pais das dificuldades que ela enfrenta, da prática de uma evangelização mais pessoal que tem procurado realizar em *Villagio*. Poderia voltar a ajudá-la com as pequenas crianças.

Esse homem de muito amor, cristão, culpava-se, mas de tal ardor era imbuído que acabou por voltar ao trabalho do evangelho com Cibele.

No dia seguinte, como em vários dias antes, ao descer ao vale, eu encontrei Cibele a conversar com um homem bem idoso residente nas encostas, dia após dia eu a encontrava sempre a dialogar com um ou dois ou três, a falar-lhes com paciência e a carregar o cadinho de esperança cristã que sempre tomava a frente de suas palavras. Ao lhe falar de Claudio alegrou-se, primaveril; fechou os olhos e respirou fundo a sentir o abraço dos amigos e a resposta às suas preces.

Com ajuda e com intenções mais humildes, nós mantivemos essa rotina ainda por muitos anos, mas vimos Cibele envelhecer e a branquear os cabelos ainda cedo para a idade; era mais jovem do que eu, mal passava dos cinquenta anos quando adoeceu pela primeira vez. Claudio se transformara, tanto tempo de contato estreito com as pequenas crianças e com Cibele suavizaram e refinaram as fibras de sua alma gentil. Passou a profetizar quase que com a mesma facilidade e naturalidade que ela. Nas primeiras vezes em que ela adoeceu, ele a substituiu na finalização dos trabalhos na hora do culto e, junto com Salomão, desenvolveu uma pedagogia cristã própria ao explicar, com carinho e da forma mais adequada a cada um, cada passagem que era lida e comentada em cada culto específico.

Em algumas ocasiões, recebemos as palavras das almas amigas a nos avisar que estava na hora dos filhos crescerem; a cada vez que Cibele adoecia, essas palavras se repetiam e começamos a compreender. Claudio, Salomão e eu passamos a coordenar todos os trabalhos da comunidade cristã, criada, educada e sedimentada por ela. Vários anos já haviam transcorrido desde que Valeriana morrera, o trauma fora superado em *Villagio*, mas em Roma as perseguições cristãs reapareciam conforme o humor e os interesses dos poderosos de ocasião. Sem muito alarde e pregações impositivas, o renome de Cibele e dos cristãos que ela formou começou a atrair numerosas pessoas das regiões vizinhas.

Inicialmente passamos a receber visitas de outros cristãos do Lácio que viviam com sua fé quase escondida. Ao saberem dela, muitos vinham em dias de culto para ouvi-la profetizar ou conseguir breve diálogo a sós. Outros se interessavam pelos tratamentos de saúde à base de ervas que ela fornecia, conforme receitado pelas almas amigas; cremes e unguentos feitos à base de folhas fervidas e moídas também eram fornecidos, tudo semeado na horta das crianças que Claudio e eu cuidávamos com elas.

Ainda tantos outros vieram, esperançosos de receber as graças pelas suas mãos. Ao final dos cultos ou em ocasiões específicas, ela se aproximava dos que a ouviam e, após aquietar-se, imergia em funda introspecção e lhes impunha a mão sobre a cabeça por alguns minutos. Quantos, quantos doentes voltaram dias e dias depois a nos contar como estavam melhores! O trabalho de cura pela imposição das mãos que Cibele realizava, ela mesmo resumia em uma única palavra aos que pediam que lhe ensinassem: fé.

Aprendemos muitas prescrições, mas ela também nos ensinou que cada receita fornecida deveria ser acompanhada de uma palavra cristã, tanto para incentivo de vida quanto para modificações de hábitos que poderiam causar outras doenças, do corpo ou da alma. Apesar de trabalhar com prazos mais longos, Cibele repetiu o que vira Paulo fazer, a ajuda para as doenças e as penúrias tornara-se o principal meio de conversão inicial, ao que nos cabia complementar depois com a evangelização.

Cibele, enfraquecia, cada vez mais doente, em seus últimos meses a levávamos carregada aos cultos; por outro lado, seus olhos brilhavam mais, seu sorriso era maior, estava feliz. Feliz por voltar para casa, como brincava conosco, mas feliz por finalmente ver, em muitos de seus filhos, o sentimento cristão deitar raízes.

Muitos, a maioria de nós, principalmente o que lhes escreve, ainda demoraria vidas e vidas para vivenciar Cristo em seu cotidiano, mas a semente cristã, cada um de nós a teve semeada por Cibele em *Villagio fratello Gesù*.

Eu sou cristão

Alguns anos passaram após o falecimento de Cibele. Claudio, Salomão e eu abraçamos e continuamos o seu trabalho. Em que pese todo o esforço feito por nós, jamais suprimos a ausência do seu carisma, pois ela transformara-se em um ícone, uma referência moral para os frequentadores da Igreja de Villagio.

A comunidade nos apoiou, sinto que gostavam muito de nós, principalmente respeitavam-me e a Salomão também. Claudio, por sua vez, muitos haviam visto crescer e, após o que lhe sucedera, tornara-se alvo do carinho de todos. Ele amadurecera, a dor ainda o mantinha quieto apesar do tempo transcorrido; os sulcos que lhe apareceram na face jamais saíram, mas o contato constante com os jovens, a delicadeza e o esmero com que cuidava das flores e da horda comunitária e as visitas regulares que fazia com as crianças, ou mesmo sozinho, aos idosos viúvos ou que moravam isolados, tudo isso colaborara para que transparecesse paz e bondade aos que o encontravam.

O peso dos anos já me alcançava. Apesar de ainda muito forte, calejado na vida austera do sobe e desce com as ovelhas e no vai-e-vem ao vale onde se situava a casa do culto, minha respiração não acompanhava o esforço almejado pelas pernas. Para o trabalho no culto da igreja propriamente dito, devemos as graças ao trabalho de Salomão. Este passou a cuidar de todos os detalhes organizacionais básicos, desde bancos até à leitura e à ordem. Pouco antes mesmo que Cibele nos deixasse, ele chamara a si tal responsabilidade e a cumpria com extremo cuidado, conforme as próprias palavras dela.

Já o principal responsável pelo trabalho de profetizar era Claudio, era o seu momento falante; sempre em tom baixo e grave discorria sobre os problemas do cotidiano através de exemplos comuns, simples. A alma amiga que o acompanhava nessa pedagogia era extremamente hábil em abordar os espinhos que dificultavam a evangelização, constantemente discorria sobre os viajantes que se preocupavam mais com o espinho na sandália do que com o próprio caminho. Apontava que viver cristão é mais difícil do que ser cristão em um momento de conversão, pensar a comunidade requeria espírito de abnegação e fidelidade à mensagem de Jesus. Insistia que o "amai-vos uns aos outros" também significava solidarizar-se com os outros, ser gentil a mais do que pedem as medidas formais, demonstrar a caridade amiga, mais do que a caridade doadora.

Dizia Claudio:

– Meus irmãos, dentro da caridade, não nos esqueçamos de que o solidarizar-se imprime novos impulsos e reflexos na vida cotidiana. A caridade é a matriz de sentimentos louváveis e traz em si "o solidarizar-se", eleva ao nível de abençoada escola de afeto e revitalização os ensinamentos cristãos.

Assim conseguimos manter a aura cristã de *Villagio*, conforme criada por Cibele, embora nos tenhamos circunscrito ao âmbito de nossa comunidade, não ensaiando outras missões evangelizadoras.

No tempo de vida dessa primeira geração cristã de *Villagio*, continuamos a trabalhar com o objetivo de educar, alfabetizar e evangelizar, ainda sempre com a intenção de inserir os sentimentos cristãos nesses romanos do Lácio. Ainda que vez ou outra relaxasse um pouco, ao acreditar que a compreensão do Sermão da Montanha chegava aos frequentadores de nossa igreja, constantemente rumores sobre acontecimentos nos lembravam de que aprender as palavras de Jesus não era o mesmo que sentir como ele.

*

Apenas um ano e pouco havia transcorrido da morte de Cibele, quando soube que um corpo de mulher havia sido encontrado nas margens do rio, provavelmente morrera de frio, o outono estava a terminar e o inverno se aproximava. Eu estava fora a buscar resolver alguns problemas da comunidade e só regressei na tarde seguinte, a tempo somente de participar do sepultamento.

Aquela notícia reacendeu um sentimento estranho que me inquietava aquela manhã. Acordara soturno, quase melancólico, sem razão aparente lembrava-me de antiga fala de Cibele a dizer que, "por mais que demore, em algum momento o passado deve ficar para trás". Há quantos anos abandonara Roma! De vez em quando, ecos dos acontecimentos de lá nos atingiam, mas ouvia sobre a cidade imperial como algo distante, longe da minha vida de pastor, porém, quieto, mas vivo, o sentimento do orgulhoso militar romano subsistia nas minhas profundezas, lembrando-me de quem fora.

Ao chegar e ver o corpo sendo preparado para o sepultamento, pedi para que me deixassem vê-lo. Uma espada afiada a cortar-me não teria me surpreendido tanto: lá estava Claudia Proculus, aquela que foi minha esposa. A surpresa foi enorme, apesar de não deixar transparecer a quem quer que fosse; eu a reconheci prontamente através daquelas faces macilentas e cabelos grisalhos. Ainda tinha algo dos belos traços que eu conhecera, mas havia dor e desespero a transparecer no seu rosto. Eu a cobri novamente, apoiei-me na mesa e senti o arrepio do passado a percorrer-me inteiro; participei do sepultamento murmurando comigo mesmo que terminara um capítulo do livro de minha vida.

Com o tempo, a unir palavras explicativas de minha mãe, Vespasia, e ainda de Cibele, por Claudio, soube algo do que lhe acontecera após a nossa separação. Depois que saiu de minha casa, embora refeita dos bens que partilhara comigo quando casamos, o montante ainda era pouco para que tivesse a vida que lhe agradava; por isso, logo saiu em desabalada carreira de conquistas, tanto para afirmar para si mesma que ainda era bela e inteligente para conquistar os homens, quanto para se refazer financeiramente.

Ao misturar sua beleza e prosa à lascívia e à política, logo se casou novamente com um aristocrata rico e idoso, o qual morreu em poucos anos. Com a riqueza e as festas que as vitórias de Tito trouxeram, Roma se encheu novamente de oportunidades. Claudia voltou a casar e não demorou a se separar, com divórcio comprado por militar interessado em utilizá-la como mulher e como instrumento político de sedução. Em meio às intrigas por favores e decisões da corte, que significavam cargos e muitos bens, foi usada tanto quanto usara, quando, já mais velha, surpreendeu-se viúva e sozinha, quase pobre pelo desperdício exagerado, cansada e doente, ou seja, envelhecida e completamente só no mundo. Descobriu-se seca de vida, as festas haviam perdido o viço e o interesse e não tinha a quem recorrer, já que também nunca primara por conquistar afeições verdadeiras.

Começou a viver cada vez mais fora de Roma, mas a beleza da costa não lhe alegrava a solidão. Passou, certa feita, perto da *Villa* de meu pai, lembrava-se de lá porque muitas vezes a visitara comigo; observou-a de longe, mas não entrou, muito tempo se passara e não sabia o que encontrar e nem se meu pai ou eu ainda estávamos vivos. Vagou pelas pequenas comunidades do Lácio, sem saber passou a andar pelos mesmos lugares que eu procurara anos antes, também ia atrás de uma vida diferente, a buscar um consolo para a alma oprimida.

Nos últimos dias, sua inquietação e a ânsia por algo que sanasse sua angustia a levara a caminhar sozinha pelas trilhas das montanhas.

O frio apertara, mas o desleixo com a própria vida levava-a a ignorá-lo. No dia anterior a que foi encontrada, andara muito próxima de nossa região, acelerara o passo com a premência da vida que se esvaía. A noite a encontrara perdida e sem qualquer capa; quando não pôde mais prosseguir, acomodou-se em uma pedra grande a metros do rio, no entanto o frio veio acompanhado de vento forte e a idade madura não aguentou as forças da natureza. Nossos caminhos voltariam a se entrelaçar em outras vidas.

*

Os ecos de Roma vez ou outra nos atingiam, como escrevi. Tornara-me o ancião de nossa comunidade, algo como uma pessoa de referência nessa coletividade de pastores dispersos. Sempre estavam a me procurar para opinar sobre as situações cotidianas mais diversas, de pequenas desavenças a relações comerciais; portanto, foi natural que me apontassem quando, já perto do final do século I, pequeno destacamento de soldados chegou ao núcleo cristão e perguntou quem era o responsável. Ora, foram me procurar e me encontraram junto de Claudio e Virgília – Leonardo falecera e passáramos a dar mais atenção e carinho a ela.

Eram apenas seis legionários, disseram-me, e estavam a tratar todos de forma respeitosa, mas inquiriam sobre o chefe cristão. Mais de uma vez, depois desses anos todos, voltei a me enfiar no turbilhão de pensamentos confusos que me torturavam desde 61, ao conhecer Paulo. Afinal, eu era cristão?

Por volta de trinta anos haviam se passado e eu ainda não conseguia me definir como cristão. Mas o que me prendia, qual era o obstáculo que se interpunha entre mim e o cristianismo? Renegara a estirpe romana, sujeitara-me à vida de pastor, via-me sem méritos e deméritos, apenas um homem que não suportara mais ser um militar romano e que abraçara uma vida escondida em meio às montanhas e junto aos amigos cristãos. Não conseguia superlativo algum, alfabetizara e falara de Paulo e de Cristo com tal facilidade, com a naturalidade de um professor que ensina, mas não me via como alguém a evangelizar, já que não me revestia dos sentimentos cristãos, segundo supunha.

Sim, a questão da igualdade dos homens perante Deus era algo que o orgulho romano com que fora educado ainda não superara. Por mais que fossemos e fizéssemos, aquele simples escravo estaria frente a Deus como eu, ainda ruminava com tal conceito – o orgulho de casta e o egoísmo pessoal são dos principais obstáculos a se oporem à disseminação dos sentimentos cristãos até os dias de hoje.

Paulo falara-me de amor, Jesus legara a caridade para com todos, mas quando pensava em amor, ainda viciava-me em pensar no amor dos homens e suas paixões. Lembrava-me de Claudia e Cíntia, as mulheres de minha vida de soldado; casara-me com uma, deitara-me com a outra e a matara. Com elas, conheci a malícia dos corpos, sobressaía a paixão dos desejos, mas o amor de que fala Jesus era diferente disso – o amor ao outro. Eu ainda brigava comigo ao sentir certa dificuldade em abraçá-lo, receio de sentir e vivenciar o Cristo que me acompanha há muitas vidas.

Em torno de vinte pessoas, alguns homens, mas principalmente as mulheres e poucas crianças esperavam-me aflitas, em frente a nossa igreja. Serviam pão e vinho aos soldados, apresentavam-se solícitas, mas o medo sobressaía, rumores de cristãos presos não eram raros.

Ao surgir ao longe, senti as dezenas de olhos a fitarem-me. Estava com aproximadamente setenta anos, os cabelos mal arrumados eram quase todos grisalhos, acompanhados da barba descuidada. O cajado já me acompanhava há tanto tempo que nem lembrava. O peso dos anos já mostrava sua presença, mas a vida extremamente saudável e ativa proporcionava-me uma vivacidade que minha aparência não contava.

O encarregado do pequeno destacamento apresentou-se assim que cheguei e me posicionei à frente de todos. Após declarar seu nome e centúria a que pertencia, declinou as suas ordens.

– Tenho ordens para levar o responsável por este templo cristão para interrogatório. É você?

– Sou – respondi placidamente.

– Qual seu nome e origem? Tens a cidadania romana?

– Marco Antonio Sevulus. Sou de origem da ordem equestre romana, centurião da Guarda Pretoriana até o ano de 64 – ainda declinei o nome de meu pai, embora o meu nome de família já apontasse minha posição social de origem.

Os soldados e mesmo muitos amigos da igreja, que não sabiam claramente de meu passado, recuaram, surpresos. A sociedade romana sempre valorizou as origens familiares, além de prestigiar a cada um conforme os cargos que já detivera em seu histórico de vida. Senadores, tribunos, centuriões e ainda outros, mesmo ao deixarem seus cargos e funções, sempre retinham, aos olhos terceiros, parte do prestígio que os acompanhava. Por mais tempo que morasse em *Villagio*, meu nome de família e minha própria história não se apagara da memória social romana. Também minha fala dizia de mim, acostumara-me com o latim popular dos arrabaldes, mas não perdera o lustro da minha dicção esmerada.

Os soldados perfilaram-se educadamente; suas ordens excediam ao passado de quem fosse, mas o respeito devido impunha-se. Não me conheciam de nome, não eram soldados da cidade de Roma, estacionados que ficavam na pequena cidade em que Valeriana fora presa.

– É cristão?

Perguntou-me o que temia e esperava, mas a resposta não podia mais ser outra:

– Sim, sou cristão.

Vi que alguns deles se abalaram com a resposta dita de forma tranquila e segura, serena mesmo.

– Deverá ser conduzido à presença do tribuno, que está a averiguar a ação dos cristãos nesta região.

– Poderemos ir quando queira.

Mantinha-me surpreendentemente calmo, nem eu me reconhecia. O legionário ainda permitiu-me uma refeição ligeira, a que nos acompanhou e dividiu. A hora já ia alta e resolveram seguir no dia seguinte. Pernoitaríamos na casa da igreja, ideia que aceitaram.

Alojados sob a abóbada de nossa pequena igreja, deitei-me displicentemente entre os soldados. Os amigos, ainda que consternados pela situação inédita em nossa comunidade, mantinham-se passivos, logo providenciando capas grossas de inverno a todos. Claudio, Salomão, Virgília e outros mais insistiam para que os deixasse dormir ao meu lado, cheio de alegria pelo carinho que demonstravam; ainda assim recusei, não queria criar nenhuma situação que importunasse a simpatia e o respeito conquistado aos soldados. Apenas a Claudio eu permiti que ficasse.

Quase filho de criação, após trinta anos lado a lado, passáramos a nos entender apenas por olhares e gestos. Ele chegara à meia idade um homem enorme de forte, não muito alto, mas com braços que assustariam se não houvesse a contrapartida da simpatia que irradiava cada vez mais.

Com muito jeito, pediu que nos deixassem orar em um canto da igreja, não tiveram como negar.

Por toda aquela minha vida, jamais sentira tal imensidão, tal sentimento de paz a invadir-me todos os espaços do sentimento; minha calma extrema continuava a me surpreender.

Ajoelhamo-nos diante de nosso pequeno altar, um discreto crucifixo de madeira, nada a evocar demasiadamente as dores de Jesus. Acima deste, uma madeira maior trazia talhada, em sua superfície, a arte de uma casa com a porta aberta e um ancião à frente a convidar todos a entrarem. Acima da porta, também havia o desenho do peixe cristão, era a Igreja de *Villagio* criada por jovem carpinteiro de nossa comunidade. Meu olhar derrubava as paredes que nos cerceavam e via, longe, as montanhas como as vi no primeiro dia em que chegara a essas terras; a neve que nos visitava, nossa horta, sorria a despedir-me. Recordava Cibele a nos receber da primeira vez e, por fim, mais do que surpreso, enxergava Paulo a pairar sobre a nossa casa, abençoando-a, feliz.

Claudio orava baixo, em tom grave, rogava força a todos nós e clemência por nossos erros; discreto, chorava abundantemente. Como graça pela minha conversão, senti a alegria de ouvir minha própria voz em tom outro, também a pedir, mas a pedir a Claudio que fosse forte e que assumisse a comunidade, que liderasse o quanto as suas forças permitissem.

– Meu filho, não o iremos abandonar, não abandone aos que necessitam de ti. Tudo ficará bem, por agora a *Villagio* que semeaste precisa que fique para coordenar e orientar. Compreende? Aceita?

Ele abaixou a cabeça repetidas vezes, ainda bem discreto, sem qualquer soluço que fosse, seu choro mantinha-se abundante. Ao raiar do dia seguinte, pão e queijo fornecidos e todos alimentados, abraçamo-nos fortemente quando eu, postado no meio dos soldados, despedi-me com simplicidade dos amigos reunidos e caminhei ao longe. Passos e passos depois, em um último e inevitável olhar para trás, vislumbrei-os a orar e a cantar de mãos dadas, coordenados e contidos por Claudio.

*

Foram desgastantes as horas de caminhada até a pequena cidade. O sol já subira e começava a descer quando chegamos extenuados, embora bem de saúde. Já era um homem idoso e esses não eram soldados incorporados às legiões de fronteira, acostumados a longas marchas. O respeito demonstrado durante o trajeto continuou, fui colocado em pequena cela, sozinho, e logo recebia alimento e água. Só falava algo quando me perguntavam.

O tribuno só me chamou no dia seguinte. Jovem romano, eu simpatizei com ele de imediato, embora percebesse sua obrigação quanto às ordens. Marcio, seu nome ficou gravado em minha memória por séculos, apesar do contato ligeiro.

Já informado da minha condição de nome romano e histórico, apresentou certa rudeza na voz, mas era formalidade costumeira com os prisioneiros. Como já sabia, o nome de família que eu apresentava, por si, já bastaria para que fosse obrigado a se conter.

– Há acusações de que, na região em que vive, funciona um templo dos cristãos. Segundo acusam, fomentam desobediência ao imperador e conspurcam contra os costumes familiares dos vizinhos. Ainda acusam-nos de não recolher os impostos devidos. Declara ser o chefe desses cristãos e reconhece a sua culpa dessas acusações?

– Nobre tribuno, representante do Império, tem a voz e a força, tenho somente meu corpo e minha fé. Meu passado honrado e dever prontamente cumprido nas legiões que amei e minha atuação como centurião da Guarda Pretoriana podem muito bem falar pela minha lealdade à Casa Imperial. A igreja fundada por nós é uma casa de oração e amizade. Oramos a Deus e nos ajudamos mutuamente, conforme as carências de cada um. Aos vizinhos, sempre mantivemos respeito e disposição para pronto atendimento quando alguma necessidade os visitasse, jamais impusemos crença alguma, sempre nos recolhemos em nossa humildade. Os impostos devidos à corte, sempre que devidamente cobrados, foram pagos – a lembrar de que a região presta-se principalmente ao pastoreio, acompanhado de pequena horta e parreiras esparsas para o vinho local, tudo feito de forma independente por cada morador da comunidade. A Igreja Cristã não se presta a casa de comércio, oferecemos apenas nosso espaço e um prato aos pobres famintos e vazios da sorte; para isso, possuímos discreta horta, como pôde ver o destacamento que muito respeitosamente nos visitou para que eu viesse até aqui.

O discurso foi feito a baixa voz, sempre a respeitá-lo – que a nossa discordância seja de conteúdo e não de forma, como me ensinou Paulo. O jovem fitou-me, angustiado pela resposta inesperada. Mexeu em ordens escritas que tinha a sua frente, tomou de taça de vinho em caneca grosseira, remexeu-se todo e demorou a me dirigir a palavra:

– É abusado na resposta, as cobras também rastejam baixo como fala. Sua crença não me diz respeito, sortilégios não me atingem, sua divindade é um nada, embora seja de parecer que ela se oponha ao imperador. O que mais os acusam é de importunar as famílias do Lácio, sempre a opor filhos a pais, mulher a desobedecer a marido, homens que perdem as fibras. De vários lados, recebemos acusações a reclamar que os seus incentivam a desobediência familiar e ainda pregam crenças dos judeus que amaldiçoam os costumes e as festas aos deuses. Pais, mais de um, aqui estiveram a acusá-los de fomentar a discórdia em seu meio; são filhas que fogem para vê-los e ouvi-los em suas igrejas, são filhos a roubarem pertences das famílias a fim de lhes entregarem com histórias e loucuras diversas. Disso, cristão centurião, há dezenas de acusações.

– Prezado tribuno, apresentamos em nossa igreja as palavras de Jesus Cristo a dizer que amemos uns aos outros, como Deus nos ama. Aceitamos a quem apareça a nos visitar, não estimulamos discórdias familiares, mas não nos negamos a aceitar os filhos de coração partido e pais que não os compreendem. A esses, os pais, também convidamos a que participem de nossas preces, mas jamais impomos ou obrigamos a quem seja a abandonar os seus. A palavra do Cristo prega o amor.

Até onde a minha sensibilidade percebia, o ambiente enchera-se da presença das almas amigas; delas eu recebia a força que demonstrava, mais ainda a sabedoria que sobrepujava a minha. Alegrei-me ao perceber que o tribuno e os dois guardas que o ladeavam eram sensibilizados pelos amigos que nos visitavam. Ele mal conseguia continuar, a voz lhe faltava.

– Se assim o diz, assim será averiguado. Tribuno enviado de Roma, com a finalidade de investigar pagamentos devidos e indevidos e levar aos que devem a Roma, chegará amanhã. Será recolhido para que possamos ordenar a sua libertação ou seu encaminhamento a Roma.

O resto do dia e a noite eu passei muito bem, sempre bem atendido pelos soldados, ainda mais simpáticos comigo. Nosso breve diálogo correra a cidade como o vento que antecede a chuva. Murmúrios chegaram às paredes que me continham, só encerrados com a noite. Os soldados conversaram durante toda a noite, ouvia-os bem, já que quase não fechara os olhos, o cansaço e o sono não chegavam. Orava e lembrava-me das paisagens que me encantaram a vida nos anos anteriores. A majestade dos cantos que a natureza me ofertava, a esses eu certamente devia os tributos da minha felicidade. Os ventos assoviavam a noite para que eu adormecesse e os animais corriam matinalmente para que eu acordasse, maior alegria jamais poderia ter. As lembranças que elevam só me permitiram breves momentos de cochilo; o som do repasto matinal, pão, água e sopa ofertados pelos soldados despertaram-me pela manhã.

Terminara minha refeição e orava em voz alta, observado pelos soldados que me trouxeram de *Villagio*, silenciosos, tocados na alma, não pelas minhas pobres palavras, mas pelos amigos espirituais que nos cercavam. Mais algumas horas e o brado das tropas indicava a chegada dos que vinham de Roma.

*

O tribuno romano vinha com uma centúria de homens, todos jovens recentemente incorporados a cumprirem horas de serviço na península antes de serem designados a alguma legião mais distante. Os recém-chegados foram postos a descansar e o tribuno foi ter com Marcio. Ao passo que a centúria descansava em sua quase totalidade, três dos homens que a coordenavam militarmente passaram a conversar com os locais, a fim de se inteirarem dos recentes acontecimentos.

Ao receber a sopa que indicava o fim do dia claro, os dois soldados que a trouxeram comentaram comigo que eu só deveria ser chamado à frente do tribuno romano no dia seguinte ou ainda no outro, visto que este estava cansado e interessado em encontrar os que tivessem posse material maior do que seus pagamentos de tributos indicavam.

– Maior exagero e prova de intenções outras é a quantidade de legionários de que veio acompanhado, nada mais que isso a denotar o interesse que o move.

Ao anoitecer totalmente e a escuridão e o silêncio dominarem o pequeno espaço em que eu estava, perdido em meus pensamentos a lembrar de como estariam todos em *Villagio*, fui surpreendido por um soldado que se aproximava e batia de leve nas grades de forma a me chamar atenção – de certo imaginou que eu dormia. Levantei-me e aproximei-me dele, era um dos três soldados que coordenavam militarmente a centúria.

– Ouvi dos legionários locais a história de quando estiveram na comunidade onde mora, disseram-me ser aqui na região, perto mesmo, e ter o nome de *Villagio fratello Gesù*. Isso é certo?

– Sim, é certo.

Bem, ele começou a contar certa história de sua vida. Sua mãe era muito doente até anos atrás, quando ajudou dois cristãos. Servia na porta do quartel dos pretorianos e estes estavam a procurar a esposa de um deles, que fora presa. Ainda se lembrava de seu nome e de sua beleza, Valeriana.

– Conhece alguém chamado Claudio?

Logo fui eu que me abri a ele, contei-lhe que Claudio era como um filho pra mim, que me contara o que ele lhe fizera e sempre rezou pela sua família.

– Sua mãe, como está?

– Morreu há poucos anos, depois de tornar-se cristã e ajudar muitos a se esconderem quando de algumas perseguições. Confesso-lhe que sempre nutri muita simpatia por vocês, cristãos, mas me falta um passo mais.

Identifiquei-me de pronto com o pretoriano. Depois de lhe falar mais sobre *Villagio*, Cibele e Claudio, logo foi a sua vez de falar das intenções do tribuno romano de conseguir extorquir o máximo que pudesse de quem tivesse alguma posse, a pretextar impostos devidos. *Villagio*, pela simplicidade e vida pobre, não deveria lhe interessar, a menos que o tribuno Marcio apontasse haver suspeita de impostos devidos na região ou que desconfiasse de algo após o interrogatório a que deveria me submeter. Pelo que ele sabia, o tribuno romano não tinha ódio gratuito algum pelos cristãos, prometeu ajudar no que pudesse.

Antes de se despedir, perguntou-me mais dos cristãos e de Paulo, idolatrado em Roma por sua mãe. Não me contive, contei-lhe minha história, de centurião da Guarda Pretoriana a cristão, em *Villagio*. Ouviu-me quieto, fascinado com o que lhe dizia. Já escutara falar de minha família e mesmo ligeiramente de mim, não como cristão, é claro, mas como centurião. Contei-lhe mais sobre Paulo, as suas pregações e a sua fala sobre a simplicidade e o amor. Ainda lhe recitei o eterno trecho do Sermão da Montanha que me fascinava, em que Jesus exalta a bem-aventurança dos que padecem com honestidade e fé. Ao me deixar, esse homem chorava. Anos mais tarde, ao relembrar o encontro com ele ao conversar com Cibele, esta me contou o quanto sua mãe rezava junto dele naquele momento.

Quando fiquei sozinho, estava tão enlevado em minha felicidade que pude ouvir claramente os amigos falarem:

– Antonio, agora é hora de partir. A ajuda a Claudio já foi providenciada, deixe a seus filhos a tarefa de trilharem seu próprio caminho. Nova jornada o aguarda, agora.

Confesso que, na ocasião, entendi apenas parcialmente o que significavam tais palavras. Senti enorme sono a derrubar-me, o que atribuí à noite anterior passada quase em branco; deitei-me e preparei--me para dormir. Pouco mais tarde percebi-me desperto, apresentava lucidez parcial e era recolhido pelos braços de Cibele.

*

No dia seguinte, meu velho corpo sem vida foi encontrado pelos soldados que, prestos, avisaram aos tribunos. Como não foi encontrada nenhuma marca de violência, a morte foi atribuída a minha velhice e logo esquecida em favor dos interesses que lhes eram mais importantes. Semanas depois, satisfeitos seus interesses imediatos, a centúria se retirou e o tribuno Marcio foi convencido pelo pretoriano amigo, com certa facilidade, a que o encarregasse de ir até *Villagio* certificar-se de que não havia mesmo indícios de que aquelas paragens escondessem algo contra o imperador ou fosse passível de processo por tributos devidos.

Nosso amigo escolheu quatro legionários da sua mais estrita confiança e ainda um dos soldados que estivera lá da primeira vez e dirigiram-se a *Villagio*. Claudio o reconheceu de imediato, acolhendo-o como a um irmão em Jesus, com a fraternidade devida expandida ao máximo. O destacamento ficou por poucos dias, tiveram que retornar; caso contrário, a demora despertaria a atenção dos que ficaram. O pretoriano retornou a Roma, deu baixa assim que foi possível e, pouco depois, entrava em *Villagio* com sua família, onde passaria o resto dos seus dias ao lado de Claudio.

A comunidade de *Villagio* sobreviveu em seu recanto, isolada e vivenciando o cristianismo ensinado por Cibele até o século III. A decadência acentuada do Império Romano facilitou uma série de invasões na península itálica que acabaram por atingir a região, já quando era bem diferente a geração de cristãos que lá viviam.

Fim

Associação Amigo Beija-flor

www.siteamigo.com

A renda proveniente dos direitos autorais desta publicação será revertida para a Associação Amigo Beija-flor. O produto desta obra será destinado à manutenção das atividades sociais divulgadas através do Site Amigo – www.siteamigo.com. Para conhecer as atividades da Associação Amigo Beija-flor, entre em contato por email – siteamigo@siteamigo.com ou edu@siteamigo.com – ou, ainda, pela página do Facebook – https://www.facebook.com/associacaoamigobeijaflor.

Conheça outros livros do Instituto Lachâtre

Paris, setembro de 1793

Paris, setembro de 1793 é um romance que se passa em duas épocas e no mesmo local. Mauro Camargo, ao usar como pano de fundo de seu intrigante romance o que foi chamado de Período do Terror da Revolução Francesa, com grande fidelidade histórica, aproveita para explorar um assunto pouco abordado pela história oficial, que foi a influência do magnetismo animal, de Mesmer, sobre vários líderes revolucionários do princípio do movimento. O romance, perfeitamente fiel aos princípios espíritas, tenta mostrar a importância de estarmos atentos às nossas aflições, pois elas nada mais são do que palavras escritas pelo passado nas páginas do destino.

Os Cátaros e a Heresia Católica

Os cátaros e a heresia católica vem nos contar a história de uma das mais ricas civilizações que já surgiram na Europa: a dos cátaros ou albigenses. Sua doutrina, que pregava um cristianismo recuperado, reconstituído e resgatado na sua pureza, foi apagada dos registros da história e seus profitentes violentamente assassinados, em decorrência da feroz perseguição movida pela igreja católica. Livros e gentes foram queimados em profusão nas fogueiras da Idade Média para garantir que a heresia católica mantivesse seu domínio.

Esta reimpressão foi feita em outubro de 2021, sendo tiradas cinco mil cópias, todas em formato fechado 155x225mm e com mancha de 120x185mm. Os papéis utilizados foram o Offset 75g/m^2 para o miolo e o Cartão Supremo Alta Alvura 300g/m^2 para a capa. O títulos foram compostos Bodoni e os textos em Cambria.Pro. A programação visual da capa foi elaborada por Fernando Campos.